EDITH STEIN GESAMTAUSGABE

7

EDITH STEIN GESAMTAUSGABE

Herausgegeben im Auftrag der
deutschen Ordensprovinz des Teresianischen Karmel
vom Internationalen Edith Stein Institut Würzburg

Unter wissenschaftlicher Mitarbeit von
Hanna-Barbara Gerl-Falkovitz
Lehrstuhl für Religionsphilosophie und
vergleichende Religionswissenschaft der
Technischen Universität Dresden

7

Frühe Phänomenologie 3

Eine Untersuchung über den Staat

Edith Stein

Eine Untersuchung über den Staat

Einleitung, Bearbeitung und Anmerkungen
von Ilona Riedel-Spangenberger

HERDER

FREIBURG · BASEL · WIEN

Diese Sonderausgabe wurde realisiert mit freundlicher Unterstützung der Provinzen des Teresianischen Karmels (OCD) in Deutschland und Österreich sowie der Edith Stein Gesellschaft Deutschland.

Bibliographische Information der Deutschen Bibliothek
Die Deutsche Bibliothek verzeichnet diese Publikation
in der Deutschen Nationalbibliographie;
detaillierte bibliographische Daten sind im Internet über
⟨http://dnb.ddb.de⟩ abrufbar.

Neuausgabe 2025

Hermann-Herder-Straße 4, D-79104 Freiburg

www.herder.de
produktsicherheit@herder.de

Umschlaggestaltung: Finken & Bumiller, Stuttgart
Satz: SatzWeise, Bad Wünnenberg
Printed in Germany

ISBN 978-3-451-02627-0
ISBN E-Book (PDF) 978-3-451-83887-3

„… auf der einen Seite der Missbrauch Gottes zur Rechtfertigung blinder Gewalt,
auf der anderen Seite der Zynismus,
der Gott nicht kennt und den Glauben an ihn verhöhnt.

Wir rufen zu Gott, dass er die Menschen zur Einsicht bringe,
damit sie erkennen, dass Gewalt keinen Frieden stiftet,
sondern nur wieder Gewalt hervorruft
– eine Spirale der Zerstörungen, in der alle am Ende nur Verlierer sein können.
Der Gott, dem wir glauben, ist ein Gott der Vernunft
– einer Vernunft, die freilich nicht neutrale Mathematik des Alls,
sondern eins mit der Liebe, mit dem Guten ist.

Wir bitten Gott, und wir rufen zu den Menschen,
dass diese Vernunft, die Vernunft der Liebe, der Einsicht in die Kraft der Versöhnung und des Friedens die Oberhand gewinne
inmitten der uns umgebenden Drohungen der Unvernunft
oder einer falschen, von Gott gelösten Vernunft.“

Papst Benedikt XVI. am 28. Mai 2006 in Auschwitz,
dem Ort der Schoah, an dem auch Edith Stein
Opfer „der dunklen Mächte aus dem Herzen der Menschen“ wurde.

Inhalt

Einleitung

von Ilona Riedel-Spangenberger

Unbekanntes Werk

Mit der Schrift *Eine Untersuchung über den Staat*[1] tritt eine bislang wenig bekannte Edith Stein während ihrer phänomenologischen Schaffensperiode in den Blick. Diese zwischen 1920[2] und 1924 entstandene, 1925 erstmalig publizierte Studie[3] der Breslauer jüdischen Philosophin ist aufs engste mit ihren phänomenologisch-philosophischen Studien an der Universität in Göttingen verbunden. Sie geht der Konversion Edith Steins zum katholischen Glauben und ihren damit einsetzenden ontologischen Überlegungen voraus. Diese wissenschaftliche Arbeit gehört neben ihrer Dissertation „Zum Problem der Einfühlung" (1916)[4] sowie den Werken „Beiträge zur philosophischen Begründung der Psychologie und der Geisteswissenschaften" (publiziert 1922)[5] und „Einführung in die Philosophie" (beendet 1921)[6] zu den Schriften der frühen Phänomenologie. Mit diesen Unter-

---

[1] 1. Auflage: JPPF VII, Halle 1925, 1–123; 2. Auflage unverändert Tübingen 1970, 285–407.

[2] Vgl. Edith Stein, Briefe an Roman Ingarden Nr. 71 vom 9.10.1920: „Schrieb ich Ihnen schon, daß ich eine Arbeit über den Staat begonnen habe?"; Nr. 72 vom 6.12.1920: „… daß ich genügend Zeit für meine Arbeit über den Staat behielt und sie schon ziemlich weit habe"; Nr. 85 vom 19.6.1924: „Nur über das Jahrbuch VII kann ich einigermaßen Auskunft geben. Darin ist nämlich der erste Beitrag – meine Arbeit über den Staat – gedruckt und wartet seit einem Jahr auf die übrigen" (ESGA 4, 133; 134; 153).

[3] Die 1925 erstmals publizierte, aber bereits 1924 fertig gestellte „Untersuchung über den Staat", die Hans Theodor Conrad (vgl. Anm. 30) gewidmet ist, hat Edith Stein nach ihrer Assistentenzeit und der Verhinderung ihrer Habilitation in Freiburg/Br. (1916–1918) bei ihren häufigen und monatelangen Aufenthalten in Bergzabern im Haus des ihr seit 1920 sehr nahe stehenden Philosophenehepaares Hans Theodor Conrad und Hedwig Conrad-Martius (Anm. 23 und 30), dem sie seit Göttingen kollegial und privat verbunden war, zumindest in Teilen erarbeitet. (Vgl. dazu Edith Stein, Briefe an Roman Ingarden Nr. 76 vom 30.8.1921: ESGA 4, 140: „Mein Staat ist in Bergzabern geblieben, Frau Conrad wollte ihn in der Erntepause lesen und abschreiben"; Nr. 87 vom 14.12.1924: „Die Arbeit über den Staat ist jetzt als Separatum fertig." Vgl. Roman Ingarden, Die philosophischen Forschungen Edith Steins (Anm. 23), 236.) Diese Arbeit bildet den Abschluss ihrer rein philosophischen, noch nicht vom christlichen Glauben beeinflussten Werke.

[4] ESGA 5.

[5] ESGA 6.

[6] ESGA 8.

suchungen präsentiert Edith Stein ihre philosophischen Kenntnisse und ihre denkerische Kompetenz, womit sie sich nicht nur in die Philosophie ihrer Zeit, sondern ebenso indirekt in das damalige juristische Denken und in die neu entstehende wissenschaftliche Disziplin der Soziologie einarbeitet. Sie weist sich damit in zunächst rein säkularen Kontexten als umfassend versierte Wissenschaftlerin aus. Dennoch erweist sich dieses Werk sowohl für die damaligen Zeitgenossen wie auch aus heutiger Sicht als schwer zugänglich. Edith Stein entwickelt darin eine Staatsrechtslehre, die sich einerseits am Rechtspositivismus ihrer Zeit orientiert und andererseits aus phänomenologischen Erwägungen einen eigenständigen Entwurf darstellt, der aber weitgehend thetisch und bisweilen widersprüchlich erscheinen mag. Aus den Quellen ist nicht zu erheben, welches Ziel Stein mit dieser Arbeit verfolgt hat. Die ungleiche Länge der einzelnen Teile, der lehrhafte Stil und die wenigen Bezüge zur damaligen konkreten Politik lassen vermuten, dass es sich eher um die Auseinandersetzung mit Themen und Veranstaltungen ihrer Göttinger Studienzeit handelt. Deshalb ist diese Studie nur verständlich im Kontext der wissenschaftlichen Studien, des politischen Interesses und der geisteswissenschaftlichen Bezüge der über 30jährigen Autorin.

Studien, wissenschaftlicher Kontext und politische Erfahrungen in Breslau und Göttingen

An der Schlesischen Friedrich-Wilhelm-Universität in Breslau nimmt Edith Stein zwar im Sommersemester 1911 auch das Studium der Germanistik und Geschichte auf[7]. Ihr Interesse gilt aber bereits dort vor allem ihrem „Lieblingsstudium“, nämlich den Vorlesungen und Seminaren in philosophischer Psychologie bei William Stern[8] sowie den Lehrveranstaltungen in Naturphilosophie und in den Fächern Logik, Erkenntnistheorie und Psy-

---

[7] Vgl. Edith Stein, Aus dem Leben einer jüdischen Familie: ESGA 1, 134–174.

[8] William Stern (29. 4. 1871 geb. in Berlin, 27. 3. 1938 gest. in Durham, North Carolina/ USA) entstammt einem jüdischen Elternhaus und wird nach seiner Lehrtätigkeit im Fach Pädagogik in Breslau 1915 Professor für Philosophie in Hamburg. 1904 ist er Mitbegründer der „Deutschen Gesellschaft für Psychologie“. Er ist als Philosoph, der den Personalismus vertritt, der Begründer der Differenziellen Psychologie und betreibt die Psychologie als ein Teilgebiet der Philosophie und Schnittpunktwissenschaft der Geistes-, Sozial- und Biowissenschaften. Seine mit mathematischer Methodik auf Seele, Bewusstsein und Erfahrung des Menschen bezogenen Forschungen gelten vor allem der Kinder- und Jugendpsychologie. Aus seinen zahlreichen Werken vgl. Psychologie der frühen Kindheit, 1. Auflage 1914, 7. Auflage Heidelberg 1952, ND Darmstadt 1993; Die menschliche Persönlichkeit, Leipzig ^{2}1919; Grundgedanken der personalistischen Philosophie, Berlin 1918; Person und Sache. System des kritischen Personalismus, 3 Bde., 1916 ff.; Wertphilosophie, Bd. I–III, Leipzig 1924.

chologie bei Richard Hönigswald[9]. Denn sie strebt nicht den Schuldienst an, sondern ihr „war es vornehmlich um die Wissenschaft zu tun“[10]. Dafür erhält sie in den vier Breslauer Semestern eine fundierte Schulung in logischem und formalem Denken, das sie speziell für die Wissenschaft der Philosophie qualifiziert.

Durch das Geschichtsstudium, das sie in Göttingen bei Max Lehmann[11] fortsetzt, wird Edith Stein politisch kritischer. Grundsätzlich fühlt sie sich dem idealen Preußen als einem der wenigen Völker, die für sie im eigentlichen Sinn Staat sind, verpflichtet[12]. Ihre Bewunderung des deutschen Reiches unter Bismarck weicht aber der realistischen Einschätzung, dass das alte System nach seinem Zusammenbruch nicht wieder herstellbar sei, weil „es überlebt war“[13]. Der Ausbruch des Ersten Weltkrieges (1914–

---

[9] Richard Hönigswald (18.7.1875 geb. in Altenburg/Ungarn, 11.6.1947 gest. in New York) studiert Medizin und Philosophie in Halle, habilitiert sich 1906 in Breslau und wird dort 1916 Professor für Philosophie, Psychologie und Pädagogik, 1930 geht er an die Universität München, wo er 1933 zwangspensioniert und in 1938 für drei Wochen das KZ Dachau gebracht wird. 1939 emigriert er in die Vereinigten Staaten. Er ist ein Vertreter des Neukantianismus, mit dem er sich allerdings kritisch auseinandersetzt und zu einem eigenen Konzept der Korrelation zwischen Objekt und Methode findet. Aus seiner Breslauer Zeit stammen die Werke Beiträge zur Erkenntnistheorie und Methodenlehre, Leipzig 1906; Zum Streit der Grundlagen in der Mathematik, Heidelberg 1912; Die Skepsis in Philosophie und Gegenwart, Göttingen 1914. Dazu vgl.: Studien zur Philosophie Richard Hönigwalds, hg. v. E. W. Orth und D. Aleksandrowicz, Würzburg 1996.

[10] Edith Stein, Aus dem Leben einer jüdischen Familie: ESGA 1, 140 f.

[11] Max Lehmann (19.5.1845 geb. in Berlin; 8.10.1929 gest. in Göttingen) ist seit 1893 Professor für Geschichtswissenschaft in Göttingen. Er setzt sich 1914 in Göttingen zusammen mit dem Mathematiker David Hilbert vergeblich gegen die Mehrheit der Kollegen aus den Geisteswissenschaften für die Habilitation der Mathematikerin Emmy Noether ein (vgl. Daniela Wuensch und Klaus P. Sommer, Wer war David Hilbert?: http://s-edition.de/Hilbert.htm). Er ist der Autor der Werke Freiherr vom Stein, 3 Bde., Leipzig 1902–1905. [3]1928; Historische Aufsätze und Reden, Leipzig 1911 und posthum Bismarck. Eine Charakteristik, hg. v. Gertrud Lehmann, Berlin 1948. Edith Stein besucht bei Max Lehmann die Lehrveranstaltungen „Die Reformierung des preußischen Staates im Zeitalter von Stein und Hardenberg“, „Übungen über neuere Geschichte“, „Geschichte des Zeitalters des Absolutismus und der Aufklärung“, „Deutsche Geschichte von 1815–1848“ (vgl. ESGA 1, 216, Anm. 90). Vgl. Emil Daniels, Art. Max Lehmann: Deutsches Biographisches Jahrbuch, hg. v. Verband der Deutschen Akademien, Stuttgart – Berlin 1932, Bd. XI Das Jahr 1929, 169–172.

[12] Vgl. Andreas Uwe Müller und Maria Amata Neyer, Edith Stein. Das Leben einer ungewöhnlichen Frau. Eine Biographie, Düsseldorf [2]1998, 57. Brief Nr. 50 an Roman Ingarden vom 3.10.1918: „Im übrigen spielt die Wissenschaft jetzt … keine allzu große Rolle. Sie können sich wohl denken, daß man andere Sorgen hat. Aber darüber kann man nicht schreiben. *Sprechen* möchte ich gern mit Ihnen über alles, einmal um zu sehen, wie sich die Sachen von außen betrachtet ausnehmen, vor allem aber, um mich über vieles, was mich bedrückt, mit Ihnen zu verständigen.“ (Vgl. ESGA 4, 102 f.)

[13] Dazu vgl. ihren Brief an Roman Ingarden Nr. 60 vom 30. November 1918: „Wie ich Ihnen schon schrieb, bin ich sehr durch politische Dinge in Anspruch genommen. Ich habe mich

1918)[14], der zunächst auch von Edith Stein noch mit einiger Euphorie aufgenommen wird, beendet die Zuversicht auf politische Sicherheit. Stattdessen bestimmen Hunger, Entbehrung, Angst und Schrecken das Lebensumfeld und den Alltag der Studentin, die trotz der desaströsen Kriegssituation ihre Studien und Examina fortführt. Ernüchtert und menschlich enttäuscht, ja fast verzweifelt lässt Edith Stein ihren Mut jedoch nicht sinken. Sie selbst sagt: „Das einfachste Mittel, sich mit dieser erbärmlichen Welt abzufinden, wäre ja, sich von ihr zu verabschieden. Ich habe nur die Überzeugung, daß man es sich nicht so leicht machen darf. Ich denke jetzt manchmal, wenn gewisse Zukunftsmöglichkeiten mir ganz unerträglich scheinen wollen, an das Leben der polnischen Patrioten in den letzten 150 Jahren. Den Glauben an sein Volk hindurchretten durch alle Wechselfälle, das ist wohl mehr als der römische Tugendstolz, der die Erniedrigung nicht überleben kann. Das Umlernenmüssen kommt nur zu plötzlich und ist hart."[15] Sie, die niemals Erfahrungen mit einer Diktatur hatte, setzt sich für den demokratischen Neuanfang in Deutschland ein und wirkt daran persönlich mit. So engagiert sie sich in der Deutschen Demokratischen Partei[16], in die sie 1918 in Breslau eintritt und in der sie sich in besonderer Weise für die Rechte der Frauen im Staat einsetzt. Dabei sind ihr besonders der „Glauben an das Volk", der „innere Frieden", die „volle soziale und politische Gerechtigkeit" sowie eine „internationale Rechtsordnung für den Frieden der Menschheit" wichtig[17].

---

der neu gebildeten Deutschen demokratischen Partei angeschlossen, es ist sogar möglich, daß ich demnächst hier in den Parteivorstand gewählt werde. An den ‚Errungenschaften der Revolution' kann ich vorläufig noch keine Freude haben, ich gehöre nicht zu denen, die leichten Herzens einen Strich durch ihre ganze Vergangenheit machen. Aber der Zusammenbruch des alten Systems hat mich davon überzeugt, daß es überlebt war, und wer sein Volk lieb hat, der will natürlich mithelfen, ihm eine neue Lebensform zu schaffen, und wird sich nicht einer notwendigen Entwicklung entgegenstemmen. Außer der Parteigründung beschäftigt mich die Aufklärungsarbeit, die notwendig ist, um die Frauen zu den Wahlen heranzukriegen. Beides dient zunächst zur Vorbereitung der Nationalversammlung, die ja für uns jetzt die Lebensfrage ist" (ESGA 4, 114). – Bei den allgemeinen und freien Wahlen zur Weimarer Nationalversammlung 1919 hatten zum ersten Mal die Frauen aktives und passives Wahlrecht (vgl. Verfassung des Deutschen Reiches vom 11. 8. 1919, Art. 22 und 109).

[14] Vgl. dazu als kritische Analyse neuestens: David Stevenson, 1914–1918. Der Erste Weltkrieg. Aus dem Englischen von Harald Ehrhardt und Ursula Vones-Liebenstein, Düsseldorf 2006.

[15] Brief Nr. 51 vom 6. 10. 1918 an Roman Ingarden: ESGA 4, 104.

[16] Edith Stein ist mit dieser Richtung in Breslau durch den evangelischen Pfarrer und späteren Sozialpolitiker Friedrich Naumann (1860–1919) in Kontakt gekommen. Er ist der maßgebende Verfasser des Parteiprogramms, das eine parlamentarische Demokratie und Sozialreformen fordert. Zusammen mit der SPD und dem Zentrum bildet die Deutsche Demokratische Partei, die auf der Weimarer Nationalversammlung 18 % der Sitze erhält, die Regierung (vgl. ESGA 4, 115, Anm. 1).

[17] Vgl. das von Edith Stein (mit-)verfasste Flugblatt „Die Demokratie und die Frauen": abgebildet bei Müller-Neyer (Anm. 12), Bild 20 vor S. 81.

All dies veranlasst sie, ihr überkommenes national-liberales Verhältnis zum Staat, vor allem ihren preußischen Patriotismus neu zu überdenken. Sie selbst sagt, dass sie schließlich „zu einer positiven, der konservativen nahe stehenden Staatsauffassung" gekommen ist, wenngleich sie sich „von der besonderen Prägung des preußischen Konservativismus immer freihielt"[18]. Ihre politische Einstellung ist bei grundlegender und bleibender „affektiver Bindung an das eigene Vaterland" immer auch von der „Ablehnung ‚einseitiger' Sichtweisen, welche oft politische Urteile prägen"[19], gekennzeichnet. Für die akademischen Möglichkeiten, die ihr der Staat durch das Studium bietet, empfindet sie Dankbarkeit und es wächst in ihr der Vorsatz, später durch ihre eigene Berufstätigkeit Volk und Staat dafür Dank abzustatten. Ihr starkes soziales Verantwortungsbewusstsein lässt sie auch weiterhin entschieden für die politische Gleichberechtigung von Frauen und für das Frauenstimmrecht eintreten, weshalb sie schließlich dem „Preußischen Landesverein für Frauenstimmrecht" beigetreten ist[20].

Wachsam und interessiert verfolgt Edith Stein die Bemühungen der Weimarer Republik. Aber angesichts des Kampfes radikaler Interessengruppen und ihrer jeweils verschiedenen politischen Theorien sieht Edith Stein den Staat massiv gefährdet und letztlich zum Untergang bestimmt. Dagegen fordert sie eine einzige ausgebildete Staatstheorie als leitendes Ideal und einen durch das Recht geordneten Staat, in dem die Kraft der Vernunft zugunsten der Volksgemeinschaft zum Zuge kommt. Sie stellt fest: „Ein Korrektiv gegen all diese möglichen zerstörerischen Einflüsse politischer Theorien liegt in der Kraft der ratio, die die realen Verhältnisse selbst in sich tragen. Jede Rechtsordnung, die gegen diese ratio verstößt, statt ihr Rechnung zu tragen, muß gewärtig sein, dass die Wirklichkeit sich ihr widersetzt und mit ständigen Durchbrechungen der Rechtsordnung ihren Gang geht."[21]

Schließlich bringt sie ihre eigenen politischen Erfahrungen auch in ihre theoretischen Reflexionen über das für einen Staat Wesentliche ein. Innerlich fühlt sie sich am Anfang der zwanziger Jahre gerade dazu gedrängt, fundiert darüber zu reflektieren. Sie sagt dazu: „Meine Arbeiten sind immer nur Niederschläge dessen, was mich im Leben beschäftigt hat, weil ich nun mal so konstruiert bin, daß ich reflektieren muß".[22]

---

[18] Edith Stein, Aus dem Leben einer jüdischen Familie: ESGA 1, 146.

[19] Vgl. Michele Nicoletti, „Eine Untersuchung über den Staat" – eine philosophische Grundlegung der politischen Theorie?, 73–90, 74, in: Beate Beckmann-Zöller, Hanna-Barbara Gerl-Falkovitz (Hrsg.), Die *unbekannte* Edith Stein: Phänomenologie und Sozialphilosophie, Frankfurt/M.: Peter Lang, 2006.

[20] Vgl. Edith Stein, Aus dem Leben einer jüdischen Familie: ESGA 1, 146. Zum historischen Kontext vgl. Christiane Berneike, Die Frauenfrage ist Rechtsfrage: die Juristinnen der deutschen Frauenbewegung und das Bürgerliche Gesetzbuch, Baden-Baden 1995.

[21] Edith Stein, Eine Untersuchung über den Staat: ESGA 7, I § 3 h), S. 106.

[22] Briefe an Roman Ingarden, Nr. 78 vom 15. 10. 1921: ESGA 4, 143.

Noch in Breslau hat Edith Stein von dem großen Philosophen und Begründer der Phänomenologie[23] Edmund Husserl[24] erfahren. Sie beschäftigt sich intensiv mit seinem zweibändigen zentralen Werk „Logische Untersuchungen". Das bestärkt ihren Entschluss, ihr Studium an Husserls damaliger Wirkungsstätte in Göttingen fortzusetzen. Denn sie ist überzeugt, dass „Husserl *der* Philosoph"[25] ihrer Zeit ist[26].

Die 21jährige Studentin kommt im April 1913 nach Göttingen, um ihre philosophischen Studien fortzusetzen und bei Husserl zu promovieren. Sie folgt dem Rat ihres Breslauer Freundes und Kommilitonen Georg Moskiewicz[27]: „Wenn man nach Göttingen kommt, geht man zuerst zu Reinach; der besorgt dann alles Übrige!"[28] Bevor sie mit Husserl Kontakt aufnimmt, sucht Stein deshalb zunächst den Privatassistenten Husserls und Privatdozenten Adolf Reinach[29] auf, der zusammen mit Hans Theodor

---

23 Vgl. Edmund Husserl, Phänomenologie. Letzte Fassung des Encyclopaedia-Britannica-Artikels: Edmund Husserl und Martin Heidegger, Phänomenologie (1927), hg. v. Renato Cristin, Berlin 1999, 33–50; Karl Schuhmann, Phänomenologie – Eine begriffsgeschichtliche Reflexion: Husserl Studies 1, 1984, 31–68. Vgl. Hedwig Conrad-Martius (Anm. 30), Edith Stein: Hochland 51, 1958, 38–46, 40: „Phänomenologie … bedeutet … eine Radikalität rein geistiger Sachbereitschaft und Sachhingabe, wie sie nicht mehr überboten werden kann. Es gehört zu ihr ein völliges Ausschalten aller Vor-Urteile, allen vorschnellen Urteilens von irgendwelchen traditionell eingeübten und angewöhnten Begriffszusammenhängen her. Und es gehört zu ihr das bedingungslose Vermögen eines reinen und ungetrübten Blickes auf die Sache". Vgl. auch Edith Stein, Was ist Phänomenologie?: ND der Fassung vom 15.5.1924: ThPh 66, 1991, 570–573. Über die Rezeption der phänomenologischen Methode und ihrer Ausprägungen in den Werken Edith Steins vgl. Roman Ingarden, Über die philosophischen Forschungen Edith Steins: ders., Gesammelte Werke. Schriften zur frühen Phänomenologie, hg. v. G. Wlodzimierz, Tübingen 1999, 228–253.

24 Der 1886 zum Protestantismus konvertierte Jude Edmund Husserl (geb. 6.4.1859 in Proßnitz/Mähren, gest. 27.4.1938 in Freiburg/Br., beerdigt in Günterstal) ist von 1878–1901 Privatdozent in Halle, 1901–1916 Professor in Göttingen, 1916–1928 in Freiburg. Seinen umfangreichen Nachlass verwalten die Husserl-Archive in Löwen/Belgien sowie in Freiburg/Br. und Köln. Seine „Logischen Untersuchungen" erschienen in Halle 2 Bde., 1900/01.

25 Edith Stein, Aus dem Leben einer jüdischen Familie: ESGA 1, 171.

26 Ein für sie von ihren Breslauer Freundinnen gedichtetes Scherzlied an Silvester 1912 markiert den Wechsel an die Universität Göttingen mit der folgenden Strophe: „Manches Mädchen träumt vom Busserl, Edith aber nur von Husserl. In Göttingen da wird sie sehn den Husserl leibhaft vor sich stehn" (ESGA 1, 172).

27 Georg Moskiewicz (1878 geb.; im Januar 1918 gest. in Breslau) studiert Medizin und Philosophie in Breslau. Er ist bereits mit 33 Jahren Dr. med. et phil., als er zum Kreis der bei William Stern Studierenden stößt. Später gehört er wie Edith Stein der „Philosophischen Gesellschaft" in Göttingen an. Dazu vgl. Edith Stein, Aus dem Leben einer jüdischen Familie: ESGA 1, 154.

28 Edith Stein, Aus dem Leben einer jüdischen Familie: ESGA 1, 196.

29 Der Jude Adolf Reinach (23.12.1883 geb. in Mainz; 16.11.1917 gefallen in Dixmuiden/Flandern) studiert Philosophie und Rechtswissenschaften in München, Berlin, Tübingen und Göttingen. Am 20. Dezember 1904 wird er mit einer Dissertation „Über den Ursachen-

Conrad[30], Moritz Geiger[31] und anderen ursprünglichen Schülern von Theodor Lipps[32] in München zur „Münchener psychologischen Schule", die später „Akademischer Verein für Psychologie" heißt, gehört. Reinach, der in München, Berlin und Tübingen auch Rechtswissenschaften studiert

---

begriff im geltenden Strafrecht" in München zum Dr. phil. promoviert und legt zwischen dem 18. April und 6. Juni 1907 in Tübingen das Erste Juristische Staatsexamen ab. Schließlich habilitiert er sich am 12. Juni 1909 mit der Arbeit „Wesen und Systematik des Urteils" bei Husserl in Göttingen und wird dort Privatdozent. Im Unterschied zu Husserls transzendentaler Phänomenologie gilt Reinach als der Begründer der realistischen Phänomenologie, der sich die meisten Husserl-Schüler, unter ihnen auch Edith Stein, anschließen. Reinach konvertiert zusammen mit seiner Frau Anne, geb. Stettenheimer (21.6.1884 geb. in Stuttgart; 29.12.1953 gest. in München), die promovierte Physikerin ist, am 9.4.1916 in der St. Albanikirche in Göttingen zur evangelischen Kirche. Sein Grab befindet sich auf dem dortigen Stadtfriedhof und ist mit einem Denkmal des Bildhauers Adolf v. Hildebrand geschmückt. Seine Werke sind postum mit Hilfe der Witwe Reinach von Edith Stein geordnet, redigiert und publiziert worden. (Adolf Reinach, Gesammelte Schriften, hg. v. seinen Schülern, Halle 1921; ders., Sämtliche Werke. Textkritische Ausgabe in 2 Bänden: Bd. I Die Werke; Bd. II Kommentar und Textkritik, hg. v. Karl Schuhmann und Barry Smith, München 1989; Barry Smith, Adolf Reinach: An Intellectual Biography: Speech Act, and Sachverhalt. Reinach and the Foundations of Realist Phenomenology, hg. v. Kevin Mulligan, Dordrecht-Boston-Lancaster 1987, 3–27; dt. Fassung: http://ontology.buffalo.edu, Copyright bei Uwe Wiedemann.) Zur engen wissenschaftlichen und menschlichen Beziehung zwischen Reinach und Stein vgl. Karl Schuhmann, Edith Stein und Adolf Reinach: Studien zur Philosophie von Edith Stein. Internationales Edith-Stein-Symposion Eichstätt 1991, hg. v. Reto Luzius Fetz, Matthias Rath, Peter Schulz, Freiburg – München 1993, 53–88.

[30] Hans Theodor Conrad (22.12.1881 geb. in Beurig/Saarburg; gest. 23.3.1969 in Starnberg) gehört zum Kreis um Adolf Reinach in München und ist wie er und andere Philosophen, die später mit ihm nach Göttingen gehen, Mitglied im „Akademischen Verein für Psychologie". 111 Briefe von ihm an Reinach sind in der Bayerischen Staatsbibliothek München /Signatur Ana 379 C11 erhalten. Conrad selbst hat sehr wenig publiziert und verzichtet schließlich auf eine Karriere in der Wissenschaft. Wichtige Arbeiten sind die Schriften „Berichte über die Anfänge der phänomenologischen Bewegung", Berlin 1954, und „Zur Wesenslehre des psychischen Lebens und Erlebens", Den Haag 1968. Er ist verheiratet mit der hervorragenden Husserl-Schülerin und Naturphilosophin Hedwig Martius (27.2.1888 geb. in Iserlohn; gest. 15.2.1966 in Starnberg). Das Ehepaar Conrad-Martius zieht schließlich nach Bergzabern und bewirtschaftet dort eine Obstplantage. Mit beiden verbindet Edith Stein seit der gemeinsamen Zeit in Göttingen eine enge Freundschaft. Vgl. Anm. 2 und Edith Stein, Briefe an Hedwig Conrad-Martius, hg. v. Hedwig Conrad-Martius, München 1960; Angela Ales Bello, Edith Stein und Hedwig Conrad Martius: eine menschliche und intellektuelle Begegnung: Studien zur Philosophie von Edith Stein, hg. v. Reto Luzius Fetz, Matthias Rath, Peter Schulz (Anm. 29), 256–284. Vgl. Eberhard Avé-Lallemant – Karl Schuhmann, Ein Zeitzeuge über die Anfänge der phänomenologischen Bewegung: Theodor Conrads Bericht aus dem Jahre 1954: Husserl Studies 9, 1992, 77–90.

[31] Moritz Geiger (26.6.1880 geb. in Frankfurt/M.; 9.9.1937 gest. in Seal Harbour/USA) kommt als Phänomenologe aus München, ist Mitherausgeber des JPPF und von 1923 bis 1933 Ordentlicher Professor für Philosophie in Göttingen.

[32] Theodor Lipps (28.7.1851 geb. in Wallhalben/Pfalz; 17.10.1914 gest. in München); Ordinarius für Philosophie und Psychologie in Bonn, Breslau und ab 1894 in München.

hat, kommt 1905 als Assessor iur. nach Göttingen und gründet dort die „(Göttinger) Phänomenologen-Schule". Als erster aus diesem Kreis hat er sich 1909 bei Husserl habilitiert. Wegen der Schärfe seines Denkens und seiner präzisen Formulierungen, aber auch wegen seiner Hilfsbereitschaft und seiner didaktischen Fähigkeiten ist Reinach bei den Studierenden und Doktoranden in Göttingen höchst angesehen. Er ist ein begnadeter Hochschullehrer, vor allem aber ein kompetenter Kenner nicht nur der Phänomenologie, sondern auch der gesamten Philosophie von der Antike bis zur Gegenwart, besonders aber auch der Rechtsphilosophie. Edith Stein ist nicht nur fachlich, sondern auch menschlich zutiefst von Reinach beeindruckt, der ihr wertvolle Hinweise und Unterstützung zu ihren weiteren Studien geben kann. Im Sommersemester 1913 besucht sie Adolf Reinachs Vorlesung „Einleitung in die Philosophie" und gewinnt einen soliden Überblick über das logisch-formale Denken und die Gegenstände der zeitgenössischen Philosophie.

Weniger von Husserl als von Adolf Reinach lernt Edith Stein inhaltlich Wesentliches für ihre Untersuchung über den Staat. Der Privatdozent verbindet in seinen Lehrveranstaltungen und Schriften die phänomenologische Perspektive mit gesellschaftlichen, politischen und juristischen Themen. Seine 1913 erscheinende Schrift „Die apriorischen Grundlagen des bürgerlichen Rechtes"[33] gilt als eine der Hauptquellen für Steins Arbeit über den Staat. Die Autorin sagt selbst, dass ihre „Ausführungen zum großen Teil nur Konsequenzen aus seinen ⟨Reinachs⟩ Ausführungen" seien. Im Unterschied zum einschlägigen Werk Reinachs ist Steins Arbeit über den Staat von den juristischen Wissenschaften, besonders innerhalb der Staatslehre so gut wie unbeachtet geblieben[34].

Ihre eigene Publikation[35] steht allerdings auch im Kontext einer Reihe weiterer einschlägiger Beiträge aus dem „Jahrbuch für Philosophie und phänomenologische Forschung"[36]. Als eine der für sie sehr bedeutenden Quellen gilt der 1916 erscheinende zweite Teil der „Ethik" von Max Scheler[37], der

[33] JPPF I, Halle 1913; II, Halle 1913, 685–847.

[34] Vgl. Ernst von Hippel, Rezension: Edith Steins „Untersuchung über den Staat": Die Kirche in der Welt 9/I, 1957, 53–58, 53.

[35] JPPF VII, Halle 1925, 1–123; Tübingen ²1970, 285–407.

[36] Erschienen seit 1913 in Halle.

[37] Max Ferdinand Scheler (22.8.1874 geb. in München; 19.5.1928 gest. in Frankfurt/M.), Studium der Soziologie, der Philosophie, Psychologie und Medizin in München, Berlin und Jena, wo er 1897 promoviert und 1899 habilitiert. Er konvertiert 1899 zum Katholizismus und trennt sich 1922 davon. 1901 begegnet er Husserl in Jena und arbeitet, trotz eines nicht spannungslosen Verhältnisses der beiden Gelehrten zueinander, seitdem eng mit ihm zusammen. Er wird schließlich Mitherausgeber des „Jahrbuchs für Philosophie und phänomenologische Forschung" und veröffentlicht darin die auch für Edith Steins Untersuchung über den Staat sehr wichtigen Schriften „Der Formalismus in der Ethik

sich der Phänomenologie der sozialen Gebilde widmet[38]. Edith Stein lernt Scheler in der von Husserl gegründeten „Philosophischen Gesellschaft" in Göttingen kennen und hört dort seine auf Einladung Husserls gehaltenen Vorträge[39]. Dabei behandelt er die Beziehungen zwischen Person, Gesellschaft, Staat und Volk. Auch die Schriften „Die Idee der sittlichen Handlung" von Dietrich von Hildebrand[40] und „Zur Ontologie der sozialen Gemeinschaften" von Gerda Walther[41] wie auch das eigene, ursprünglich als Habilitationsschrift vorgesehene Werk zum Verhältnis von Individuum und Gemeinschaft mit dem Titel „Beiträge zur philosophischen Begründung der Psychologie und der Geisteswissenschaften"[42] dienen Edith Stein als unmittelbare Vorlagen bei der Entstehung ihrer späteren Studie über den Staat. Es ist vor allem der Blick von der individuellen Person auf die überindividuellen Realitäten und Gemeinschaftsformen, der diese Studie entstehen lässt. Zu diesen Realitäten zählt sie Familie, Freundeskreis, Stadt und Staat auf jeweils verschiedene Weise. Im Hintergrund stehen aber auch die philosophischen Theorien des Politischen aus der Antike (Platon, Aristoteles), aus der Vertragstheorie (Rousseau) und aus dem Idealismus (Kant, Fichte, Hegel, Schleiermacher), wie auch aus den juristischen Staatstheorien von Georg Jellinek[43]

---

und die materielle Wertethik" (JPPF Bd. I 2. Teil, 1913, 405–565) und „Der Formalismus in der Ethik und die materielle Wertethik (unter besonderer Berücksichtigung der Ethik Immanuel Kants) II. Teil" (JPPF II, 1916, 21–478). Zur Begegnung Edith Steins mit Max Scheler vgl. ESGA 1, 209 ff. Zu seinen Schriften vgl. seine Gesammelten Werke, hg. v. Maria Scheler, Bd. 1–15, Bern – München 1954–1979, Bonn 1986–1997.

38 JPPF III, Halle 1916, 126–283.

39 Vgl. Anm. 37.

40 JPPF V, Halle 1922, 1–283. Dietrich von Hildebrand (12.10.1889 geb. in Florenz; 25.1.1977 gest. in New Rochelle) war konvertierter katholischer Phänomenologe und Schüler Husserls. „Die Idee der sittlichen Handlung": JPPF III, Halle 1916, 126–251.

41 JPPF VI, Halle 1923. Gerda Walther (18.3.1897 geb. in Nordrach/Schwarzwald, 6.1.1977 gest. in Weilheim) gehört als Privatgelehrte zum Kreis der Münchener Phänomenologen um Alexander Pfänder. Bei ihm promoviert sie mit der Arbeit „Zur Ontologie der sozialen Gemeinschaft" (JPPF VI, Halle 1923, 1–158). Edith Stein hat sie gekannt, ist ihr aber nicht eng verbunden gewesen (vgl. Edith Stein, Brief an Roman Ingarden 7.8.1917: ESGA 4, 64). Walther hat das autobiographische Werk „Zum anderen Ufer. Vom Marxismus und Atheismus zum Christentum" (Remagen 1960) geschrieben.

42 JPPF V, Halle 1922; Tübingen ^{2}1970, 1–283; ESGA 6.

43 Georg Jellinek (16.6.1851 geb. in Leipzig; 12.1.1911 gest. in Heidelberg) ist Sohn eines Rabbiners und Religionswissenschaftlers. Er studiert Rechtswissenschaft in Wien, Heidelberg und Leipzig und wird 1883 Professor für Staatsrecht in Wien, 1889 in Basel und 1891 in Heidelberg. Er entwickelt das System subjektiver öffentlicher Rechte und gibt 1900 eine „Allgemeine Staatslehre" heraus. Demnach ist der Staat eine soziale Erscheinung, d.h. ein sozial-empirisches Sein, mit einer Rechtsordnung, d.h. mit normativem Sollen (vgl. Gerhard Köbler, Lexikon der europäischen Rechtsgeschichte, München 1997, 267). Edith Stein zitiert in ihrer Untersuchung häufig sein Werk System der subjektiven öffentlichen Rechte, Freiburg 1892, Tübingen ^{2}1919.

und Otto von Gierke[44], dann aus den soziologischen Theorien zu Gesellschaft und Gemeinschaft von Georg Simmel[45] und Ferdinand Tönnies[46] wie auch aus der politischen Herrschaftstheorie von Max Weber[47].

---

[44] Otto von Gierke (11.1.1841 geb. in Stettin; 10.10.1921 gest. in Berlin) studiert Rechtswissenschaft in Berlin und Heidelberg, wird1871 Professor in Breslau, 1884 in Heidelberg und 1887 in Berlin. Er ist ein Vertreter der historischen Rechtsschule und gilt als Spezialist für das Verbands- und Genossenschaftsrecht, gibt 1895 den 1. Band seines „Deutschen Privatrechts" heraus und beeinflusst maßgeblich die Gestaltung des Bürgerlichen Gesetzbuches (1900). Vgl. seine Werke „Johannes Althusius und die Entwicklung der naturrechtlichen Staatstheorien", Breslau 1880, „Die Staats- und Korporationslehre des Altertums und des Mittelalters und ihre Aufnahme in Deutschland", Berlin 1881), „Das Wesen der menschlichen Verbände", Berlin 1902, „Die historische Rechtsschule und die Germanisten" (1903), „Das Wesen der menschlichen Verbände. Rektoratsrede vor der Universität Berlin am 25.10.1902", Darmstadt 1954, und dazu vgl. A. Jansen, Otto von Gierkes Methode der geschichtlichen Rechtswissenschaft, 1974, und Gerhard Köbler, Lexikon der europäischen Rechtsgeschichte, München 1997, 200.

[45] Georg Simmel (1.3.1858 geb. in Berlin; 26.9.1918 gest. in Straßburg) entstammt einer jüdischen Familie, ist aber evangelisch getauft. Er ist Professor der Philosophie in Berlin und Straßburg und neben Max Weber und Ferdinand Tönnies Begründer der deutschen Soziologie. In seinem Haus in Berlin finden sich Literaten, Künstler und Wissenschaftler ein, um über die Zukunft des modernen Menschen und der modernen Kultur zu diskutieren. Zu ihnen gehören auch Edmund Husserl und Max Weber. Einschlägig interessant sind seine Werke „Über sociale Differenzierung. Soziologische und pychologische Untersuchungen (1890); „Soziologie. Untersuchungen über die Formen der Vergesellschaftung" (1908); „Grundfragen der Soziologie" (1917).

[46] Ferdinand Tönnies (26.7.1855 geb. in Riep bei Eiderstedt; 9.4.1936 gest. in Kiel) studiert Philologie, Archäologie, Geschichte und Philosophie in Jena, Leipzig, Bonn, Berlin und Tübingen und ist zusammen mit Max Weber und Georg Simmel Begründer der Deutschen Gesellschaft für Soziologie. Er habilitiert sich mit der Studie „Gemeinschaft und Gesellschaft. Theorien der Kulturphilosophie" 1881 in Kiel (1. Auflage Leipzig 1887; 2. Auflage 1912, 8. Auflage Berlin 1935; ND Darmstadt [3]1991; vgl. auch Ferdinand Tönnies, Soziologische Studien und Kritiken, Erste bis Dritte Sammlung, Jena 1925–1929), wo er 1909 Professor und ab 1913 Ordinarius für wirtschaftliche Staatswissenschaften ist. Auf eigenen Wunsch wird er 1916 von seinen Verpflichtungen als Professor entbunden, hat dann viele Jahre den Vorsitz in der „Deutschen Gesellschaft für Soziologie" inne. 1933 wird er durch die Nationalsozialisten dieses Amtes ohne Gewährung einer Pension enthoben. Mit Hilfe der idealtypischen Unterscheidung zwischen Gemeinschaft und Gesellschaft bündeln sich für Tönnies in der Gemeinschaft die menschlichen Beziehungen um ihrer selbst willen (Wesenswillen: Zusammengehörigkeit und Solidarität); die Gesellschaft dagegen wird vom Zweck und Mittel bestimmt, beruht auf Kalkül und Rationalität und ist letztlich bezogen auf Interesse und Nutzen für den Einzelnen (Kürwille: Zweck und Nutzen). (Vgl. 100 Jahre „Gemeinschaft und Gesellschaft", F. Tönnies in der internationalen Diskussion, hg. v. L. Clausen und C. Schlüter, Opladen 1990.)

[47] Max Weber (21.4.1864 geb. in Erfurt; 14.6.1920 gest. in München) studiert Rechtswissenschaft, Nationalökonomie, Philosophie und Geschichte, wird in Berlin 1889 promoviert und 1892 habilitiert. 1894 wird er in Freiburg/Br. Professor für Nationalökonomie. 1897 geht er an die Universität Heidelberg. Mit Georg Simmel und Ferdinand Tönnies ist er Mitbegründer der Deutschen Gesellschaft für Soziologie. Seine Schriften widmen sich den Fragen „Über einige Kategorien der verstehenden Soziologie" (1913),

Bevor sie Husserl um die Annahme ihres bereits in Breslau gefundenen Dissertationsthemas zum Problem der Einfühlung bitten will, bespricht sie ausführlich und kontinuierlich diese Angelegenheit mit Reinach. Er ermutigt sie zu ihrem Vorhaben. Husserl jedoch möchte, dass sie zunächst eine Staatsexamensarbeit zu einem Teilbereich des Themas vorlegt, in der sie den Begriff der „Einfühlung" bei Theodor Lipps darstellt und einer kritischen Analyse unterzieht[48]. Im Wintersemester 1913/14 nimmt sie die Arbeit daran auf und besucht zugleich die Lehrveranstaltungen Reinachs, vor allem seine Vorlesung „Geschichte der neueren Philosophie (von Descartes bis Kant)", was ihr einen ideengeschichtlichen Überblick der neuzeitlichen philosophischen Richtungen vermittelt. Reinach hilft ihr auch bei der Sondierung des für ihre Staatsexamensarbeit gesammelten Materials und der damit verbundenen Fragen[49]. Stein bekennt ausdrücklich, dass sie bei Reinach viel gelernt habe. Im Sommersemester 1914 besucht sie noch seine Lehrveranstaltungen, ehe der Erste Weltkrieg ausbricht, in dem auch Reinach zum Frontdienst einberufen wird. Im November 1914 schließt sie ihre Examensarbeit ab und besteht im Januar 1915 ihr Staatsexamen[50]. Edith Stein gehört mittlerweile zum engeren Kreis der Reinach-Schüler und tritt in eine immer enger werdende private Verbindung zu seinem Familienkreis, wozu Reinachs Frau Anne, seine Schwester Pauline[51] und zeitweilig auch sein Bruder Heinrich, der Jura und Philosophie studiert hat, sowie ihre Mitstudentin

---

zur „Objektivität sozialwissenschaftlicher und sozialpolitischer Erkenntnis" (1904), zur „Wirtschaftsethik der Weltreligionen" (1915–1919) und zur „Religionssoziologie", zur Politik in seinen „Gesammelten politischen Schriften" (1920–1921) und zum Verhältnis zwischen „Wirtschaft und Gesellschaft" (1921–1922). (Vgl. Max Weber, Gesamtausgabe, Tübingen 1982ff.) Er ist auch tagespolitisch engagiert und gehört 1918 zu den Mitbegründern der Deutschen Demokratischen Partei. In diesem Kontext wird Edith Stein ihn kennen gelernt haben. Seit 1903 verzichtet Max Weber aus gesundheitlichen Gründen auf seine akademische Lehrtätigkeit, bis er 1919 an die Universität München berufen wird. (Vgl. Max Weber und seine Zeitgenossen, hg. v. W. J. Mommsen und J. Osterhammel, Göttingen 1988).

[48] Vgl. Karl Schuhmann, Edith Stein und Adolf Reinach: Studien zur Philosophie von Edith Stein, a. a. O. (Anm. 29), 53–88, 56.

[49] Vgl. Beat W. Imhoff, Edith Steins philosophische Entwicklung. Leben und Werk, Bd. 1, Basel – Boston 1987, 56: „Es war denn auch Reinach – nicht Husserl –, der ihre philosophische Arbeit im eigentlichen Sinn betreute, indem er sie zum Ausharren ermunterte, auf ihre Probleme einging, zuhörte, ihre Entwürfe las und sich Zeit für ausführliche Unterredungen nahm."

[50] Edith Steins Staatsexamensarbeit ist verloren. Informationen dazu gibt es durch einen von Husserl gefertigten Auszug. Dazu vgl. Karl Schuhmann, Husserls Exzerpt aus der Staatsexamenarbeit von Edith Stein: Tijdschrift voor Filosofie 53, 1991, 686–699. Sie hat ein „Zeugnis der Königlich Wissenschaftlichen Prüfungs-Kommission zu Göttingen" erhalten, das die Bemerkung „Mit Auszeichnung bestanden" enthält. Vgl. Edith-Stein-Archiv Köln, A 14.

[51] Vgl. Edith Stein, Aus dem Leben einer jüdischen Familie: ESGA 1, 238.

Erika Gothe[52] gehören. Reinachs Fronturlaube an Weihnachten 1915 und 1916 sind für Edith Stein willkommene Anlässe des Wiedersehens, aber ebenso auch die letzten Begegnungen, ehe er am 16. November 1917 im Krieg an der Front in Flandern fällt. Sie wird noch Zeugin seiner Hinwendung zu religiösen Fragen und seiner Konversion zusammen mit seiner Frau Anna zur evangelischen Kirche. Bei seinem Begräbnis in Göttingen ist Edith Stein anwesend[53].

In den Göttinger Lehrveranstaltungen bei Edmund Husserl beschäftigt sich Edith Stein vor allem mit seinen „Logischen Untersuchungen" und mit dem Werk „Ideen zu einer reinen Phänomenologie und phänomenologischen Philosophie"[54]. Sie würdigt durchaus den geschichtlichen Kairos der Überlegungen Husserls und seines eigenständigen Konzeptes, steht aber seinen Ausführungen auch kritisch gegenüber, ist sie mittlerweile doch sehr stark durch die Auffassung Reinachs und der anderen jüngeren Phänomenologen in Göttingen geprägt. Sie selbst bemerkt dazu: „Die ‚Logischen Untersuchungen' hatten vor allem dadurch Eindruck gemacht, dass sie als eine radikale Abkehr vom kritischen Idealismus kantischer und neukantianischer Prägung erschienen. Man sah darin eine ‚neue Scholastik', weil der Blick sich vom Subjekt ab- und den Sachen zuwendete: Die *Erkenntnis* schien wieder ein *Empfangen*, das von den Dingen sein Gesetz erhielt, *nicht* – wie im Kritizismus – ein *Bestimmen*, das den Dingen sein Gesetz aufnötigte. Alle jungen Phänomenologen waren entschiedene Realisten. Die ‚Ideen' aber enthielten einige Wendungen, die ganz danach klangen, als wollte ihr Meister zum Idealismus zurücklenken. Was er uns mündlich zur Deutung sagte, konnte die Bedenken nicht beschwichtigen. Es war der Anfang jener Entwicklung, die Husserl mehr und mehr dahin führte, in dem, was er ‚transzendentalen Idealismus' nannte (es deckt sich nicht mit dem transzendentalen Idealismus der kantischen Schulen), den eigentlichen Kern seiner Philosophie zu sehen und alle Energie auf seine Begründung zu verwenden: ein Weg, auf dem ihm seine alten Göttinger Schüler zu seinem und ihrem Schmerz nicht folgen konnten."[55]

In der „Philosophischen Gesellschaft" trifft Edith Stein 1914 Max Scheler[56] und lernt durch ihn „katholische Ideen" kennen, die eine Selbstkorrek-

---

[52] Erika Gothe (23. 1. 1887 geb. in Darmstadt; 31. 8. 1966 gest. in Schwerin) ist Lehrerin, die nebenberuflich in Göttingen Philosophie studiert und wie Edith Stein zur „Philosophischen Gesellschaft" um Edmund Husserl gehört. Sie ist mit Hedwig Conrad-Martius (Anm. 30) befreundet. Vgl. dazu Edith Stein, Aus dem Leben einer jüdischen Familie: ESGA 1, 205 f.

[53] Vgl. Karl Schuhmann, Edith Stein und Adolf Reinach (Anm. 29), 61.

[54] Erschienen Halle 1913 beim Verlag Max Niemeyer.

[55] Edith Stein, Aus dem Leben einer jüdischen Familie: ESGA 1, 200 f.

[56] Max Ferdinand Scheler (Anm. 47) steht im Kontakt mit Edmund Husserl, bildet aber seit 1901 eine eigene Richtung in der Phänomenologie, „die unter dem methodischen

tur ihrer eigenen Einstellungen herbeiführen, so dass die „Schranken der rationalistischen Vorurteile“, in denen sie aufgewachsen ist, bei ihr fallen und „die Welt des Glaubens“ plötzlich vor ihr steht und sie selbst „allmählich umgebildet“ wird[57].

Politische Herausforderungen

In Göttingen studiert Edith Stein weiterhin auch Germanistik und Geschichtswissenschaft. Mit wachem Interesse beobachtet sie zugleich das politische Zeitgeschehen. Auf- und Niedergang der Kaiserzeit kennt sie aus eigenem Erleben, Macht und Machtverfall aus ihren historischen Studien. Der Ausbruch des Ersten Weltkrieges überrascht sie und vermittelt ihr ein Gefühl der Unsicherheit, dem sie mit Ruhe in alltäglicher Arbeit zu begegnen versucht und ihre speziell für das Staatsexamen notwendigen Arbeiten im reduzierten Universitätsbetrieb von Göttingen weiter verfolgt[58]. Gegen den heftigen Widerstand ihrer Mutter entschließt sich Edith Stein 1915 wie selbstverständlich zum Dienst als Krankenschwester im Seuchen- und Verwundetenlazarett von Mährisch-Weißkirchen[59]. Als sie im Herbst 1915 von dort, erfüllt von extremen menschlichen Erfahrungen tiefen Leids und Elends, nach Breslau zurückkehrt, legt sie zunächst die für die Promotion noch notwendige Griechischprüfung am 26. Oktober ab[60], wendet sich dann aber intensiv ihrer Doktorarbeit bei Husserl zu. 1916 wird Edith Stein Privatassistentin bei Edmund Husserl in Freiburg/Br., wo sie am 30. März 1917 ihre Urkunde zum Dr. phil. erhält[61] und bis 1918 dort bleibt.

Seitdem kümmert sie sich vor allem zusammen mit der Witwe Reinach um den Druck des wissenschaftlichen Nachlasses von Adolf Reinach. Mit anderen seiner früheren Schülerinnen und Schülern gibt sie schließlich 1921 seine „Gesammelten Werke“ heraus[62]. Es schließt sich bis 1922 eine Phase

---

Primat des Wertfühlens und intuitiver Wesensschau eine an den Gegebenheiten des ethisch-personalen, psychischen und religiösen Lebens orientierte materiale Wertlehre ausgestaltete, die Sphäre des Emotionalen (Sympathie, Liebe, Hass, Reue, Ressentiment-Problem) neu erschloss und die elementaren Schichten des Geistig-Personalen freilegte.“ Vgl. Gerhard Pfafferott, Art. Scheler: LThK ³2000, Bd. 9, 122. Vgl. auch Paul Good, Max Scheler. Eine Einführung, Düsseldorf – Bonn 1997; Wolfhart Henckmann, Max Scheler, München 1998.

57 Edith Stein, Aus dem Leben einer jüdischen Familie: ESGA 1, 211.

58 Vgl. Edith Stein, Aus dem Leben einer jüdischen Familie: ESGA 1, 240 f.

59 Vgl. Edith Stein, Aus dem Leben einer jüdischen Familie: ESGA 1, 262–303.

60 Vgl. Zeugnis des Johannes Gymnasiums Breslau im Edith Stein Archiv Köln, A 3.

61 Vgl. ESGA 1, 342.

62 Als Reinach 1917 im Krieg fällt, bleibt sein Werk unvollendet. Die erste Auflage eines Teils seiner Werke enthält nicht alle seine Schriften (Adolf Reinach, Gesammelte Schriften, hg. v. seinen Schülern, Halle 1921, Verlag Niemeyer). In den 50er Jahren erscheinen Neu-

freier wissenschaftlicher Arbeit an, in der sie weitere wichtige eigene Schriften wie auch „Eine Untersuchung über den Staat“ für die Publikation vorbereitet und sich mit dem christlichen Glauben auseinanderzusetzen versucht, bis sie am 1. Januar 1922 in der Pfarrkirche St. Martin in Bergzabern katholisch getauft wird.

Diese komplexen Prägungen Edith Steins durch die verschiedenen Geisteswissenschaften, die größten Gelehrten ihrer Zeit, aber auch durch politische und persönliche Erfahrungen in einer Zeit tief greifender Krisen und gewaltiger gesellschaftlicher Umbrüche in Deutschland haben die Philosophin zu einer menschlich und intellektuell reifen Persönlichkeit werden lassen, als sie ihre Arbeit über den Staat zu schreiben beginnt und zugleich den Weg ihrer christlichen Konversion geht.

Aufbau und Themen der Studie

Die Studie „Eine Untersuchung über den Staat“ gliedert sich in die zwei ungleich langen Hauptkapitel „I. Die ontische Struktur des Staates“ und „II. Der Staat unter Wertgesichtspunkten“. Das erste weitaus umfangreichere Hauptkapitel ist in drei Paragraphen, das zweite deutlich kürzere in sechs Paragraphen gegliedert. Die einzelnen Paragraphen beziehen sich auf „die staatliche Gemeinschaft“ (I § 1), „Staat und Recht“ (I § 2), „das konkrete Staatsgebilde in seiner Bedingtheit durch andere Faktoren als die Struktur des Staates“ (I § 3), die „Bedeutung des Staates für die Individuen, die ihm angehören“ (II § 1), „Staat und Gerechtigkeit“ (II § 2), „Bedeutung des Staates für die Gemeinschaft als solche und besonders für die Volksgemeinschaft“ (II § 3), „Staat und sittliche Werte“ (II § 4), den „Staat als Träger des historischen Geschehens“ (II § 5) und auf „Staat und Religion“ (II § 6).

Die Schwerpunkte der Reflexionen Edith Steins bilden dabei das „Verhältnis zwischen Individuum und Gemeinschaft“, der „Staat als Zentrum des geistigen Gesamtwillens“, der „Staat und seine Souveränität“, der „Staat als Rechtsgemeinschaft“, das „Verhältnis zwischen Staat und Volk“, die „Staats-

---

ausgaben seiner Werke „Zur Phänomenologie des Rechts“, „Die apriorischen Grundlagen des bürgerlichen Rechtes“ (erstmalig Halle 1913 und München 1953) und „Was ist Phänomenologie?“ (München 1951). Die nicht veröffentlichten Manuskripte Reinachs, die sich nach seinem Tod im Besitz seiner Frau Anna Reinach befinden, sind weitgehend im Zweiten Weltkrieg vernichtet worden. Die überkommenen Aufzeichnungen, Briefe und Vorlesungsmitschriften gehören zu der in der Bayerischen Staatsbibliothek eingerichteten „Sammlung Reinach“ (Signatur Ana 379), deren Verzeichnis in dem von Eberhard Avé-Lallemant herausgegebenen Band „Die Nachlässe der Münchner Phänomenologen in der Bayerischen Staatsbibliothek, Wiesbaden 1975“, enthalten ist. Die erste textkritische Ausgabe „Adolf Reinach, Sämtliche Werke in 2 Bänden mit Kommentar und Textkritik“ haben Karl Schuhmann und Barry Smith, herausgegeben (München – Wien 1989).

bürgerrechte" und der „Staat als Träger der Geschichte und als Wertegemeinschaft unter dem Einfluß der Religion".

In Anknüpfung an den Begriff der „Autarkie" bei Aristoteles zeigt sich für Edith Stein der spezifische Charakter des Staates in seiner „Souveränität". „Der Staat muß sein eigener Herr sein; die Formen des staatlichen Lebens dürfen ihm durch keine außer ihm stehende Macht … vorgeschrieben werden … Es gehört zum Staat unaufhebbar, daß seine Aktionen und seine Gesetze ihm selbst und keiner unter, neben oder über ihm stehenden Gemeinschaft entspringen: daß prinzipiell alles in seinem Bereich geltende Recht auf ihn zurückzuführen ist. Und es gehört ferner dazu, daß es in ihm eine das Staatsganze repräsentierende Macht gibt, die der Urheber seiner Organisation und aller ihrer Umbildungen ist …"[63] Diesem Staat kommt das „Recht" zu, allen Personen und Organisationen innerhalb seines Gebietes Weisungen zu geben. Auf diese Souveränität kann er nur durch „Selbsteinschränkung", wie z. B. durch Anerkennung von Völkerrecht, verzichten[64]. Bei dieser Betrachtungsweise des Staates als solchem erscheint dieser nicht als Form menschlicher Gemeinschaft, sondern als „seelenloser Mechanismus" bzw. „Leviathan"[65].

Im Zusammenhang des Verhältnisses von Staat zum Volk bzw. zu den Individuen gilt demzufolge für Edith Stein: „Der Staat als soziales Gebilde, das sich aus eigener Machtvollkommenheit organisiert, verlangt nach einer Schöpferkraft, die seiner organisierenden Potenz Inhalt und Richtung vorschreibt und eine innere Berechtigung verleiht."[66] Für den Staat genüge es, dass in ihm das Individuum „in erster Linie als Glied des Staates lebt, daß dies der feste Orientierungspunkt ist, von dem aus er sein Verhalten auch in anderen als staatlichen Angelegenheiten erwägt und bemißt"[67]. Denn der Staat habe keine „Seele" und er könne den Eindruck einer „unheimlichen Maschine" hervorrufen, „die Menschenleben erfordert, um in Gang gebracht und im Gang gehalten zu werden, die aber selbst nicht lebendig wird und gegen das Leben, das sie mit Beschlag belegt, gleichgültig bleibt"[68].

Kerngedanken

Edith Stein versteht den Staat als soziales Gebilde, in das Menschen als freie Personen integriert sind und in dem eine Mehrheit von ihnen die anderen

63 ESGA 7, 11.
64 Vgl. ESGA 7, 13.
65 Vgl. ESGA 7, 31; Ernst von Hippel (oben, S. XVI, Anm. 34) 57.
66 ESGA 7, 21.
67 ESGA 7, 28.
68 ESGA 7, 31.

repräsentiert und regiert (Herrschaftsverhältnis). Außer den Bürgern eines Staates gehören zu diesem auch alle sachlichen und frei verfügbaren Belange (Gegenständlichkeiten). Die Herrschaft eines Staates, die seitens seiner Bürger anerkannt sein muss, wird durch Befehle und Rechtsbestimmungen vollzogen. Die staatliche Macht ist souverän, d. h. sie untersteht keiner anderen Herrschaft. Zum Staat gehört auch ein bestimmtes Herrschaftsgebiet. Den Sinn des Staates kann dieser nicht aus sich selbst hervorbringen. Der Geist des Staates ergibt sich aus dem Ethos des Volkes. Dieses haben die Personen zu vollziehen, die den Staat vertreten. Insofern bedarf es nicht zuletzt wegen der Gefahr der Pervertierung einer Unterscheidung des persönlichen Geistes der Staatsrepräsentanten von dem Geist, der für den Staat grundlegend ist. Wozu der Staat berufen ist, kann deshalb nicht aus einer prinzipiellen Staatslehre abgeleitet werden. Mit ihren Erläuterungen tritt Edith Stein vor dem Hintergrund ihrer Zeit für ein sachbezogenes Staatswesen ein, dessen Kennzeichen Säkularität, nicht dagegen die Fixierung einer bestimmten Idee sein soll.

Ein wichtiger Gedanke für Edith Stein ist das Verhältnis zwischen Staat und Recht. Sie unterscheidet zwischen „geltendem und positivem Recht“ einerseits und „reinen Rechtsverhältnissen“ andererseits. Für sie kann das durch „Willkürakte geschaffene positive Recht“ vom „reinen Recht“, das als „ewiges Recht“ oder „Naturrecht“ bei allen Völkern und zu allen Zeiten dasselbe ist, abweichen. Geltung haben beide Rechtsformen, sie bedürfen aber zur Durchsetzung der Umsetzung in staatlich geltendes Recht. Insofern kommt die Autorin zu der höchst missverständlichen und gefährlichen Schlussfolgerung, dass der Staat Gott oder dem Satan dienen könne, was eine „reine Tatsachenfrage“ sei, die von einer prinzipiellen Staatslehre nicht beantwortet werden könne, da solches „durch die Idee des Staates nicht vorgezeichnet, aber auch nicht ausgeschlossen ist“. Sie behauptet deshalb ausdrücklich gegen Friedrich Julius Stahl[69], dass „die Idee des sittlichen Reichs … nur von außen an den Staat herangetragen werden“ könne[70].

Nicht zuletzt auch vor dem Hintergrund der persönlichen Lebensgeschichte Edith Steins verweist eine solche positivistische Staatstheorie auf die Möglichkeit verheerender Folgen eines als absolut souverän missverstandenen, totalen Staates. In dieser Hinsicht erweist es sich als höchst problematisch, den Staat nur als ein „Phänomen“ anzuschauen, das notwendigerweise keiner moralischen Beurteilung und Sinnbindung unterliegt. Insofern ist dem Juristen Ernst von Hippel zuzustimmen, der meint, dass Edith Stein bei ihrem Versuch, „die Struktur des Staatlichen an sich aufzuweisen“, fehl-

---

[69] ESGA 7, 78, Anm. 164.
[70] ESGA 7, 78.

geht, wenn sie „in Wahrheit nur eine Analyse des positivistischen Rechts- und Staatsdenkens" vornimmt, „d.h. sie logisiert die machiavellistische[71] Staatsauffassung der Neuzeit"[72].

Edith Stein betrachtet den Staat jedoch auch unter „Wertgesichtspunkten", obwohl dieser Teil der Arbeit unverhältnismäßig kurz ausfällt und wie ein bloßer Anhang zum ersten Hauptteil erscheint[73]. Der Staat solle Werte realisieren, die Gerechtigkeit verwirklichen, richtiges Recht setzen, sich selbst beschränken, die Wertvorstellungen anderer berücksichtigen, gegebene Versprechen einhalten und das eigene Recht nicht verletzen. Aber es könne für ihn auch die Rechtsverletzung „im Interesse höherer Werte geboten sein". So ist für sie der Staat selbst, obwohl sie die Wertethik Max Schelers kennt, „wertfrei" und nicht der Ort der „Realisierung der Gerechtigkeit als … ihm durch seine Idee vorgezeichneter Beruf"[74]. Er bleibt für sie Staat, auch „wenn er unbekümmert um ethische Normen lebt"[75]. Das Moralische weist Stein den Personen zu, wobei für sie der Staat nicht „im vollen Sinne des Wortes Person" oder „moralisches Wesen"[76] ist. Aber sie sagt, dass dem „Ethos des Volkes … der Staat sich um seiner selbst willen anpassen"[77] müsse. So könne der Staat zwar „faktisch durch seine Rechtsmittel zur Sittlichkeit erziehen", was „aber in seiner eigenen Struktur … nicht als notwendig vorgezeichnet"[78] gelten könne. Die Überlegungen zum Verhältnis Staat und Religion verdeutlichen, dass ihr „der absolute Vorrang der religiösen Sphäre … mit dem bedingungslosen Gehorsam, den der Staat für seine Befehle in Anspruch nimmt", grundsätzlich nicht als vereinbar erscheint. Sie ist jedoch nicht in der Lage, eine Lösung dieses „in der Eigenart von staatlicher und religiöser Sphäre begründeten Konflikts"[79] zu benennen. Die religiösen Belange weist sie deshalb der strikt vom Staat unterschiedenen „personalen Sphäre" zu. Gedanken der Bindung des Staates an Menschen- und Bürgerrechte, an Verträge oder an sittliche Voraussetzungen werden nicht genannt.

---

[71] Niccolò Machiavelli (1469–1527) hat in seinen grundlegenden Werken „Il Principe" (1513) und „Discorsi" (1522) das politische Handeln des Staates auf Techniken und Strategien reduziert und damit aus dem sittlich-universellen Anspruch des christlich geprägten Naturrechts gelöst. Demzufolge hat der Staat eine autonome Funktions- und Zielvorstellung, die mittels politischer Vernunft ausschließlich der Staatsräson zu dienen hat.

[72] Ernst von Hippel (Anm. 34) 57.

[73] Vgl. Martin Kriele, Edith Steins „Untersuchung über den Staat": Reden anlässlich der Vortragsveranstaltung „Edith Stein – Lebensweg und wissenschaftliches Werk" am 15. Mai 1987 in der Universität Köln (Kölner Universitätsreden 67), Köln 1987, 40–52, 40.

[74] ESGA 7, 110.

[75] ESGA 7, 119.

[76] ESGA 7, 119.

[77] ESGA 7, 120, Anm. 224.

[78] Ernst v. Hippel (oben S. XVI, Anm. 34) 56.

[79] ESGA 7, 127.

Kritische Rezeption

Diese Untersuchung über den Staat ist in der Staatsrechtslehre weitgehend unbeachtet geblieben. Die durchaus auch die Begrenztheit phänomenologischen Denkens aufweisenden Überlegungen Edith Steins sind nicht nur von philosophiegeschichtlichem, religionsrechtlichem und staatstheoretischem Interesse. Ihre klaren Beobachtungen und Unterscheidungen können unter dem Vorbehalt historischer Distanz auch von höchstem aktuellem Interesse sein, wenn dabei die heute erkennbaren Aporien einer strikt positivistischen Phänomenologie beachtet bleiben. So können Steins Darlegungen und ihre Fragen provozierenden Thesen die postmoderne Debatte über das Verhältnis zwischen Staat und Bürgern einerseits sowie zwischen Staat, Recht und Religion andererseits bereichern, vor allem aber herausfordern. Denn ihre Ausführungen sind nicht frei von Widersprüchen, enthalten aber durchaus beachtenswerte Impulse bei der Suche nach einer neuen Fundierung und Verklammerung kultureller Werte, individueller Freiheit und gerechter Gemeinschaft in Staat und Gesellschaft. Vor dem Hintergrund heute multikulturell und multireligiös gewordener Gesellschaften haben ihre Darlegungen große Bedeutung nicht nur für den deutschen Staat, sondern für die ganze europäische Staatengemeinschaft und letztlich im globalisierten Kontext für die gesamte Menschheit, insofern sie verdeutlichen, dass ein Staat oder ein Staatenverbund ohne Wertefundierung nicht existieren kann.

Mainz am 9. August 2006,
dem Todestag Edith Steins

Ilona Riedel-Spangenberger

Verzeichnis der Abkürzungen

a. a. O.	am angegebenen Ort
Anm.	Anmerkung
Aufl.	Auflage
Bd., Bde.	Band, Bände
bzw.	beziehungsweise
d. h.	das heißt
ebd.	ebenda
ESGA	Edith Stein Gesamtausgabe
evt.	eventuell
F.	Folge
FS	Festschrift
geb.	geboren
gest.	gestorben
H.	Heft
hg. v.	herausgegeben von
i. V. m.	in Verbindung mit
JPPF	Jahrbuch für Philosophie und phänomenologische Forschung, Halle 1913 ff.
m. E.	meines Erachtens
ND	Nachdruck
Nr.	Nummer
o./u. dgl.	oder/und dergleichen
S.	Siehe
sc	scilicet (lat. für d. h.)
ThPh	*Theologie und Philosophie*, Zeitschrift der Philosophisch-Theologischen Hochschule Frankfurt am Main
vgl.	vergleiche
z. B.	zum Beispiel

Editorische Hinweise

Mit spitzen Klammern ⟨ ⟩ versehene Einfügungen im Text kennzeichnen editorische Hinweise, Ergänzungen oder Verdeutlichungen. Auch in spitzen Klammern stehende Fußnoten stammen nicht von Edith Stein, sondern sind editorische Erklärungen.
Zeichensetzung und Druckfehler wurden stillschweigend bereinigt.
Die Sperrungen des Erstdrucks wurden als Kursivschrift wiedergegeben.

Erstauflage und Ausgaben

1. Auflage: deutscher Originaltext
Als Separatum 1924 (vgl. ESGA 4, Br. 87).
Jahrbuch für Philosophie und phänomenologische Forschung, hg. v. Edmund Husserl: Bd. 7, Halle 1925, 1–123 (Verlag Max Niemeyer). Gewidmet Hans Theodor Conrad.

2. Auflage: deutscher Text
Unverändert zusammen mit „Beiträge zur philosophischen Begründung der Psychologie und der Geisteswissenschaften" (1. Auflage: JPPF Bd. 5, Halle 1922, S. 1–283; Tübingen [2]1970, S. 1–283; ESGA 6) Tübingen 1970, S. 285–407 (Verlag Max Niemeyer). Nur die „Beiträge" sind Edmund Husserl zum 60. Geburtstag gewidmet; die Schrift über den „Staat" ist Hans Theodor Conrad gewidmet.

Die 2. Auflage enthält ein Vorwort[1], das sich allein auf die Schrift „Beiträge zur philosophischen Begründung der Psychologie und der Geisteswissenschaften" bezieht und auf die darin enthaltenen zwei Abhandlungen „Psychische Kausalität" und „Individuum und Gemeinschaft" eingeht. Diese Publikation gehört zu einer Reihe von Schriften, die Edith Stein den „über-

[1] Das Vorwort bezieht sich lediglich auf die beiden Hauptkapitel des 1. Beitrags der Veröffentlichung von 1970, nicht dagegen auf den zweiten Beitrag „Eine Untersuchung über den Staat". vgl. zum Vorwort die Rezension von Hermann Schmalenbach, Neues zum Problem der Phänomenologie: Deutsche Literaturzeitung 43, Nr. 45, 11. 11. 1922, 995: „Beide Abhandlungen sind eigentlich gegeneinander ganz selbständig. Was sie zusammenbindet – und gar unter diesem Gesamttitel –, ist kaum zu verstehen." Und weiter: 998: „Charakteristisch ist, daß der Gesamttitel der beiden Monographien auf die 150 Seiten lange soziologische Abhandlung keine Rücksicht nimmt, dagegen um einer ‚Schlußbetrachtung' von 15 Seiten willen, von der es hinreicht, wenn ich konstatiere, daß sie nicht ganz wertlos ist, das Werk auch als Beitrag zur philosophischen Begründung der ‚Geisteswissenschaften' zu bezeichnen für erlaubt hält." Der Rezensent hat nicht den für die phänomenologische Forschung typischen Zusammenhang der Wissenschaften der Philosophie, Psychologie, Soziologie und des Rechts erkannt, die voneinander unterschieden werden, dennoch aber zusammen die „Geisteswissenschaften" begründen. Der Beitrag Edith Steins über den „Staat" gehört insofern in diesen Zusammenhang, wenn auch das Vorwort keinen Bezug dazu herstellt.

individuellen Realitäten", wie z. B. der Gemeinschaft der Familie, des Dorfes und der Stadt, zuordnet. Im Vorwort spricht sie über „weitere Einblicke in die Struktur des geistigen Kosmos". Dazu gehören auch ihre Überlegungen zum „Staat" als einer über das Individuum hinausgehenden Wirklichkeit. Dieser spezifischen überindividuellen Wirklichkeit gilt ihre eigene Untersuchung.

Italienischer Text:
Una Ricerca sullo Stato, a cura di Angela Ales Bello, Roma 1993.

Französischer Text:
De l'État, présenté et traduit par Philibert Secretan, Fribourg 1989.

Verzeichnis der von Edith Stein zitierten Literatur

Albrecht, Wilhelm Eduard, „Rezension von R. Maurenbrechers ‚Grundsätze des heutigen deutschen Staatsrechts'“, in: *Göttingische Gelehrte Anzeigen vom 21. und 23. Sept. 1837*, Frankfurt/M. 1837.

Aristoteles, *Nikomachische Ethik.*

Gerber, Carl Friedrich Wilhelm von, *Grundzüge des deutschen Staatsrechts*, Leipzig 1880.

Gierke, Otto von, „Recht und Sittlichkeit“, in: *Logos VI*, 3, Tübingen 1917, 211–264.

Grotius, Hugo, *De iure belli et pacis*, Sijthoff 1919.

Hildebrand, Dietrich von, „Zum Wesen der Strafe“, in: *Philosophisches Jahrbuch der Görresgesellschaft 1919.*

Jellinek, Georg, *System der subjektiven öffentlichen Rechte*, Tübingen ²1919.

Kern, Fritz, *Recht und Verfassung im Mittelalter*, München u. a. 1919.

Kjellén, Rudolf, *Der Staat als Lebensform*, Leipzig 1917.

Lask, Emil, *Fichtes Idealismus und die Geschichte*, Tübingen 1902.

Reinach, Adolf, *Die apriorischen Grundlagen des bürgerlichen Rechts, Jahrbuch für Philosophie und phänomenologische Forschung 1*, Halle (Saale) 1913; Reinach, Adolf, „Die apriorischen Grundlagen des bürgerlichen Rechts“, Gesammelte Schriften, Halle (Saale) 1921.

Scheler, Max, *Der Formalismus in der Ethik und die materiale Wertethik*, Halle 1916.

Schleiermacher, Friedrich, *Die Lehre vom Staat*, hg. v. Christian August Brandis, Berlin 1845.

Spengler, Oswald, *Untergang des Abendlandes. Umrisse einer Morphologie der Weltgeschichte*, Bd. I: Gestalt und Wirklichkeit, Wien 1918, Bd. II: Welthistorische Perspektiven, München 1922.

Stahl, Friedrich Julius, *Die Staatslehre und die Principien des Staatsrechts*, Heidelberg ³1856.

tein, Edith, „Beiträge zur philosophischen Begründung der Psychologie und der Geisteswissenschaften“, II. Abhandlung: Individuum und Gemeinschaft, in: *Jahrbuch für Philosophie und phänomenologische Forschung V*, Halle (Saale) 1922.

Eine Untersuchung über den Staat

Hans Theodor Conrad[1] gewidmet

[1] ⟨Vgl. Einleitung, Anm. 30.⟩

1. Die ontische Struktur des Staates[1]

§ 1. Die staatliche Gemeinschaft[2]

Die Staatstheorien verschiedenster Richtung[3] nehmen ihren Ausgang davon, daß der Staat eine Form der Sozietät ist[4]. In der Tat wird es sich als ein

---

[1] ⟨Unter der „ontischen Struktur des Staates" versteht Edith Stein das innere Wesen sowie die spezifische Gestalt und Verfassung dieser Form menschlicher Gemeinschaft im Unterschied zu den anderen Formen des Zusammenlebens von Menschen. Dabei geht es ihr grundsätzlich und generell um das Phänomen „Staat", d. h. die Theorie des Staates, nicht um einen bestimmten Staat und seine konkrete Situation. Dennoch reflektiert sie vor dem historischen Hintergrund eines politischen Umbruchs, der zum einen durch den Untergang des deutschen Kaiserreiches, den Einschnitt durch den verlorenen Ersten Weltkrieg (1914–1918) und die Entstehung der ersten deutschen Republik (Weimarer Republik; vgl. Uwe Wesel, Geschichte des Rechts, München ²2001, 437–439), d. h. den Wechsel von der Monarchie zur Demokratie gekennzeichnet ist. Zum anderen erlebt sie die Bedrohung des neuen Staates durch extreme politische Richtungen (Kommunismus und Nationalismus), so dass ihre Überlegungen vor diesem Hintergrund politischer Instabilität zu verstehen sind.⟩

[2] ⟨Ein wesentliches Merkmal für die von Edith Stein untersuchte ontische Struktur des Staates ist seine Qualifikation als „Gesellschaft". Dennoch betrachtet sie den Staat auch als Gemeinschaft und beginnt mit Überlegungen dazu ihre Abhandlung. Damit greift sie die von Ferdinand Tönnies eingebrachte Unterscheidung zwischen „Gesellschaft" und Gemeinschaft" auf (vgl. Einleitung, Anm. 46), derzufolge die Gesellschaft aus dem willkürlichen Willen des Gesetzgebers nach Maßgabe von Zweck und Nutzen folgt, die Gemeinschaft hingegen durch menschliche Beziehungen der Zusammengehörigkeit und Solidarität erwächst. Die Autorin setzt sich im folgenden dann auch ausdrücklich mit anderen staatstheoretischen Modellen auseinander.⟩

[3] ⟨Vgl. dazu die Staatstheorien der Antike, im Mittelalter, in der frühen und späteren Neuzeit sowie in der Moderne: Klassiker des politischen Denkens. Von Plato bis Hobbes, hg. v. Hans Maier, München ²2004; Von John Locke bis Max Weber, hg. v. Hans Maier, München ⁵2001; Hans-Peter Waldrich, Der Staat: Das deutsche Staatsdenken seit dem 18. Jahrhundert, München 1973; Klaus Adomeit, Antike Denker über den Staat, Heidelberg ³2001; ders., Rechtsdenker der Neuzeit, Heidelberg ²2002; Martin Kriele, Einführung in die Staatslehre, ⁶2003; Nicos Poulantzas, Staatstheorie, Hamburg 2002.⟩

[4] ⟨„Sozietät" bzw. „Gesellschaft" ist ein Begriff, der in allgemeiner Form die vom Individuum ausgehenden sozialen Interaktionen und sozialen Beziehungen der Menschen bezeichnet. Dabei wird die Grenze der „Gesellschaft" durch eine politische Macht bestimmt. In der Regel ist das der Staat, der für die betreffende Gesellschaft die Entscheidungs-, Wert- und Normsetzungskompetenz hat. Edith Stein hält ihn für eine neben anderen mögliche Form der Sozietät.

undurchstreichbares Moment in seiner Struktur erweisen, daß Subjekte in ihm leben und in seinem Aufbau ganz bestimmte Funktionen haben[5]. Dar-

---

Der Begriff des Staates als „Gesellschaft" (societas) bedarf der Beachtung des jeweiligen geschichtlichen und institutionellen Kontextes, in dem er verwendet wird. (Vgl. Paul-Ludwig Weinacht, Staat. Studien zur Bedeutungsgeschichte des Wortes von den Anfängen bis ins 19. Jahrhundert, Berlin 1968). So werden die weitgehende Einheit von Kirche, weltlicher Herrschaft und Gesellschaft in der Antike und im Mittelalter begrifflich mit „societas" „corpus" oder „universitas" erfasst. Dieser gesellschaftliche Monismus wurde durch die Einheit des Rechts aus römisch-rechtlichen und kirchenrechtlichen Bestimmungen gestützt. (Vgl. Stephan Schwarz, Strukturen von Öffentlichkeit im Handeln der katholischen Kirche. Eine begriffliche, rechtshistorische und kirchenrechtliche Untersuchung, Paderborn-München-Wien-Zürich 2004, 103–107). Eine Hinwendung zum neuzeitlichen Verständnis des Staates als „societas" mit eigener Rechtspersönlichkeit und mit der Anerkennung individueller Rechte gegenüber dem Staat, d.h. die Unterscheidung zwischen öffentlicher und privater Rechtsperson, findet sich ansatzweise bereits in den Überlegungen des *Nicolaus Cusanus* (vgl. De concordantia catholica: Nicolai de Cusa opera omnia, iussu et auctoritate Academiae Litterarum Heidelbergensis ad codicum fidem edita XIV/1–4, Hamburg 1959ff.), ehe das säkulare Recht der frühen Neuzeit und der naturrechtliche Gesellschaftsbegriff der Aufklärung den Boden bereitet für Staatstheorien, die die Begriffe „res publica" und „societas" neben anderen gesellschaftlichen Gebilden bzw. Verbandsformen vor allem dem Staat zuerkennen wollen. (Vgl. Michael Stolleis, Geschichte des öffentlichen Rechts in Deutschland, Bd. 1, München 1988). Die Aufklärung löst die Gesellschaft und ihre Ordnung aus den religiösen Kontexten, kritisiert die tradierte Gestalt des Sozialen und wendet sich den Individuen als Elementen des Sozialen zu, woraus sie die vernünftig-legitime Gestalt des Staates ableitet. *Niccolò Machiavelli* (1469–1527) hat mit dem Begriff „Staat" eine neue politische Theorie eingeführt und die politische Macht auf das Gemeinwesen im Sinne einer „societas" ausgerichtet (vgl. Il Principe von 1513 und Discorsi von 1522). *Jean Bodin* (1530–1596) und *Thomas Hobbes* (1588–1679; vgl. Leviathan von 1651) beschreiben die Theorie des souveränen Staates (vgl. Six livres de la république von 1576), allerdings mit Bevorzugung der absoluten Monarchie, deren Vorteil in der Einheitlichkeit eines Souveränitätsträgers liege. Sie gehen davon aus, dass feudales Fehdewesen und Bürgerkrieg durch die Anerkennung der Souveränität als Prinzip des Staates zugunsten einer stabilen Friedensordnung und ausgewogener sozialer Verhältnisse überwunden werden können, haben aber noch nicht die Rechte der einzelnen Staatsbürger im Blick. Aus der Erkenntnis, dass der absolutistische Staat die Rechte der Menschen nicht anerkennt, kommt es im Laufe des 17. und 18. Jahrhunderts zu großen Entwürfen einer freiheitlichen, liberalen Staatstheorie vor allem durch *Jean Jacques Rousseau* (1712–1778; vgl. Du contrat social 1762) und *Immanuel Kant* (1724–1804; vgl. Metaphysik der Sitten 1797), der zufolge die aus der Natur der personalen Würde gegebene Subjektstellung des Menschen und Bürgers in einem System der Freiheit garantiert sein muss. Seitdem gilt bis zum 20. Jahrhundert der souveräne Nationalstaat als der Ordnungsbegriff des europäischen Raumes schlechthin. Die Durchsetzung der Menschen- und Bürgerrechte als Basis für den legitimen Rechtsstaat ist damit aber noch nicht erreicht. (Vgl. Michael Stolleis, Staat und Staatsräson in der frühen Neuzeit, Frankfurt/M. 1990; Arno Anzenbacher, Christliche Sozialethik. Einführung und Prinzipien, Paderborn – München – Wien – Zürich 1998, 52–61). Erst die moderne Soziologie befasst sich mit der Verhältnisbestimmung zwischen „Gesellschaft" und „Gemeinschaft" (vgl. *Georg Simmel* und *Ferdinand Tönnies*: Einleitung, Anm. 45 und 46).⟩

[5] ⟨Insofern gehört zum Staat auch die Gemeinschaft, obwohl die Autorin zugleich ver-

um ist es ein möglicher Zugangsweg, wenn man diese Struktur durchschauen will, zunächst die prinzipiell möglichen Formen des Zusammenlebens der Subjekte im Staat zu untersuchen[6]. Ob damit eine erschöpfende Charakteristik dessen, was Staat als solcher ist, erreicht werden kann, bleibt abzuwarten. Es darf keinesfalls vorausgesetzt werden.

a) Der Staat als soziales Gebilde; sein Verhältnis zu Masse, Gemeinschaft und Gesellschaft

Die möglichen Typen des Zusammenlebens von Subjekten herauszuarbeiten, haben wir an anderer Stelle versucht[7], und wir können an die gewonnenen Ergebnisse hier anknüpfen. – Den niedersten sozialen Typus bezeichneten wir als *Masse*[8], und wir fanden es für dieselbe charakteristisch, daß die

deutlicht, dass dieser „als solcher", d. h. im ontischen Sinn, nicht durch die Gemeinschaft erschöpfend charakterisiert ist.⟩

[6] ⟨Der Staat kann verschiedene Formen haben. Für Edith Stein ist ein erster möglicher Zugang zur Erfassung der wesentlichen Struktur des Staates seine möglichen Ausformungen, die den Staat allerdings nicht erschöpfend definieren, d. h. nicht alle seine wesentlichen Strukturelemente hervorbringen.⟩

[7] Vgl. „Beiträge zur philosophischen Begründung der Psychologie und der Geisteswissenschaften; II. Abhandlung: Individuum und Gemeinschaft" im V. Band des JPPF. II, § 4. ⟨Dieses Werk, auf das die „Untersuchung über den Staat" an einigen Stellen Bezug nimmt, bildet die geistige Grundlage für die Überlegungen über die überindividuelle Realität des Staates. Dazu unterscheidet die Philosophin in ihrer Studie über den Staat drei Typen der Sozialität: Masse, Gemeinschaft und Gesellschaft. Sie setzt diese in Beziehung zum Staat und arbeitet auf diese Weise ihre Unterschiede heraus.⟩

[8] ⟨Vgl. ebd. II § 4 b): Edith Stein bezieht sich bei ihren Erläuterungen zum einen ausdrücklich auf Max Scheler (vgl. Einleitung, Anm. 37), der festgestellt hat, dass der erste Typus der Sozialität, d. h. die „Masse" in Abgrenzung von „Gemeinschaft" und „Gesellschaft" „sich durch verständnisfreie sogenannte Ansteckung und unwillkürliche Nachahmung konstituiert" (Der Formalismus in der Ethik und materielle Wertethik II: JPPF Bd. II, 405). Zum anderen verweist sie auf ihr eigenes Kapitel „Exkurs über psychische Anstekkung" in der II. Abhandlung „Individuum und Gemeinschaft" II § 3 c) (vgl. oben S. XXIX). Demzufolge unterscheidet sie das durch Eindrücke, Reize und gegenseitige Beeinflussung ausgelöste Verhalten einer Masse (Gleichartigkeit) von der freien Geistigkeit des Individuums aufgrund bewussten, willentlichen und verständlichen Verhaltens zusammen mit anderen in einer Gemeinschaft (Gemeinsamkeit). Für Edith Stein ist die „Masse" ein Typus der „societas", und zwar der „niederste soziale Typus". Intellektuelle Reflexionen zum negativ konnotierten Begriff der Masse, die als kritik- und prinzipienlos, als leicht lenkbar und umstimmbar und insofern als gewaltbereit gilt, sind um die Jahrhundertwende von großer aktueller Relevanz. Vgl. Gustave Le Bon, Psychologie der Massen, 1895; Sigmund Freud, Massenpsychologie und Ich-Analyse, 1921; Siegfried Kracauer, Das Ornament der Masse, 1927. In besonderer Weise hat sich diesem Thema in den 20er Jahren des 20. Jahrhunderts der spanische Philosoph Ortega y Gasset, der u. a. auch durch Edmund Husserl beeinflusst ist, in seinem Werk „La Rebelión de las Masas" (Madrid 1930; dt. Der Aufstand der Massen, Stuttgart 1931) gewidmet. Unter dem Eindruck der

ihr zugehörigen Individuen sich wechselseitig beeinflussen, ohne von dem Einfluß, den sie ausüben oder leiden, etwas zu wissen und ohne ihr Verhalten, das vermöge der wechselseitigen Beeinflussung ein *gleichartiges* sein mag, als *gemeinsames* zu erleben. Die Masse besteht immer nur, solange die sie konstituierenden Individuen in aktueller Berührung sind, und zerfällt, sobald diese Berührung aufhört. Es gibt hier keine das Zusammensein überdauernde Organisation und überhaupt keine von den Individuen abgelöste, objektiv gewordene Form des Zusammenseins[9]. Solche objektiven Formen – Staatseinrichtungen in einem weitesten Sinne – finden wir überall, wo wir von Staaten sprechen, und sofern sie durch die Struktur des Staates, wo nicht als notwendig, so doch mindestens als prinzipiell möglich vorgezeichnet sind, kann die Masse nicht die typische Form des Zusammenlebens im Staat sein[10]. Das schließt natürlich nicht aus, daß sich die Individuen innerhalb eines Staates vielfach in Massen zusammenfinden und daß das für seine faktische Gestaltung von ausschlaggebender Bedeutung werden kann. Der Struktur des Staates als solchen kann man von dieser Seite in keiner Weise näher kommen[11]. – Noch unter einem anderen Aspekt läßt sich das plausibel machen: Man pflegt den Staat gern als Person zu bezeichnen, und das scheint darauf hinzuweisen, daß wir seinen Ort im Reiche des Geistes zu suchen haben – im Aufbau der Massen dagegen haben wir keine geistigen Funktionen entdecken können[12]. Im Gegensatz dazu fanden wir die *Gemein-*

Sinn- und Orientierungskrise der Wende vom 19. zum 20. Jahrhundert und der Zeit des Ersten Weltkrieges kritisiert er den seines Erachtens durch die Demokratie hervorgebrachten „Massenmenschen" und fordert stattdessen ein Klima zur geistigen Erneuerung Europas, das auf den Menschen als soziales, in Beziehungen sich verwirklichendes Wesen Rücksicht nimmt. Deshalb hat Gasset die damals modernen soziologisch-kulturphilosophischen Überlegungen und Diskussionen über Aufstieg und Verfall, über Masse und Individuum aufgegriffen. Vgl. Christoph Dröge, Art. Ortega y Gasset: Biographisch-Bibliographisches Kirchenlexikon VI, 1993, 1289–1291. Solche Überlegungen zur negativen Auswirkung von Massen hat Edith Stein in ihrem Werk über den Staat nicht erwähnt. In verhängnisvoller Weise wird trotz vorausgehender vielseitiger und grundlegender geistiger Kritik und Aufklärung über den Massenwahn dieser im Nationalsozialismus auch für Edith Stein zur bitteren Realität.⟩

[9] ⟨Nach Edith Stein fehlen dem Sozialtypus „Masse" die Kennzeichen, die später von ihr als der zweite Typus für soziale Gebilde genannt werden: eine das bloße Zusammensein von Individuen überdauernde Organisation und eine überindividuell bestehende, objektive Form des Zusammenseins von Individuen als Gemeinschaft.⟩

[10] ⟨Edith Stein betont, dass die für den Staat typische Form des Zusammenseins von Individuen die Gemeinschaft ist, die zugleich strukturelle Vorgaben für den Staat enthält, nicht dagegen die Masse.⟩

[11] ⟨Es gibt zwar auch die Existenz von Massen im Staat, sie sind aber als solche nicht Strukturelemente des Staates.⟩

[12] ⟨Das Prädikat des Staates als „Person", d. h. als Subjekt eines eigenen Lebens, verweist auf eine geistige Funktion, die den Staat als Gemeinschaft ausweist, wie sie aber im Aufbau der Massen nicht vorhanden ist.⟩

schaft spezifisch im Geistigen begründet und auch sonst durch das ausgezeichnet, was der Masse fehlt: die Individuen leben in ihr gemeinsam „miteinander" in einem strengen Sinn; keines geht – wie die in der Masse lebenden Individuen – in seinem eigenen Erleben auf, sondern hat die anderen als Gefährten seines Lebens mitgegeben und fühlt sich als Glied der Gemeinschaft, die ihrerseits Subjekt eines Eigenlebens ist. Im Gemeinschaftsleben bilden sich feste Formen aus, deren Ausfüllung von verschiedenen Individuen nacheinander übernommen werden kann. Wir haben also hier eine von den Individuen selbst unterschiedene „Organisation" und scheinen der Staatlichkeit damit näher gekommen zu sein[13]. Ehe wir jedoch an die Frage herangehen, ob wir im Staat einen Spezialfall von Gemeinschaftsorganisation vor uns haben und was ihn von Formen anderer gemeinschaftlicher Organisation unterscheidet, wollen wir zu Vergleichszwekken den dritten Haupttypus der Sozialität heranziehen: die *Gesellschaft*[14]. Die Besonderheit der Gesellschaft sehen wir darin, daß in ihr – im Gegensatz zur Gemeinschaft – die Individuen wohl füreinander Objekt, aber eben *Objekte* und nicht wie in der Gemeinschaft mitlebende Subjekte sind. Das ist allerdings cum grano salis zu verstehen, sofern es sich nicht um Objekte schlechthin, sondern um objektivierte Subjekte handelt und diese Objektivierung das schlichte als Subjekt-Nehmen, wie es der Gemeinschaftseinstellung eigentümlich ist, voraussetzt. So läßt sich die Gesellschaft als rationale Umformung der Gemeinschaft auffassen. Was sich im naiven Zusammenleben „von selbst" ergibt, das wird im gesellschaftlichen Leben durch klar bewußte Willkürakte ins Dasein gerufen. Die Gemeinschaft erwächst, die Gesellschaft wird gegründet. Gemeinschaftsformen bilden sich heraus, Gesellschaftsformen werden geschaffen. –

Es ist nun die Frage, welcher Form der Sozialität wir die staatliche Organisation zuzuweisen haben. Es will mir scheinen, daß es sich nicht um ein

---

[13] ⟨Elemente des Verständnisses von der Gemeinschaft als von den Individuen unterschiedenen Organisation sind: ihre Grundlegung im Geistigen, das gemeinsame Miteinanderleben von Individuen und die Bestimmung durch die Individuen als Glieder, d. h. als Gefährten und Teilhaber bzw. mitlebende Subjekte in ein- und derselben Gemeinschaft.⟩

[14] ⟨Typus der Sozialität bedeutet die „rationale Umformung der Gemeinschaft" zu einem Zweckverband. Im Unterschied zur Gemeinschaft sind in der Gesellschaft die Individuen nicht in erster Linie miteinander lebende Subjekte, sondern Objekte, d. h. objektivierte Subjekte, die sich einem gemeinsamen Zweck unterworfen haben. Die Objektivierung der Subjekte geschieht durch „bewußte Willkürakte", wodurch eine bestimmte Gesellschaftsform „geschaffen" bzw. „gegründet" wird. Mit diesen Erklärungen greift Edith Stein explizit auf die von Ferdinand Tönnies (vgl. Einleitung Anm. 46) geschaffenen Differenzierungen zwischen „Gemeinschaft" und „Gesellschaft" zurück: durch den „Wesenswillen", d. h. Zusammengehörigkeit und Solidarität erwächst die Gemeinschaft, während die Gesellschaft durch den „Kürwillen", d. h. zu einem rationalen Zweck und Nutzen z. B. durch einem Gesellschaftsvertrag geschaffen bzw. gegründet wird.⟩

Entweder-Oder handelt[15]. Freilich wer – wie die herrschende europäische Staatslehre – der *Vertragsauffassung* huldigt, d.h. den Staat als auf einen Vertrag der ihm angehörigen Individuen gegründet ansieht, der hat unsere Frage zugunsten der Gesellschaft entschieden; denn er nimmt eine rein rationale Entstehung, eine Schöpfung kraft eines Willküraktes[16] an. Aber diese Theorie geht über klare Phänomene der Staatenbildung und des Staatslebens hinweg, die sich ihrem Schema keineswegs fügen. Wenn ein Eroberer-stamm mit einem unterworfenen Volk in einem Staatswesen verschmilzt (wie in allen germanisch-romanischen Staaten), so kann oder braucht doch von einem Vertrag zwischen den heterogenen Elementen, die sich dem neuen Staatswesen einordnen, keine Rede zu sein. Die Sieger übernehmen kraft ihrer Überlegenheit, die als ein reines Gemeinschaftsverhältnis denkbar ist, ohne jeden formellen Akt der Unterwerfung seitens der Besiegten und ohne formelle Besitzergreifung, wie sie für eine gesellschaftliche Gründung erforderlich wäre, die führende Rolle und alle Rechte und Funktionen, die ihnen belieben. Andere überlassen sie den Unterjochten, wiederum ganz naiv, ohne sich die Abgrenzung zur rationalen Klarheit zu bringen und in Willkürakten als Recht zu setzen[17]. Auf dieselbe „naive" Art können bestehende Rechtsformen und staatliche Einrichtungen auf dem Wege des Eingewöhnens übernommen und zu Bestandteilen des erwachsenden Staatsgebildes werden[18]. – Auf der anderen Seite besteht die Möglichkeit des Eingreifens rationaler Erwägungen und willkürlicher Vereinbarungen bzw. einseitiger Festsetzungen[19]. Doch scheint es, daß solche Willkürakte für die Begründung und Fortentwicklung von Staaten nur dann Bedeutung haben, wenn sie bestehenden Gemeinschaftsverhältnissen Rechnung tragen und sie gleichsam nur sanktionieren.[20] Das bedarf freilich noch näherer Erwägung.

---

15 ⟨Für Edith Stein ist keiner der drei genannten Typen der Sozialität allein ausreichend, um die Struktur des Staates zu kennzeichnen. Stein verfolgt allerdings nur die Möglichkeit, dass sich Staaten auf der Grundlage eines Gemeinschaftslebens bilden.⟩

16 Wir betrachten hier die Vertragstheorie nur als Ursprungshypothese. Es wird später zu erörtern sein, welchen anderen Sinn sie noch haben kann und wie weit sie zu rechtfertigen ist.

17 ⟨Als erstes Beispiel für den nicht auf einem Gesellschaftsvertrag gründenden Staat nennt Edith Stein, wenn Menschen verschiedener Staaten in ein einziges Staatswesen gezwungen werden, z.B. auf der Grundlage überlegener Sieger und unterlegener Besiegter.⟩

18 ⟨Als zweites, nicht von der erklärten Typologie erfasstes Beispiel nennt Edith Stein die aus Gewohnheit freiwillig übernommene Staatsform.⟩

19 ⟨Als drittes Beispiel nennt sie die willkürliche bzw. einseitige Festsetzung eines Staates, um bestehende Gemeinschaften zu legalisieren. Alle drei Arten der Staatenbildung setzen eine Gemeinschaftsbildung voraus.⟩

20 Schleiermacher bezeichnet den Übergang vom Nichtstaat zum Staat als das Ausgesprochenwerden der Sitte zum Gesetz, also Übergang aus der Bewußtlosigkeit ins Bewußtsein der Gemeinschaft (Friedrich Schleiermacher, Die Lehre vom Staat, hg. v. Christian August

Zunächst halten wir fest: Staaten können sowohl auf gemeinschaftlicher wie auf gesellschaftlicher Grundlage ruhen. Die nähere Untersuchung dürfte zeigen, daß es sich um gesellschaftliche Organisation immer erst auf einer höheren Stufe staatlicher Entwicklung handelt (d. h. das Gegenteil dessen, was die Vertragstheorie – als Ursprungshypothese verstanden – lehrt).

Noch eine Möglichkeit ist zu erwägen: ob nicht die Individuen im Staat leben können, ohne miteinander in Verbindung zu treten. Diese Möglichkeit kommt jedoch erst in Betracht, wenn man mit der Auffassung bricht, die im Staat eine Form des Zusammenlebens sieht, und ihn als etwas Darüber-Hinaus-Liegendes zu Gesicht bekommen hat. Wir verschieben die Erörterung hierüber darum, bis sich für uns dieser Durchbruch als notwendig erwiesen hat.

Vorläufig halten wir uns an die durch die empirische Anschauung illustrierte Möglichkeit, daß sich Staaten auf der Grundlage eines Gemeinschaftslebens erheben können, und fragen nach der Eigentümlichkeit der staatlichen Gemeinschaft – d. h. der Gemeinschaft der im Staat lebenden Individuen – gegenüber anderen Gemeinschaften[21].

b) Das Verhältnis zu über-, neben- und untergeordneten sozialen Gebilden. Souveränität

Gemeinschaften differenzieren sich einmal nach der Zahl der Individuen, die sie umfassen, sodann nach der Art, wie sie in den sie fundierenden Individuen verankert sind; schließlich nach dem Verhältnis, in dem sie zu anderen – ihnen gleich-, neben- oder untergeordneten – Gemeinschaften stehen[22]. Fangen wir mit dem letzten Punkt an. Es gibt niederste Gemeinschaften in dem Sinne, daß sie keine andern mehr in sich befassen und auf keinen anderen aufgebaut sind: das sind Familie im engsten Sinne des Wortes und Freundschaftsverhältnis. Sie können von größeren Gemeinschaften (Sippe, Volk, Religionsgemeinschaft u. dgl.) umfaßt, evtl. auch durchschnitten werden[23]. Es ist dann möglich, daß die besondere Ausgestaltung der

---

Brandis, Berlin 1845, 9). Daß damit nur die realen Entstehungsgrundlagen des Staates getroffen sind, nicht seine ontische Struktur, wird sich im Laufe unserer Untersuchung herausstellen (vgl. S. 70 ff.).

[21] ⟨Stein geht davon aus, dass es verschiedene Formen von Gemeinschaften gibt, die dem Staat unterstehen, ihm gleichgestellt sind oder neben ihm existieren.⟩

[22] ⟨Die Gemeinschaft differenzierende Kriterien sind: 1. die Zahl der Individuen, die jeweils dazu gehören; 2. die Art, wie die Individuen im Verhältnis zur Gemeinschaft stehen; 3. das Verhältnis der Gemeinschaft zu anderen Gemeinschaften.⟩

[23] ⟨Familie und Freundschaftsverhältnis als niedrigste Stufen einer Gemeinschaft, werden unterschieden von Sippe, Volk und Religionsgemeinschaften als größeren, d. h. weiten Gemeinschaften. Über beiden steht die „allumfassende Gemeinschaft“ bzw. „oberste Ge-

jeweils engeren Gemeinschaften weitgehend von der Struktur der umfassenden beeinflußt wird. Doch bleibt unbeschadet dieses Einflusses ihr Charakter als Familie, als Freundschaftsbund unangetastet. Es ist für diesen Charakter prinzipiell gleichgültig, ob eine Einordnung in umfassende Gemeinschaften stattfindet oder nicht. – Als Gegenpol dieser engsten Gemeinschaften ist die eine allumfassende Gemeinschaft aller geistigen Individuen anzusehen[24]. Ihr sind alle anderen Gemeinschaften eingeordnet, während sie keine mehr über sich hat. Ihre jeweilige Ausgestaltung ist von der Art und Zahl und der mannigfaltigen Wechselbeziehung der ihr eingeordneten Gemeinschaften abhängig. Insofern als das Bewußtsein der Zugehörigkeit zu dieser allumfassenden Gemeinschaft je nach dem Geist der engeren Gemeinschaften und der Beschaffenheit der ihnen angehörigen Individuen ein mehr oder weniger ausgebildetes und die Stellungnahme zu ihr verschieden sein kann. Aber ungeachtet dieser Schwankungen *besteht* jene oberste Gemeinschaft, gleichgültig, welche anderen ihr eingeordnet sind: sie besteht *in* jeder engeren Gemeinschaft als ihre Grundlage und besteht über alle engeren hinaus als ihre potenzielle Erweiterung, die jederzeit aktuell werden kann. – Auf der Linie zwischen diesen beiden Polen liegt die staatliche Gemeinschaft. Sie umfaßt andere und wird ihrerseits von anderen umfaßt. Während aber die bisher besprochenen Gemeinschaften durch den Einfluß der ihnen unter- oder übergeordneten Gemeinschaften in ihrem spezifischen Charakter nicht berührt wurden, gibt es hier eine Grenze für die Bedingtheit durch andere Gemeinschaften, die nicht überschritten werden darf, wenn der Charakter der Staatlichkeit nicht aufgehoben werden soll. Aristoteles will von der Staatlichkeit dort sprechen, wo „eine Anzahl von Personen sich zu einer Lebensgemeinschaft zusammengeschlossen hat, um ein sich selbst genügendes Ganzes zu bilden …“[25] Was uns an dieser Stelle in unserem Zusammenhang interessiert, ist die Bestimmung der Selbstgenügsamkeit („Autarkie“)[26]. Sie weist nach derselben Richtung, in der wir das Spezifikum der staatlichen Gemeinschaft suchten. Sie läßt sich nicht rein intern, durch das Verhältnis der ihr zugehörigen Individuen zueinander und zu dem sie umfassenden Ganzen bestimmen, sondern es ist ihr eigentümlich, daß sie nach außen abgegrenzt und sichergestellt sein muß, um in sich bestimmt zu sein.

---

meinschaft“. Edith Stein sagt nicht, ob es sich dabei um die Menschen- oder Völkergemeinschaft handelt.⟩

24 ⟨In die „allumfassende Gemeinschaft aller geistigen Individuen“ sind alle anderen Gemeinschaften eingeschlossen und sie realisiert sich in ihnen. Der Staat liegt für Edith Stein zwischen der universalen Gemeinschaft der geistigen Individuen und den in ihr bestehenden engeren Gemeinschaften.⟩

25 Nikomachische Ethik, Buch V, 1134a.

26 ⟨Das griechische Wort „autarkeia“ bezeichnet die Unabhängigkeit von äußeren Dingen oder Einflüssen. Sie gilt als Bedingung für die Freiheit und Grundlage für das Gute.⟩

Das, was Aristoteles mit seiner Autarkie meint, können wir wohl am besten interpretieren mit dem modernen Begriff der *Souveränität*[27] – wenn auch beide, wie sich noch herausstellen wird, nicht gleichzusetzen sind.[28] Der Staat *muß sein eigener Herr* sein; die Formen des staatlichen Lebens dürfen ihm durch keine außer ihm stehende Macht – sei es eine Einzelperson, sei es eine über-, neben- oder untergeordnete Gemeinschaft – vorgeschrieben werden. Wenn von zwei Staaten – also ursprünglich nebeneinander geordneten Gemeinschaftsgebilden – der eine in die Lage kommt, in die Organisation des anderen einzugreifen und ihm Gesetze vorzuschreiben (sei es kraft militärischer oder wirtschaftlicher Überlegenheit oder wie immer), so ist die Souveränität des zweiten und damit seine Existenz als Staat aufgehoben; er ist dem anderen als Annex angegliedert, evtl. mit ihm zu einem neuen Staatsganzen verschmolzen. – Nehmen wir an, die allumfassende Gemeinschaft der Geister wäre derart organisiert, daß sie den ihr eingeordneten Gemeinschaften keine Gesetzlichkeit aus eigener Machtvollkommenheit mehr gestattete, so wäre damit die Möglichkeit einer Staatenbildung, bzw. es wären alle Einzelstaaten zugunsten eines Universalstaates aufgehoben[29]. – Denken wir uns schließlich, daß dem Staate eingeordnete Gemeinschaften – Familienverbände, Parteien, Berufsgenossenschaften u. dgl. – die Möglichkeit hätten, die staatliche Organisation von sich aus zu durchbrechen und nach ihrer Eigengesetzlichkeit umzumodeln, so wäre der Staat von innen aufgelöst, durch *Anarchie*[30] ersetzt. Diese letzteren Verhältnisse geben uns noch weitere Aufschlüsse über die Souveränität und ihre konstitutive Bedeu-

---

[27] ⟨Der im Staats- und Völkerrecht gebrauchte und bis heute vieldeutige Begriff der „Souveränität" wird auf Jean Bodin (1530–1596) zurückgeführt. In der Regel wird darunter die zentrale Eigenschaft des Staates verstanden, dem unabhängig von anderer Gewalt und von fremdem Einfluss die höchste Entscheidungsgewalt in seinem Hoheitsbereich zukommt. Vgl. Bodin, Les Six Livres de la République (1576). Vgl. auch Friedrich August von der Heydte, Die Geburtsstunde des souveränen Staates. Ein Beitrag zur Geschichte des Völkerrechts, der allgemeinen Staatslehre und des politischen Denkens: Göttingische gelehrte Anzeigen 208, 1954, 197–221.⟩

[28] Vgl. S. 91.

[29] ⟨Der Staat gilt demnach als eigenständiges und unabhängiges, aber integratives Element der „allumfassenden Gemeinschaft der Geister", d. h. als ein Teil der umfassenderen Gemeinschaft geistiger Individuen. Ebenso unabhängig und eigenständig ist er gegenüber den niederen Gemeinschaften innerhalb der umfassenden Gemeinschaft. Würden die niederen Gemeinschaften den Staat von innen heraus auflösen, d. h. seine Souveränität missachten, wäre Anarchie die Folge.⟩

[30] ⟨Der griechische Begriff „anarchia" bezeichnet einen Zustand aufgehobener Staatsgewalt, der dem maßgeblichen Willen von Einzelnen unterliegt und jede Autorität und Staatsordnung verwirft. In der Neuzeit entwirft der Engländer William Godwin die erste Theorie der Anarchie in seinem Werk „Enquiry Concerning Political Justice and its Influence on Morals and Happiness" (1793). Vgl. Hans Diefenbacher (Hg.), Was ist eigentlich Anarchie? Einführung in Theorie und Geschichte des Anarchismus, Berlin ^{2}1997; Anarchismus: zur Geschichte und Idee der herrschaftsfreien Gesellschaft, Darmstadt 1996.⟩

tung für den Staat als unsere anfänglichen Bestimmungen. Es gehört zum Staat unaufhebbar, daß seine Aktionen und seine Gesetze ihm selbst und keiner unter, neben oder über ihm stehenden Gemeinschaft entspringen; daß prinzipiell alles in seinem Bereich geltende Recht auf ihn zurückzuführen ist (in welchem Sinne das gilt, wird sogleich näher zu erörtern sein), und alle Akte des Ganzen müssen in ihm selbst ihren letzten Auslaufspunkt haben. Und es gehört ferner dazu, daß es in ihm eine *das Staatsganze repräsentierende Macht* gibt, die der Urheber seiner Organisation und aller ihrer Umbildungen ist und für die Beobachtung der staatlichen Formen durch alle zu diesem Staat in irgendwelcher Beziehung stehenden Individuen Sorge trägt[31]. Wenn man gesagt hat, daß das Wesen des Staates *Macht* sei, so sehen wir jetzt, welchen guten Sinn dieser viel mißbrauchte Satz hat. Er ist richtig, wofern man unter Macht die Fähigkeit versteht, die Eigengesetzlichkeit des Staates aufrechtzuerhalten. Welche Form diese postulierte Macht, die das Staatsganze repräsentieren soll, annimmt – ob eine Einzelperson ihr Träger ist, oder das ganze Volk oder eine Volksvertretung und ob die verschiedenen ihr zugehörigen Funktionen („Legislative", „Exekutive") in einer Hand vereint oder getrennt sind – das ist für die Unverletztheit des Staates als solchen gleichgültig.[32] Wenn man einer bestimmten Staatsform den Vorzug gegeben hat, so geschah es nicht auf Grund einer klaren Erkenntnis dessen, was der Staat seiner ontischen Struktur nach ist, sondern vom Standpunkt eines Staatsideals aus. Ein solches Staatsideal läßt sich aber seinerseits nicht frei konstruieren, sondern Sinn und Möglichkeit desselben sind nur auf Grund der Erkenntnis dessen, was ein Staat überhaupt ist, abzusehen.

Wir müssen nun untersuchen, in welchem Sinne der Staat bzw. die ihn repräsentierende Staatsgewalt letzter Urheber aller seiner Aktionen sowie alles in ihm geltenden Rechtes sein muß. Was das erstere anbelangt, so bedeutet es, daß der Staat Befehlsgewalt innerhalb seines Herrschaftsbereichs hat und seinerseits keiner anderen Befehlsgewalt untersteht. Er kann Personen, die zu seinem Herrschaftsbereich gehören, die Weisung geben, dieses

---

[31] ⟨Edith Stein folgt hier der damaligen allgemeinen Staatslehre, für die es zum Wesen des Staates gehört, dass erstens seine Gesetzgebungsgewalt, seine Entscheidungen und für ihn verbindlichen Handlungen wie auch das in ihm geltende Recht unabhängig von jeder anderen Gemeinschaft existieren und gelten, und zweitens, dass der Staat einen Repräsentanten seiner Macht hat, der Urheber der Staatsorganisation ist und das Machtmonopol im Staat ausübt, d. h. dass eine Instanz vorhanden ist, die den Staat nach außen und nach innen vertritt und gestaltet. Edith Stein erwähnt an anderer Stelle (vgl. Anm. 35 und S. 17 ff.), dass zum Wesen des Staates ein Volk und ein Herrschaftsgebiet gehören.⟩

[32] Auch hier finden wir uns wieder in Übereinstimmung mit Schleiermacher, der den Gegensatz von Obrigkeit und Untertanen als conditio sine qua non des Staates ansieht und die Unterschiede der Verfassung darnach orientiert, wer Obrigkeit und wer Untertan (bzw. Subjekt der Spontaneität und Subjekt der Rezeptivität) ist (Friedrich Schleiermacher: Anm. 20, 23).

oder jenes als Einzelperson oder auch in seinem Namen zu tun. „Er kann" – d. h. es steht ihm das *Recht* zu und insofern hängen Befehlsgewalt und rechtliche Initiative (in später zu klärender Weise) zusammen. Er kann sich dazu hergeben, im Auftrage von Personen und Verbänden, die zu seinem Herrschaftsbereich gehören, oder auch im Auftrag anderer Staaten, etwas zu unternehmen. Aber er tut dies kraft freien Entschlusses, und niemandem steht ein Recht zu, es von ihm zu verlangen, sofern es ihm nicht von dem sich damit selbst bindenden Staate eingeräumt wird. Solche Verbindlichkeiten im einzelnen auf sich zu nehmen, tut der Souveränität keinen Abbruch. Würde dagegen der Staat eine Befehlsgewalt über sich anerkennen, so wäre das Preisgabe der Souveränität und damit Selbstvernichtung. In analoger Weise kann es im Staat tatsächlich mannigfache Rechtsordnungen geben, die nicht von ihm ausgegangen sind. Aber sie sind nur in Kraft, *sofern* sie von ihm geduldet werden. Prinzipiell kann er jede außer Kraft setzen und alle Organisation innerhalb seines Gebietes in die Hand nehmen. Wenn er das nicht tut, wenn er anderes als von ihm gesetztes Recht in seinem Bereich gelten läßt und evtl. eingeordneten Verbänden oder auch Individuen ausdrücklich das Recht zugesteht, Recht zu setzen, so ist das eine *Selbsteinschränkung* und als solche keine Aufhebung der Souveränität. Ebenso liegt eine Selbsteinschränkung vor, wenn der Staat das sog. *Völkerrecht* anerkennt, d. h. sich in seinem Verhalten zu anderen Staaten an gewisse Formen bindet[33]. Eine Aufhebung der Souveränität liegt nur dann vor, wenn die Staatsgewalt, das Organ der Selbstgestaltung, durch einen anderen als den staatlichen Willen eingeschränkt wird. In dem Augenblick, wo über allen gegenwärtig bestehenden Staaten sich eine Gewalt etablierte, die von sich aus ihrer Selbstgestaltung Grenzen setzte, wären sie ihrer Souveränität entkleidet. Damit wären sie aber zugleich als Einzelstaaten aufgehoben und der übergreifenden Organisation des einen Universalstaates eingegliedert[34]. Die Etablierung einer Staatsgewalt ist ein Akt, durch den sie sich selbst setzt. Ob der in dieser Selbstsetzung begründete Anspruch, daß innerhalb des von ihr mit Beschlag belegten Gebietes allein das von ihr gesetzte und sanktionierte Recht gelten soll, erfüllt wird und der Staat faktisch ins Dasein tritt, hängt davon ab, ob er von den betreffenden Individuen anerkannt bzw. nicht angefochten wird. Ob diese

---

[33] ⟨Das Völkerrecht regelt vorwiegend vertragsmäßig das Verhältnis souveräner Staaten untereinander. Dafür gilt der Grundsatz „pacta sunt servanda". Es hebt nicht die Souveränität der beteiligten Staaten auf. Vgl. Wilhelm Grewe, Epochen der Völkerrechtsgeschichte, Baden-Baden 1984; Matthias Herdegen, Völkerrecht, München [5]2006; Otto Kimminich, Einführung in das Völkerrecht, Tübingen [7]2000.⟩

[34] ⟨Souveränität des Staates bedeutet für Edith Stein nicht, dass es im Staat legitimerweise nicht auch noch andere Rechtsgemeinschaften mit eigenem Recht geben kann. Es bedeutet jedoch, dass das für den Staat geltende Recht nur durch ihn selbst gesetzt oder anerkannt sein muss.⟩

Anerkennung oder Duldung ohne weiteres erfolgt, oder ob Mittel angewendet werden müssen, um die Individuen dazu zu bestimmen, das ist gleichgültig. Faktisch wird jede Staatsgewalt immer irgendwelcher Hilfsmittel bedürfen, um sich in den Sattel zu setzen und im Sattel zu halten. Welcher Art diese Hilfsmittel sind, das ist wieder nicht von prinzipieller Bedeutung. Wenn von zwei Gemeinwesen (wie Reich und Gliedstaat) eines einen Teil seiner Angelegenheiten von sich aus regelt, im übrigen aber an die Initiative des anderen gebunden ist, so wird die Frage auftauchen, welches von beiden der souveräne Staat ist. Die Entscheidung richtet sich darnach, von wessen Willen die Abgrenzung abhängt. Hat ein Staat von sich aus ein anderes Gemeinwesen mit einem Teil seiner Rechte und der Befehlsgewalt in seinem Machtbereich beauftragt – und zwar in der Form, daß er selbst diesen Auftrag von sich aus erweitern, einschränken und auch ganz annullieren kann, während ohne seine Mitwirkung nichts von alledem geschehen kann, – so bleibt er souveräner Staat und wird kein Teil des anderen Gemeinwesens. Dessen Herrschaftssphäre erstreckt sich nicht auf sein Gebiet, und es muß ein anderes Gebiet haben, wenn es überhaupt als Staat anerkannt werden soll[35]. Hat dagegen ein Staat in der Form auf einen Teil seiner Funktionen verzichtet (gleichgültig ob stillschweigend oder ausdrücklich), daß es nicht in seiner Hand liegt, sie wieder zu übernehmen, und daß es Sache des anderen ist, was ihm überlassen bleibt, so hat er als Staat aufgehört zu existieren, evtl. in aller Form sich selbst ein Ende gemacht. Sein Herrschaftsbereich ist in andere Hände übergegangen. Die Tatsache, daß dem früher staatlich organisierten Gemeinwesen ein Teil seiner Funktionen geblieben ist, ändert daran nichts. – Können die beiden innerhalb einer Herrschaftssphäre mit staatlichen Funktionen betrauten Faktoren die Verteilung dieser Funktionen nur gemeinsam ändern, wie sie sie gemeinsam angeordnet haben, so ist die Frage nach dem Träger der Souveränität besonders schwierig. Jeden für sich als souverän zu betrachten geht ebenso wenig an, wie einem die Souveränität zuzusprechen. Nehmen wir, um konkreter sprechen zu können, als Beispiel das Deutsche Reich und seine Gliedstaaten[36], so ist – falls keines das Recht der einseitigen Kompetenzveränderung hat – keines souveräner Staat. Wären die Einzelstaaten souverän und hätten sich nur kraft eigenen Rechtes gewisser Funktionen zugunsten des Reiches entäußert, so wäre dieses als ihr Man-

[35] ⟨Zum Wesen des Staates gehört ein Herrschaftsgebiet (vgl. Anm. 31), d.h. eine Begrenzung der Zuständigkeit des Staates. Die Abtretung von Rechten an andere Souveräne hebt nicht die eigene Souveränität auf. Edith Stein denkt in diesem Zusammenhang vermutlich an annektierte Staatsgebiete.⟩

[36] ⟨Edith Stein erläutert am konkreten Beispiel des Deutschen Reiches und seiner Gliedstaaten das Entstehen und die Grenzen der Souveränität. Das Reich wird souverän, wenn die Gliedstaaten gänzlich oder teilweise abdanken, d.h. wenn dem Reich souveräne Macht zukommt, die nicht von den Gliedstaaten wahrgenommen wird.⟩

datar anzusehen und nicht als Staat. Hätte umgekehrt das Reich freie Verfügung über die Verteilung der Funktionen, so wäre es Staat und die so genannten Gliedstaaten mit staatlichen Funktionen betraute Gemeinwesen. Können nur Reich und Gliedstaaten gemeinsam die Verteilung der Funktionen ändern, so ist das in bestimmter Weise gegliederte Reich Träger der Souveränität. Es liegt hier eine innere Bindung vor, ähnlich wie bei einem Staate, der seine Verfassung für unabänderlich erklärt. Ein Unterschied zwischen beiden Fällen besteht noch insofern, als in einem Falle ein bestehender Staat sich selbst festlegt, im anderen dagegen ein Staat aus anderen entsteht und schon im Entstehen sich bindet, d. h. mit dieser Bindung ins Dasein tritt. Das Reich nimmt im Moment seines Entstehens die zu seinen Gunsten abdizierenden Staaten in sich auf. Sie abdizieren nur für einen Teil ihrer Funktionen, und diese Abdikation ist die Voraussetzung, die die Setzung des Reiches möglich macht. Nach außen hin ist die Souveränität ganz klar und zweifelsfrei. Aber ihr Träger ist in seiner Kompliziertheit „incredibile quoddam et monstro simile“[37], wie von Pufendorf das alte Reich genannt hat. Und diese Monstrosität ist ein Anreiz zum Rechtsbruch, durch den sich eine „normaler“ gestaltete Staatsgewalt als souverän konstituieren könnte: das an keine bestimmte Struktur mehr gebundene Reich oder wiederum die ursprünglichen Staaten. – Wenn zwei verschiedene sich selbst setzende Staatsgewalten auf denselben Herrschaftsbereich Anspruch erheben – das wäre z. B. der Fall, wenn Reich und Gliedstaaten sich beide für sich als souveräne Staaten konstituieren wollten –, so entsteht ein Zustand der Schwebe, da die Erfüllung des einen Anspruchs die des anderen ausschließt. Welcher von beiden die realen Verhältnisse sich fügen, die erweist damit ihre staatliche Existenz. Solange der Kampfzustand andauert und keine sich durchzusetzen vermag, ist die strittige Herrschaftssphäre nicht als Staat anzusprechen. – Die Existenz des Staates ist also daran gebunden, daß eine Staatsgewalt durch sich selbst konstituiert und daß sie anerkannt ist bzw. Mittel besitzt, um ihre Anerkennung durchzusetzen und Übertretungen ihres Rechts zu ahnden. Als Souveränität bezeichnen wir die Eigentümlichkeit der Staatsgewalt, daß sie das alleinige Verfügungsrecht über ihre Herrschaftssphäre besitzt und dieses Recht nur selbst zugunsten anderer Gewalten einschränken kann. Wir können also der Theorie nicht zustimmen, welche die Souveränität als ein Prädikat der Staatsgewalt ansieht, das ihr zukommen kann oder auch nicht.[38] Es

[37] ⟨Der Rechtsphilosoph Samuel Frhr. von Pufendorf (1632–1694) hat dies („irgendetwas Unglaubliches und einem Ungeheuer Ähnliches“) in seinem Werk „De jure naturae et gentium“, Lund 1672, gesagt, weil er sich nicht vorstellen kann, dass zwei Souveräne ein und denselben Staat, d. h. einen einzigen Herrschaftsbereich gründen und bilden können.⟩

[38] ⟨Georg⟩ Jellinek ⟨vgl. Einleitung Anm. 43⟩ z. B. vertritt sie in seiner „Allgemeinen Staatslehre“ (entstanden 1900 in Heidelberg), einem Werk, mit dem wir sonst in gewissen Punk-

hat keinen Sinn, von nicht-souveränen Staaten zu sprechen. Das ist vielmehr nur ein umschreibender Ausdruck für ein Gemeinwesen, dem ein Staat einen Teil seiner Funktionen übertragen oder überlassen hat und das eventuell zuvor ein Staat gewesen sein mag.[39]

Eine abschließende Charakteristik der Souveränität ist mit den bisherigen Untersuchungen noch nicht erreicht. Das Gewonnene wird vertieft werden, wenn wir die Zusammenhänge von Staat und Recht untersuchen. Vorläufig fahren wir damit fort, die staatliche Gemeinschaft zu charakterisieren, und stellen zunächst eine Reihe von Konsequenzen fest, die sich dafür aus der Äquivalenz von Staatlichkeit und Souveränität ergeben: indem wir von einem Äquivalenzverhältnis sprechen, geben wir zu verstehen, daß keiner anderen als der staatlichen Gemeinschaft Souveränität wesentlich zukommt. Sie *können* wohl die Freiheit haben, sich selbst zu gestalten[40] (z. B. die Kirche), aber sie werden in ihrem spezifischen Charakter nicht berührt, wenn ihnen diese Freiheit (etwa der Kirche durch den Staat) entzogen wird[41]. Wir können auch sagen: die in ihrem Wesen gründenden Verhältnisse und Beziehungen *gestatten* wohl eine Sanktionierung durch Gesetze (d. h. durch ein

---

ten übereinstimmen und an das wir verschiedentlich anknüpfen werden. ⟨Edith Stein plädiert für eine Souveränität, die dem Staat ontisch zu eigen ist, was sie „Äquivalenz von Staatlichkeit und Souveränität" nennt, die nicht erst durch ihn selbst hervorgebracht wird.⟩

[39] Diese Streitfrage veranschaulicht uns, daß im herkömmlichen Gebrauch des Wortes „Staat" verschiedene „Ideen" miteinander vermengt werden. Man versteht einmal darunter ein Gemeinschaftsgebilde von relativer Abgeschlossenheit mit einer gewissen Organisation des Lebens der Glieder und speziell der Gesamtaktionen, deren es fähig ist – das, was wir ein „Gemeinwesen" nannten. Und auf der anderen Seite hat man damit den Staat in unserem Sinne im Auge, in dessen ontischem Gefüge die Souveränität den Zentralpunkt bildet, von dem aus es in seiner Notwendigkeit zu begreifen ist. Wie beide Ideen zueinander stehen und wie sich die hier aufgedeckte Kontamination verständlich machen läßt, wird an anderer Stelle ausgeführt werden. (Vgl. 51 ff.)

[40] In dem Sinne nämlich, daß sie *faktisch* in ihrer Selbstgestaltung unbeschränkt sind. Möglich ist das nur, wenn sie nicht in der Herrschaftssphäre irgendeines Staates liegen. Haben sie sich darüber hinaus auch rechtlich als souveräne Macht konstituiert, so sind sie – abgesehen von dem, was sie sonst sein mögen – *auch* Staaten.

[41] ⟨Edith Stein folgt hier der protestantisch geprägten Kollegialtheorie, der zufolge der Kirche nicht dieselbe Souveränität wie dem Staat zukommt, die staatliche Kirchenhoheit (ius circa sacra) zwar vom inneren Kirchenregiment (cura religionis) unterschieden wird, der Staat aber aufgrund seiner exklusiven Souveränität eine Aufsichtshoheit über die Kirche behält. Die Vertreter des Ius Publicum Ecclesiasticum haben dagegen für die katholische Kirche immer eine eigene, vom Staat unabhängige Souveränität im Sinne einer vom Staat unabhängigen „societas perfecta" vertreten. Sie wehren sich damit gegen die Vorstellung, die Kirche sei eine herrschaftsfreie Gesellschaft (socieats aequalis) und ein innerstaatlicher Verein (collegium), dem keine originäre, d. h. aus ihrer eigenen Natur und nicht vom Staat abgeleitete Rechtordnung zukomme. Vgl. Klaus Schlaich, Kollegialtheorie, München 1969; Stephan Schwarz, Art. Societas perfecta: Lexikon für Kirchen- und Staatskirchenrecht, hg. v. A. v. Campenhausen, R. Sebott, I. Riedel-Spangenberger, Paderborn-München-Wien-Zürich 2004, Bd. III, 557–561.⟩

positives Recht), aber sie *fordern* sie nicht. Und mit der Gleichgültigkeit gegen irgendwelche positiv-rechtliche Regulierung überhaupt ergibt sich die Gleichgültigkeit dagegen, ob die Gesetzlichkeit, wo sie vorhanden ist, ihren Ursprung dem Gemeinwesen selbst verdankt, dessen Leben sie regelt, oder einer außerhalb stehenden Macht.

c) Staat und Volk

Des weiteren ergibt sich aus der Äquivalenz von Staatlichkeit und Souveränität die *Trennbarkeit von Staatsgemeinschaft* und *Volksgemeinschaft*, die man vielfach für notwendig aneinandergebunden, wo nicht gar für identisch gehalten hat. Sie wird trennbar zunächst in dem Sinn, daß die Volksgemeinschaft fortbestehen kann, wenn die Souveränität und damit die Staatlichkeit aufgehoben ist. Das Volk kann in der Eigentümlichkeit seines Gemeinschaftslebens unberührt bleiben, wenn es durch eine äußere Macht der Möglichkeit beraubt wird, nach eigenen Gesetzen zu leben (Beispiel: die Zerstörung des polnischen Staates hat den Fortbestand des polnischen Volkes nicht aufgehoben; es ist sogar vielleicht danach in höherem Grade Nation geworden, als es vorher war). Das müßte noch weiter erleuchtet werden durch eine Untersuchung der besonderen Eigentümlichkeit der Volksgemeinschaft als solcher[42]. Doch wenden wir uns zuvor noch der anderen Seite der aufgeworfenen Frage zu: ob eine staatliche Gemeinschaft auch fortbestehen kann bei Aufhebung der Volksgemeinschaft. Das kann noch einen doppelten Sinn haben: 1. Muß sich der Staat auf eine einheitliche Volksgemeinschaft aufbauen oder ist ein Staat denkbar, der eine Mehrheit in sich abgeschlossener und voneinander abgegrenzter Volkseinheiten umfaßt? 2. Ist ein Staat möglich, der überhaupt keine Volksgemeinschaft zur Grundlage hat? Die erste Frage ist dahin zu beantworten, daß die Existenzmöglichkeit des Staates nicht an die Volkseinheit gebunden ist[43]. Der Nationalstaat oder Volksstaat ist eine besondere Spielart des Staates[44], aber nicht der Staat schlechthin. Es ist sehr wohl möglich, daß eine Reihe ver-

---

42 ⟨Volk und Staat gelten für Edith Stein nicht als identisch. Einem Volk, das einen souveränen Staat bildet, kann die Staatlichkeit genommen werden. Es kann als Volksgemeinschaft weiter bestehen, obwohl es seiner Staatlichkeit beraubt ist. Das erfordert Klärungen über das Verhältnis zwischen Volk und Staat, die Edith Stein nun im folgenden herbeiführen will.⟩

43 ⟨Da mehrere Volksgemeinschaften zu einem Staat gehören können.⟩

44 ⟨„Nationalstaat" und „Volksstaat" werden in dem Sinne als identisch angenommen, weil der Staat ein Volk oder eine Nation voraussetzt. Darunter ist aber nur eine bestimmte Art des Staates, nicht „der Staat schlechthin" zu verstehen. Es wird, wie gesagt, nicht für notwendig erachtet, dass sich der Staat auf eine einheitliche Volksgemeinschaft gründet.⟩

schiedener Volksgemeinschaften durch eine sie alle als umfassendes Staatsganzes repräsentierende Macht vereint werden, die ihr Leben nach gewissen Richtungen gleichmäßig oder auch verschiedenartig regelt, ohne sie in ihrem Volkstum anzutasten. – Schwieriger zu entscheiden ist die zweite Frage: ob der Staat überhaupt eine Volksgemeinschaft als Grundlage fordert. Daß die ihm angehörigen Individuen eine Gemeinschaft bilden, haben wir schon früher festgestellt. Sehr in unserem Sinne sagt Aristoteles, die φιλία mehr noch als die Gerechtigkeit halte die Staaten zusammen und die Rechtlichkeit allein – ohne jene – vermöchte es nicht.[45] Die Bedeutung von φιλία ist in dem Zusammenhang, dem diese Stelle entnommen ist, zweifellos sehr schwankend. Aber eine Grundbedeutung, die überall intendiert ist, ist die des Gemeinschaftbewußtseins. Irgendeine Art von Gemeinschaft wird auch innerhalb des volklich nicht geeinten Staatsganzen alle ihm angehörigen Individuen umschließen. Dies ist allerdings nicht als ein Constituens des Staates als solchen anzusehen, d. h. es ist durch seine ontische Struktur nicht notwendig gefordert[46]. Diese verlangt nur einen Bereich von Personen als zum Bestande des Staates gehörig und ein bestimmt geartetes Verhältnis dieser Personen zum Staatsganzen (das noch näher zu erörtern sein wird), dagegen läßt sie es offen, wie die Personen zueinander stehen mögen[47]. Nicht aus der Struktur des Staates, sondern aus der Struktur geistiger Personen ist es verständlich zu machen, daß – wie wir es bereits andeuteten – ein konkretes Staatsgebilde auf der Grundlage einer bestehenden Gemeinschaft erwächst und andererseits ein Band der Gemeinschaft um die von ihm umfaßten Personen schlingt; ferner, daß diese Gemeinschaftsbeziehungen erforderlich sind, um die Existenz eines Staates sicherzustellen.[48] Die staatliche Gemeinschaft braucht – darauf kommt es an dieser Stelle an – keine Volksgemeinschaft zu sein. Ob dort, wo nicht mehrere Volksgemeinschaften dem Staatsganzen zugrunde liegen, der Verband der Individuen speziell eine *Volks*gemeinschaft sein muß, das werden wir erst entscheiden können, wenn wir die Untersuchung dessen, was Volksgemeinschaft ist, durchgeführt haben.

---

[45] Nikomachische Ethik VIII, 1155a.

[46] ⟨Nicht die Gemeinschaft eines bestimmten Volkes oder mehrerer bestimmter Völker und auch nicht ein „Gemeinschaftsbewußtsein" (φιλία) gelten für Edith Stein als konstitutiv für den Staat. Nur ein Kreis von Personen und ein Verhältnis dieser Personen zum betr. Staat gehören zur ontischen Struktur des Staates. Der Staat selbst stellt die Gemeinschaft und die Gemeinschaftsbeziehungen zwischen den Personen her.⟩

[47] ⟨Zur ontischen Struktur des Staates gehört nur irgendein Verhältnis zwischen den Staatsangehörigen, nicht aber eine bestimmte Art dieses Verhältnisses bzw. der Gemeinschaftsbeziehung, die sich aus der „Struktur geistiger Personen" ergibt, „um die Existenz eines Staates sicherzustellen".⟩

[48] Die letzten Bemerkungen haben vorbereitenden Charakter und werden erst durch die späteren Ausführungen über Staat und Recht völlig durchsichtig werden.

Von den engeren Gemeinschaften, die wir früher berührten – Familie und Freundeskreis – unterscheidet sich das Volk dadurch, daß dort ganz bestimmte Individuen das Fundament der Gemeinschaft bilden, daß sie mit ihrem vollen persönlichen Bestande in das Gemeinschaftsleben eingehen und daß sie alle miteinander in persönliche Berührung treten. (Diese Bestimmungen treffen freilich nur zu, wenn man Familie und Freundeskreis im engsten Sinne des Wortes nimmt und nicht alle im Verhältnis der Blutsverwandtschaft stehenden Individuen als eine Familie, alle zu einer Person in freundschaftlichen Beziehungen stehenden Individuen als einen Freundeskreis auffaßt. Unter Familie ist hier nur die auf eheliche Gemeinschaft bzw. auf Blutsverwandtschaft begründete aktuelle Lebensgemeinschaft zu verstehen, unter *einem* Freundeskreis die aktuelle Lebensgemeinschaft von zwei oder mehr Personen, die rein durch eine in der persönlichen Eigenart wurzelnde gegenseitige Anziehung verbunden sind. Faßt man Familien- und Freundesgemeinschaft so, dann ist es gegen die angegebenen Bestimmungen kein Einwand, wenn man auf die unleugbare Tatsache hinweist, daß weder Familienangehörige, noch Freunde einander immer vollkommen „verstehen". Solche mehr oder minder weitgehende Fremdheit bzw. Entfremdung ist zwar allgemein festzustellen, aber sie stellt allemal eine Durchbrechung der betreffenden Gemeinschaft dar und ändert nichts daran, daß ihrer *Intention* nach die Person mit ihrem vollen Bestande darin aufgehoben sein soll). In allen diesen Punkten ist die Volksgemeinschaft anders gestellt. Sie umfaßt eine offene Vielheit von Individuen, so daß eine persönliche Berührung aller, die zu ihr gehören, praktisch unmöglich ist. Sie kann neue Individuen aufnehmen, ohne Rücksicht auf ihre persönliche Eigenart (wenigstens in sehr weitem Maße; einseitig bestehen Grenzen, insofern nicht jede Individualität sich durch jede Volksgemeinschaft assimilieren lässt)[49]. Und sie erhebt niemals den Anspruch, das volle persönliche Leben der Individuen in sich aufzunehmen. Aber wenn hier dem einzelpersönlichen Leben größerer Spielraum gelassen wird, so sind doch die Bande, die es an das Volk knüpfen, kaum weniger fest als die straffer gespannten der engeren Gemeinschaften. Zunächst muß natürlich in der weiteren Gemeinschaft alles erhalten bleiben, was Gemeinschaft als solche konstituiert: es muß *ein* Lebensstrom vorhanden sein, an dem alle ihr angehörigen Individuen teilhaben, es muß – mindestens in einem Teil ihrer Glieder – ein die ganze offene Vielheit

[49] ⟨Im Unterschied zur Familie und zum Freundeskreis als „engeren Gemeinschaften" gründet die Volksgemeinschaft nicht „in der persönlichen Eigenart" und ihrer darin wurzelnden „gegenseitigen Anziehung", sondern ist „eine offene Vielheit von Personen, deren Eigenart nicht konstitutiv für die Gemeinschaft ist. Prinzipiell kann jedes Individuum, unabhängig von seiner persönlichen Eigenart, dazu gehören. Die Volksgemeinschaft kann auch nicht den Anspruch stellen, das volle persönliche Leben zu integrieren bzw. jede Individualität zu assimilieren.⟩

zugehöriger Individuen der Intention nach umspannendes Gemeinschafts*bewußtsein* vorhanden sein; die mangelnde persönliche Berührung alter Glieder muß durch eine kontinuierliche Vermittlung der Solidarität zwischen den in Zeit und Raum getrennten Elementen ersetzt werden; jedes Glied der Volksgemeinschaft muß den Stempel seiner Zugehörigkeit zu ihr tragen: wenn nicht in seinem Zugehörigkeitsbewußtsein, so doch darin, daß es den Volks*typus* repräsentiert; schließlich gehört es zum Volk wie zu jeder Gemeinschaft, daß sie einen solchen die persönliche Struktur ihrer Glieder nach gewissen Richtungen hin formierenden Typus und einen einheitlichen *Volkscharakter* ausbildet. Dazu kommt nun noch eine dem Volk im Unterschied zu anderen Gemeinschaften wesentliche positive Eigentümlichkeit: eine Gemeinschaft von der Weite und dem Spielraum eines Volkes ist nur dann als *Volks*gemeinschaft in Anspruch zu nehmen, wenn und solange aus ihrem Geiste eine eigene, durch ihren spezifischen Charakter bestimmte *Kultur* hervorgeht. Jede Kultur, d. h. jeder in sich einheitliche und nach außen abgegrenzte Kosmos geistiger Güter (seien es selbständige Objekte wie die Werke der Kunst und Wissenschaft, seien es am aktuellen Leben von Personen hervortretende stilisierte Lebensformen), weist auf ein geistiges Zentrum zurück, dem sie ihren Ursprung verdanken; und dieses Zentrum ist eine schöpferische Gemeinschaft, deren spezifische seelische Eigenart sich in allen ihren Produktionen auswirkt und widerspiegelt.[50] Die Gemein-

---

[50] ⟨Eine Volksgemeinschaft zeichnet sich durch Gemeinschaftsbewusstsein, Solidarität, Zugehörigkeitsbewusstsein, einheitlichen Volkscharakter und das Hervorbringen einer bestimmten Kultur aus. Das sind Momente, die auf ein „geistiges Zentrum" bzw. eine „spezifische seelische Eigenart" der zum Volk gehörenden Individuen verweisen.⟩
In der starken Betonung dieses symbolischen Charakters aller Kulturgebilde und ihres Hinweises auf eine dahinter liegende „Seele" sehe ich das Hauptverdienst von ⟨Oswald⟩ *Spenglers* „Untergang des Abendlandes. ⟨Umrisse einer Morphologie der Weltgeschichte⟩" (Bd. I, Wien; Bd. II, München 1922). Es besteht unabhängig von dem sich selbst richtenden historischen Relativismus, der in dem Buch verkündet wird. Man kann es anerkennen, auch wenn man sich darüber klar ist, daß die Aufdeckung dieses Symbolzusammenhangs keineswegs ein so absolutes Novum ist, wie Spengler selbst meint.
⟨Oswald Arnold Gottfried Spengler (29. 5. 1880 geb. in Blankenburg/Harz; 8. 5. 1936 gest. in München) studiert Mathematik und Naturwissenschaften in Halle, München und Berlin und entwickelt als national-konservativ eingestellter Kultur- und Geschichtsphilosoph ein monarchistisches und antiparlamentarisches Programm. In seinem zentralen, von seinen Zeitgenossen höchst beachteten Werk „Der Untergang des Abendlandes" übt er mit seiner kulturpessimistischen Geschichtsdeutung großen Einfluss auf das vom Ausgang des Ersten Weltkrieges enttäuschte Bürgertum aus. Er verurteilt Rassismus wie Antisemitismus und lehnt den Nationalsozialismus trotz persönlicher Nachteile offen ab. Vgl. Martin Arndt, Art. Spengler: Biographisch-bibliographisches Kirchenlexikon 10, 1995, 941–973; Detlef Felken, Oswald Spengler. Konservativer Denker zwischen Kaiserreich und Diktatur, München 1988; Frits Boterman, Oswald Spengler und sein „Untergang des Abendlandes", Köln 2000; Domenico Conte, Oswald Spengler. Eine Einführung, Leipzig 2004.⟩

schaft, die hinter einem kulturellen Kosmos steht, kann prinzipiell umfassender sein als eine Volksgemeinschaft; ein „Kulturkreis" kann eine Reihe von Völkern – gleichzeitig und in der Folge der Zeiten – umspannen. Ebenso können engere Gemeinschaften – etwa ein Stand oder ein Familienverband – ihren eigenen kulturellen „Mikrokosmos" bilden. Aber nur der Volksgemeinschaft ist es *wesentlich*, kulturschöpferisch zu sein. Die Gemeinschaft des Kulturkreises kann sich eventuell darin erschöpfen, daß die ihm zugehörigen Völker ihre Kulturgüter austauschen (bzw. einander in der Folge der Zeit tradieren) und gemeinsam davon zehren, ohne als geschlossene Einheit produktiv zu sein. Ebenso wird die engere Gemeinschaft in ihrem Bestande nicht angetastet, wenn sie nur an den Kulturgütern der umfassenden Gemeinschaft teilhat, ohne sie zu bereichern, oder wenn sie nur als Bestandteil des größeren Ganzen daran mitarbeitet, nicht als selbständige Einheit. Nur das Volkstum erlischt mit seiner geistigen Schöpferkraft[51].

Wir finden in dieser „kulturellen Autonomie" als spezifischer Eigentümlichkeit der Volksgemeinschaft ein merkwürdiges Widerspiel der Souveränität als Spezifikum des Staates und gleichsam die materiale Grundlage dieser formalen Eigengesetzlichkeit[52]. Von hier aus fällt Licht auf die Beziehungen von Volk und Staat: das Volk als eine „Persönlichkeit" von schöpferischer Eigenart verlangt nach einer Organisation, die ihr ein Leben nach eigener Gesetzlichkeit sichert. Der Staat als soziales Gebilde, das sich aus eigener Machtvollkommenheit organisiert, verlangt nach einer Schöpferkraft, die seiner organisierenden Potenz Inhalt und Richtung vorschreibt und eine innere Berechtigung verleiht. Die Frage, die uns zu den letzten Betrachtungen nötigte – ob der Staat einer Volksgemeinschaft als Fundament bedürfe –, werden wir jetzt dahin beantworten, daß denkbar wohl ein Staatsgebilde ist, dem diese Grundlage mangelt und in dem das einzige Band zwischen den ihm angehörigen Gliedern die „Loyalität" ist (im Sinne von *Kjellén*)[53], d.h. die Gemeinsamkeit der Rechte und Pflichten gegenüber dem Staatsganzen[54];

---

[51] ⟨Edith Stein geht davon aus, dass dem Makrokosmos als umfassenderer Gemeinschaft und dem Mikrokosmos der engeren Gemeinschaften keine kulturschöpferische Kraft wie der Volksgemeinschaft zukommt (vgl. Anm. 23 und 24). Dabei legt sie sich nicht auf eine der Volksgemeinschaft übergeordnete Instanz, wie z.B. Menschen- und Grundrechte oder religiös-sittliche Prinzipien fest.⟩

[52] ⟨Edith Stein verweist auf den Gegensatz zwischen der „kulturellen Autonomie" als „spezifischer Eigentümlichkeit der Volksgemeinschaft" und der „Souveränität" als „Spezifikum des Staates". Demzufolge verlangt der Staat die Schöpferkraft eines Volkes, damit er „Inhalt und Richtung", d.h. „eigene innere Schwerkraft" erhält.⟩

[53] Der Staat als Lebensform (Leipzig 1917) Kap. III. ⟨Rudolf Kjellén (1864–1922) war Professor für Erdkunde und Staatswissenschaft in Uppsala/Schweden. Politisch war er national-konservativ ausgerichtet. Er war Wegbereiter völkischen Denkens und unbewusst ein Vordenker nationalsozialistischer Ideologie. Vgl. Rudolf Kjellén, Studien zur Weltkrise, München [2]1917.⟩

[54] ⟨„Loyalität" gehört für Edith Stein an dieser Stelle zur Struktur des Staates, indem alle

aber ein solches Gebilde hätte sozusagen keine innere Existenzberechtigung; es haftete ihm immer der Charakter des Hohlen und Ephemeren an; es würde eventuell eine Zeitlang durch einen regimentalen[55] Willen zusammengehalten, aber nicht durch eine eigene innere Schwerkraft.

Was die Möglichkeit einer Vereinigung mehrerer Völker in einem Staatsganzen betrifft, die wir früher annahmen, so wird sie durch die Eigenpersönlichkeit jeder einzelnen Volksgemeinschaft nicht aufgehoben. Es verlangt nicht notwendig jede von ihnen nach einer ihr allein angemessenen Staatsform, sondern nur nach einer staatlichen Organisation, die ihrer inneren Gesetzlichkeit Rechnung trägt[56]. Nur wo Staatsgesetzlichkeit und Volkspersönlichkeit im Gegensatz zueinander stehen, ist Gefahr, daß eine von beiden zugrunde geht, oder auch beide. Das ist ebenso gut bei einheitlichem Volkstum möglich wie bei mehreren Völkern, deren eines auf Kosten des anderen bevorzugt wird[57].

Wir fügen zur Erläuterung einige Bemerkungen über das Verhältnis von *Volk und Nation* bei, und zwar hauptsächlich darum, weil vieles, was wir als Charakteristikum des Volkes anführten, von anderer Seite der Nation zugeschrieben wird. So betrachtet Kjellén die Nationen als große „Individuen" von charakteristischer Eigenart, die sich im ausgebildeten Personaltypus ihrer Glieder, in der Nationalsprache, in der spezifisch gefärbten „öffentlichen Meinung" u. dgl. dokumentiert; das Volk erscheint ihm dagegen allein durch das Band der Loyalität zusammengehalten. Diese Art der Abgrenzung dürfte kaum durchzuführen sein. Erschöpfte sich die Volksgemeinschaft in der Solidarität der Rechte und Pflichten, so wäre sie Produkt des Staates und setzte ihn voraus – was Kjellén selbst nicht meint. Als „große Mächte", als Analoga individueller Persönlichkeiten, darf man sowohl Völker als Nationen ansehen[58]. Der Unterschied ist, wie ich glaube, darin zu finden, daß das

---

ihm angehörenden Individuen Rechte und Pflichten gegenüber dem Staatsganzen haben. Das reiche jedoch nicht zum Bestand eines Staates, wenn ihm nicht zusätzlich zur Regierungsgewalt noch eine „innere Schwerkraft" zukomme. Es wird nicht gesagt, was darunter zu verstehen ist. Auch hier fehlt der Studie eine letzte gedankliche Stringenz.⟩

55 ⟨Gemeint ist der leitende Wille, d. h. die Regierungsgewalt.⟩

56 ⟨Für Edith Stein fallen in diesem Zusammenhang Volksgemeinschaft und Nation gedanklich zusammen. Insofern ist ein multikultureller Staat, der sich auf mehrere Volksgemeinschaften stützt, für sie denkbar und akzeptabel. Dieser Staat muss eine Form haben, die dieser inneren Gesetzlichkeit entspricht, der zufolge die Eigenpersönlichkeit keiner dazu gehörenden Volksgemeinschaft aufgehoben wird. Staat und Volksgemeinschaft können in diesem Sinn nicht als identisch angesehen werden.⟩

57 ⟨Eine gedeihliche Gemeinschaft kann der Autorin zufolge jedoch nicht entstehen, wenn Staat und Volk gegeneinander stehen oder wenn ein Volk zulasten eines anderen in einem Staat bevorzugt wird.⟩

58 ⟨Edith Stein setzt sich mit der Theorie des Rudolf Kjellén (vgl. Anm. 53) auseinander, der die Nation in Analogie zur individuellen Person durch den „Personaltypus ihrer Glieder" und die gemeinsame „Nationalsprache" im Unterschied zum Volk, das durch „Loya-

Gemeinschaftsbewußtsein, welches schon dem Volk eigentümlich ist, in der Nation zu reflektiver Klarheit erhoben wird, und daß parallel dazu in der Nation ein Bild ihrer spezifischen Eigenart lebt und diese Eigenart „gepflegt" wird, während das Volk diese Eigenart nur einfach *hat* und in seinem ganzen Leben und Schaffen auswirkt, ohne sich selbst darüber klar zu sein und darum auch, ohne sie irgendwie zu betonen und hervorzukehren. Echte Nationalität ist daher nur auf der Grundlage des Volkstums möglich. Sie pflegt sich innerhalb eines Volkstums zu entfalten, wenn es eine gewisse Reife erlangt hat, analog wie eine individuelle Person sich erst im Laufe ihres Lebens selbst kennen lernt, ohne daß man sagen könnte, daß sie vor dieser „Selbsterkenntnis" noch keine persönliche Eigenart besäße.[59]

Was der Staat als Fundament fordert, ist Volksgemeinschaft, nicht Nationalität. Die Entwicklung zur Nationalität ist nur insofern von Interesse für den Staat, als es für die Festigkeit des Volkstums und damit der Grundlagen des Staatswesens ein schlechtes Zeichen ist, wenn sich das Nationalgefühl auf einer gewissen Stufe nicht einstellt oder bei bestimmten Gelegenheiten – z. B. der Gefahr, daß das Volkstum in seiner freien Entfaltung gehemmt werden könnte –, nicht hervorbricht. – Noch nach einer anderen Richtung hin ist gegen Kjelléns Behandlung des Verhältnisses von Staat und Nation Einspruch zu erheben. Die Nation – so meint er – bekommt durch den staatlichen Zusammenschluß erst einen geistigen Lebensinhalt, während der Staat seinerseits nach Ausfüllung durch das „Naturwesen der Nation" verlangt. Man darf zwar wohl die Worte „Natur" und „Geist" hier nicht auf die Waagschale legen, weil Kjellén sich nicht darüber äußert, wie er sie verstanden haben will. Macht man aber damit Ernst und nimmt sie im strengen Sinne, so ist es unmöglich, Staat und Nation als Natur und Geist (oder auch „Vernunft") einander gegenüberzustellen. Alle Gemeinschaft – also Volk wie Nation – ist geistiger Art.[60] Das Volk hat wohl seine Naturgrundlage und eben auch dadurch der Staat, aber als Gemeinschaft gefaßt ist es nicht „Natur" und bedarf auch keiner Ausfüllung mit einem geistigen Lebensinhalt durch den Staat[61]. Wie innerhalb von Volk und Staat die Grenze zwischen Natur und

---

lität" konstituiert sei, verstehen will. Dagegen erhebt Edith Stein Einspruch und erklärt, dass das „Gemeinschaftsbewußtsein", das dem Volk zu eigen ist, als reflektiertes Bewusstsein der Nation zugrunde liege, Nationalität also Volksgemeinschaft voraussetze, nicht aber mit dieser identisch sei. Insofern liege auch dem Staat nicht Nationalität, sondern die Volksgemeinschaft zugrunde.⟩

[59] Mit unserer Scheidung scheint sich die von ⟨Max⟩ *Scheler* (im 2. Teil seiner Ethik: ⟨vgl. Einleitung Anm. 37.⟩ nach manchen Stellen seiner Ausführungen zu berühren. Doch ist sie im ganzen anders orientiert. Er bezeichnet das Volk als Lebensgemeinschaft, die Nation als „Gesamtperson". Wie wir uns zur prinzipiellen Abgrenzung dieser beiden Typen zu stellen haben, ist an anderer Stelle erörtert worden. ⟨JPPF Halle 1922, 249 ff.⟩

[60] Vgl. die Abhandlung über „Individuum und Gemeinschaft". JPPF V., 1922.

[61] ⟨Als völlig unzutreffend weist Edith Stein die Vorstellung Kjelléns (vgl. Anm. 53) zu-

Geist zu ziehen ist, und ob man dem Staat in bestimmtem Sinne eine besondere „Vernünftigkeit" zusprechen darf, das werden wir noch erörtern.[62]

d) Der zahlenmäßige Umfang der staatlichen Gemeinschaft

Das Problem des zahlenmäßigen Umfangs, das wir neben dem Verhältnis zu anderen sozialen Verbänden als mögliches Charakteristikum der staatlichen Gemeinschaft ins Auge faßten, haben wir an einer Stelle schon flüchtig gestreift.[63] Es ist kennzeichnend für Volk und Staat, eine offene Vielheit von Individuen zu umfassen, die für das einzelne nicht übersehbar ist. Für den Staat als solchen ist die Größe, bis zu der er anwachsen kann, nach oben prinzipiell nicht begrenzt, wie die Idee des Universalstaates und das Faktum des römischen Imperiums zeigt. Das fortschreitende Anwachsen erfordert nur jeweils Änderungen in der Form der staatlichen Organisation. Auch nach unten sind die Grenzen relativ weit abgesteckt: man denke an die antiken und die italienischen Stadtstaaten. Die Zahl der Bürger muß nur groß genug sein, um dem Staat jene Geschlossenheit in sich und Unabhängigkeit von anderen zu ermöglichen, welche die Souveränität sicherstellt. Dieses Minimum läßt sich nicht – auch nicht in ungefähren Grenzen – als absolute Zahl angeben, denn es hängt für jedes einzelne Staatsgebilde, sowohl was seine militärische Sicherheit, als was seine wirtschaftliche Unabhängigkeit anlangt, von der Größe der neben ihm bestehenden Staaten ab. Bleibt ein Staat hinter den anderen erheblich an Volkszahl zurück, so verliert er die Möglichkeit, seine Souveränität sicherzustellen, und seine Existenz ist in das Belieben der anderen gestellt. Eine Reihe von Kleinstaaten kann also nebeneinander festen Bestand haben, sobald aber die Form der „Großmacht" vorherrscht, muß jenen zuvor lebensfähigen Gebilden der Atem ausgeben. Das Minimum der Volkszahl, die ein Staat erfordert, ist ferner abhängig von der Natur des Landes, den Bodenschätzen, klimatischen Verhältnissen usw.; denn mit diesen natürlichen Umständen wechselt die Zahl der Arbeitskräfte, die nötig sind, um den wirtschaftlichen Bedarf des Staates zu decken und ihn unabhängig zu machen. Über diese Verhältnisse werden wir noch zu sprechen haben, wenn wir die Bedeutung des Landgebietes für den Aufbau des Staates erwägen. – Die Bedeutung der Zahlenverhältnisse ändert sich, wenn wir an Stelle des Staates als solchen das Volk

---

rück, Volk und Staat verhielten sich zueinander wie Natur und Geist (Vernunft). Das Volk und der Staat hätten zwar auch eine natürliche Grundlage, sie seien aber beide Gemeinschaften geistiger Art. Im Laufe ihrer Studie geht Stein auf die dahinter stehenden Probleme ein (vgl. Anm. 62).〉

[62] Vgl. S. 27, 51 ff., 84 ff.

[63] Vgl. S. 19.

oder den auf die Volkseinheit begründeten, den so genannten „Nationalstaat" ins Auge fassen. Seine Spannweite ist erheblich geringer. Auf der einen Seite erfordert die Ausbildung eines kulturellen Kosmos eine breitere Basis, als die Bevölkerung eines Stadtstaates sie darstellt – wir haben trotz erheblicher geistig-kultureller Differenzen zwischen Sparta und Athen doch ein Panhellenentum und *eine* hellenische Kultur. Auf der anderen Seite muß ein allzu starkes Anwachsen zur Sprengung der Volkseinheit führen. Das zweite ist leicht plausibel zu machen und kann in verschiedener Form geschehen. Wächst die Volkszahl durch natürliche Vermehrung ohne Erweiterung des Landgebietes, so nötigen die wirtschaftlichen Verhältnisse größere Teile der Bevölkerung zur Auswanderung in andere Staaten oder zur Kolonisation; die dadurch bedingte Aufhebung oder auch Lockerung der Lebensgemeinschaft mit dem Kernbestand des Volkes im Mutterland und die Anpassung an veränderte Lebensbedingungen wird dann zu einer Modifikation des ursprünglichen Typus und schließlich zur Ausbildung eines neuen Typus führen. Wächst der Nationalstaat durch Eroberung und Aufnahme neuer Volksteile, so verliert er entweder den Charakter des Nationalstaates, oder, falls die neuen Elemente assimiliert werden, kann die Assimilation eine so starke Abwandlung des ursprünglichen Volkscharakters herbeiführen, daß man nicht mehr von einer Umbildung, sondern von einer *Neu*bildung sprechen muß. Endlich wird eine sehr weitgehende räumliche Ausbreitung die verschiedenen Volksteile in so verschiedenartige Lebensverhältnisse hineinstellen und ihnen so getrennte Ziele stecken, daß schließlich eine die Einheit durchbrechende Differenzierung eintreten wird. Alles das sind keine apriorischen Notwendigkeiten, sondern Möglichkeiten, die dem faktischen historischen Geschehen gegenüber den Wert von Wahrscheinlichkeitsregeln haben[64]. – Schwerer zu durchschauen ist die Notwendigkeit einer relativ breiten Basis für die Ausbildung der Kultur, die die Volkseinheit dokumentiert. Um sie zu verstehen, müssen wir uns die geistige Einheit, die wir als Volkspersönlichkeit bezeichnen, und die ihr entsprechende Einheit einer Kultur etwas näher zu Gesicht bringen, als es bisher geschehen ist. Wenn wir von einem geistigen Kosmos sprechen, so verbinden wir damit den Gedanken einer Totalität, die in sich begründet ist durch die Idee einer in sich geschlossenen Welt der Werte. Sowohl die Vollendung der Persönlichkeit (der individuellen wie der überindividuellen), als die der Kulturgebilde, die

---

[64] ⟨Edith Stein verweist auf die Grenzen eines Staates, die nicht zahlenmäßig festzulegen sind. Zwar gehöre eine Vielheit von Individuen zum Staat und ihre Zahl sei prinzipiell nach oben und nach unten offen. Es müsse nur eine jeweilige organisatorische Anpassung und die Sicherstellung natürlicher Bedingungen für diese Gemeinschaft gegeben sein, so dass eine gewisse Geschlossenheit und Unabhängigkeit als Bedingungen für die Souveränität des Staates nicht fehle. Auch das Größenverhältnis zu den übrigen Staaten müsse beachtet werden, denn eine Ungleichgewichtigkeit könne Probleme auslösen.⟩

ihr Niederschlag sind, wird bemessen nach ihrer Beziehung zur Welt der Werte. Den verschiedenen Rangstufen der Werte entsprechen verschiedene Aufnahmestellen und spezifische Fähigkeiten der Person, diesen Fähigkeiten wiederum einzelne Kulturgebiete. Die Einheit der Person dokumentiert sich in der Eigentümlichkeit ihrer Stellungnahme zum Ganzen der Wertewelt und tritt hervor in der Zusammengehörigkeit aller ihrer Werke. Die Totalität, von der wir sprachen, besteht bei der einzelnen Person in einer Empfänglichkeit für alle Rangstufen der Werte; sie braucht aber nicht alle entsprechenden Dispositionen auszubilden und erst recht nicht auf allen Gebieten schöpferisch zu sein. Auf welchen Gebieten sie es ist und ferner, welchen Werten sie in ihrem Verhalten den Vorzug gibt, das ist charakteristisch für ihre persönliche Eigenart. Wo der Zugang zu irgendeinem Gebiet überhaupt fehlt – nicht nur die entsprechende Disposition infolge der begrenzten Kräfte oder der besonderen Lebensumstände unausgebildet oder rein rezeptiv, nicht produktiv ist –, da liegt eine über die allen empirischen Personen eigene Beschränktheit hinausgehende Unvollkommenheit, ein Loch in der Totalität vor. – Bei einem kulturellen Kosmos kann man nur dann von Totalität sprechen, wenn alle Wertgebiete in ihm durch irgendwelche Werke oder sonstige objektiv-geistige Niederschläge vertreten sind; dabei können und werden die einzelnen Gebiete innerhalb einer Kultur sich durch die mehr oder minder große Bedeutung und Originalität der sie repräsentierenden Werke unterscheiden, und in diesen Unterschieden kommt die besondere Eigenart der Kulturen und der hinter ihnen stehenden „Persönlichkeiten" zum Ausdruck. – Was sind das nun für Persönlichkeiten? Die Beschränktheit der individuellen Person, die es ihr nicht gestattet, auf allen Gebieten produktiv zu sein, macht sie unfähig, eine totale Kultur zu erzeugen. Desgleichen sind Personenverbände, die durch die Hingabe an ein bestimmtes Wertgebiet geeint sind (wie religiöse Gemeinschaften oder wirtschaftliche Arbeitsgemeinschaften), nicht dazu angetan, eine Kultur zu schaffen: sie werden nur produktiv daran mitarbeiten. Schließlich fehlt die erforderliche geistige Allseitigkeit auch den Verbänden, die eine Auslese nach der persönlichen Eigenart darstellen: Familie und Freundeskreis. Die Gemeinschaft, die als allseitig produktive Persönlichkeit hinter einer Kultur steht, muß so umfassend sein, daß in ihr alle Einseitigkeiten bis zu einem gewissen Grade zum Ausgleich und Zusammenwirken kommen[65]. Zu der Ausbildung aller erforderlichen Fähigkeiten gehört eine gewisse Differenzierung der Lebensbedingungen für die Individuen bzw. Gruppen von Indivi-

[65] ⟨Gefragt wird nach den Persönlichkeiten, die hinter den Werten einer Kultur stehen. Personen können als Einzelne oder in Verbänden keine „totale Kultur" hervorbringen, sie können an einer solchen nur mitwirken. Eine Gemeinschaft bringt erst dann eine umfassende Kultur hervor, wenn Einseitigkeiten ausgeglichen sind und die Kulturträger zusammenwirken.⟩

duen, die als Teilkräfte in der Einheit der kulturschöpferischen Persönlichkeit wirken sollen; zu große Einheitlichkeit der Naturbedingungen z. B. – wie sie bei der Einschränkung auf das enge Landgebiet eines Stadtstaates vorliegt – scheint dieser notwendigen Differenzierung im Wege zu stehen[66]. Darüber sollen uns die Untersuchungen über die Zusammenhänge von Land und Volk weitere Auskunft geben.

e) Individuum und Volk – Individuum und Staat

Doch haben wir zuvor noch eine Reihe von angeschnittenen Fragen zu erörtern. Es bleibt uns, um die Eigentümlichkeit der staatlichen Gemeinschaft gegenüber anderen abzugrenzen, noch zu prüfen, welche besondere Form in ihr das Verhältnis von Individuum und Gemeinschaft annimmt. Da ist einmal zu bemerken, daß nicht alle Individuen in gleicher Weise dem Ganzen eingeordnet zu sein brauchen; und zwar nicht nur in dem Sinne, daß sie verschiedene Funktionen im Organismus des Staates übernehmen, sondern so, daß eine gewisse Auslese in spezifischem Sinne als „Träger" des Staatslebens anzusehen sind[67]; in ihnen lebt ein Zugehörigkeitsbewußtsein, eine Hingabe an das Ganze und eine Verantwortung, die die große Masse der Staatsbürger nicht kennt oder doch nicht zu kennen braucht, ohne daß der Bestand des Staates dadurch gefährdet würde. Freilich ist der Bestand an Trägern, deren der Staat bedarf, je nach seiner besonderen Ausgestaltung verschieden; das lassen wir aber zunächst unerörtert und halten nur fest, daß irgendwelche Träger vorhanden sein müssen. Für sie wollen wir zuerst prüfen, wie ihr Verhältnis zum Staat beschaffen sein muß. Zu diesem Zweck vergegenwärtigen wir uns kurz, welche Formen ganz allgemein das Verhältnis des Individuums zu der Gemeinschaft, der es angehört, annehmen kann. Es ist konstitutiv für die Gemeinschaft als solche, daß mindestens ein Teil ihrer Glieder sie nicht nur als ein fremdes Objekt betrachtet, auf das sie gelegentlich im Verlauf ihres individuellen Lebens stoßen, sondern als ein Ganzes, dessen Teile sie sind und dessen Leben ihr Leben ist. Besonderen Gemeinschaften (und zwar den engsten, über die wir schon des öfteren

---

[66] ⟨Nach Edith Stein bedarf die staatliche Gemeinschaft einer relativ breiten Basis für die Ausbildung der Kultur. Die ergebe sich aus der Beziehung zwischen Kultur und Werten, die in ihrer Totalität in einem Staat vertreten sein müssen. Dazu bedarf es einer nicht geringen Zahl von Persönlichkeiten mit den notwendigen Differenzierungen im Rahmen einer umfassenden Gemeinschaft, die hinter einer Kultur stehen müssen. Die Größe des Landes eines Stadtstaates lehnt sie für einen Staat ab.⟩

[67] ⟨Das Verhältnis zwischen Individuum und Staat kann unterschiedlich sein. Die „Träger des Staatslebens" werden von den übrigen Bürgern unterschieden. „Hingabe und Verantwortung" für das Ganze des Staates gelten nur für die Träger, d. h. die Repräsentanten des Staatslebens.⟩

sprachen) ist es eigentümlich, daß sie den Anspruch erheben, das Individuum ganz und gar, mit seinem ganzen persönlichen Bestande, zu umfassen und in sich aufgehen zu lassen. Dessen bedarf der Staat nicht. Er läßt seinen Trägern weitesten Spielraum für ihr persönliches Leben, das ihn seiner Inhaltlichkeit nach nicht kümmert, und verlangt nur, daß er in ihrem Leben die erste Stelle einnimmt. Auch das ist in ganz bestimmtem Sinne zu verstehen. Der Staat verlangt nicht von denen, die ihm dienen und seine lebenswichtigen Organe darstellen, als das schlechthin höchste Gut betrachtet zu werden. Der Staatsmann kann ebenso wie der Heilige davon überzeugt sein, daß das Heil der Seele höher steht als das Wohl des Staates. Das Entscheidende ist, daß er in erster Linie als Glied des Staates lebt, daß dies der feste Orientierungspunkt ist, von dem aus er sein Verhalten auch in anderen als staatlichen Angelegenheiten erwägt und bemißt. Es können in einem Staat sehr viel mehr Individuen diesen Forderungen genügen, als im gewöhnlichen Sinne des Wortes im „Staatsdienst" stehen. Je größer ihre Zahl ist, desto stärker und sicherer ist seine Existenz verankert. Auf der anderen Seite ist es möglich, daß Individuen ein Staatsamt inne haben, die keine Träger des Staatslebens in unserem Sinne sind. In je weiterem Umfange das der Fall ist, desto schlimmer ist es um den Staat bestellt. Wo Staatsämter und -einrichtungen zur Beute privater Interessen geworden sind, da ist der Lebensnerv des Staates durchschnitten, mag er auch äußerlich noch ein Scheindasein führen (evtl. dadurch, daß seine Interessen zufällig mit denen der Individuen, die seine Angelegenheiten besorgen, zusammenfallen)[68]. Von hier aus fällt Licht auf die platonisch-aristotelische Lehre von den *Staatsformen* und ihren möglichen Entartungen[69]. In der absoluten Monarchie

---

68 ⟨Die Eigentümlichkeit der staatlichen Gemeinschaft zeichnet sich nach Stein dadurch aus, dass es neben der großen Masse der Staatsbürger Träger des Staatslebens gibt, die trotz Verbleiben eines Spielraums für ihr persönliches Leben sich vorrangig für den Staat einsetzen und ihn nicht zum eigenen Interesse missbrauchen. Dennoch rechnet auch Stein mit der Möglichkeit der Entartung der Staatsformen durch persönliches Fehlverhalten der Staatsrepräsentanten und ruft die Überlegungen der antiken Philosophie in Erinnerung.⟩

69 ⟨Für Platon ist der ideale Staat analog zur Seele des Menschen in drei Ständen aufgebaut: Die Philosophen (Regenten) entsprechen der Vernunft und bilden so den „Lehrstand"; die Wächter (Verteidigung nach innen und außen) entsprechen dem Mut, der den „Wehrstand" bildet; der dritte Stand (die Bauern und Handwerker) entspricht den Trieben und wird der „Nährstand" genannt. Ein Staat ist demzufolge gerecht, wenn alle drei Stände im Einklang leben. Als beste Verfassungen gelten für Platon die gemäßigte Aristokratie und die konstitutionelle Monarchie (Herrschaft des Philosophen-Königs), als zweitbeste die Nomokratie (Herrschaft der Gesetze).
Aristoteles nennt in seinem Werk „Politeia" die folgenden insgesamt sechs Staatsformen einschließlich ihrer möglichen Entartungen: die Monarchie (Alleinherrschaft) und ihr Gegenteil die „Tyrannis" (Despotie); die Aristokratie" (Herrschaft der Besten) und ihre Entartung die „Oligarchie" (Herrschaft einer kleinen Clique); die „Politeia" (Herrschaft der vernünftigen Gesellschaftsmitglieder) und ihr Gegenteil die „Demokratie" oder „Ochlokra-

ist der Herrscher der Träger des Staatslebens und damit notwendig „erster Diener des Staates". Er trägt die volle Verantwortung für das Staatsleben und es bedarf keines anderen, der im selben Verhältnis zum Ganzen stehen müßte. Alle anderen können von ihm in den Dienst des Staates eingespannt werden, ohne im spezifischen Sinne seine Träger zu sein. Das Widerspiel des Monarchen ist der Despot, der den Staat – bzw. das, was er davon übrig läßt – als Beute behandelt, für seine persönlichen Interessen ausnützt. Während sich im Monarchen das Gemeinschaftsbewußtsein konzentriert, das den Staat zusammenhält, ist in der Despotie das Band der Gemeinschaft zwischen Herrscher und Beherrschten zerschnitten, jeder betrachtet den anderen als Objekt, d.h. es ist die denkbar größte Annäherung an ein reines Gesellschaftsverhältnis und damit jederzeit die Möglichkeit einer willentlichen Aufhebung des Ganzen gegeben. Die Solidarität gegenüber dem Herrscher kann die Beherrschten zu einer Gemeinschaft verbinden, aber diese Gemeinschaft ist keine staatliche, da sie nicht in die Form des Staates eingeht. – Analog haben wir in der Aristokratie einen auserlesenen Kreis von Trägern des Staatslebens, die sich für das Ganze einsetzen, während ihr Widerspiel, die Oligarchie, eine Zersetzung in eine Gemeinschaft von „Ausbeutern" und eine Gemeinschaft von „Ausgebeuteten" zeigt, oder auch in zwei reine Interessenverbände, deren jeder in sich durch den Gegensatz zum anderen zusammengehalten wird. – In der Demokratie schließlich sind alle Staatsbürger der Idee nach Träger des Staatslebens (womit sich eigentlich auch erst der Begriff des Staatsbürgers umgrenzt und bestimmt). Der Staat ruht hier auf der breitesten Basis, auf der anderen Seite stellt aber das zugehörige Zerrbild – die Ochlokratie – die denkbar stärkste Atomisierung der staatlichen Gemeinschaft dar. –

Von der Idee des Staates aus läßt sich keine der erwähnten Staatsformen als „die beste" in Anspruch nehmen[70]. Die Einheit und Geschlossenheit des

---

tie". Aristoteles bevorzugt eine mittlere Form der Herrschaft (Mischverfassung) für den Staat, die den Aporien der Oligarchie und Demokratie entgeht und die er als „Politeia" bezeichnet (vgl. Politeia IV, 11, 1295b, 1–22). Zu Platon und Aristoteles in diesem Zusammenhang vgl. Antike Rechts- und Sozialphilosophie, hg. v. Olof Gigon und Michael W. Fischer, Frankfurt-Berlin-New York-Paris 1988.⟩

[70] ⟨Edith Stein weist darauf hin, dass keine der von ihr erwähnten Staatsformen von der Idee des Staates her als die beste bezeichnet werden kann. Sie nennt deshalb im Einzelnen die positiven und die möglichen negativen Seiten der verschiedenen Staatsformen. Sie favorisiert zugunsten der Einheit und Geschlossenheit des Staates die absolute Monarchie, würdigt auch die Demokratie, die aber die „durchschnittliche Beschaffenheit der Menschen" überfordere und deshalb in der Gefahr stehe zu entarten. Im Hintergrund stehen dabei ihre geistige und kulturelle Prägung durch das Preußentum und ihre Erfahrungen mit der sich als schwach erweisenden Demokratie in der Weimarer Republik. Vgl. Anm. 74 und 75; zum Lob Preußens durch Edith Stein vgl. Andreas Uwe Müller / Maria Amata Neyer, Edith Stein. Das Leben einer ungewöhnlichen Frau, Düsseldorf [2]1998, 13 ff.⟩

Staates scheint am besten gesichert in der absoluten Monarchie, aber auch nur gerade so lange, als tatsächlich alles in einer Hand vereinigt ist. Wächst der Staat und damit der Umfang der Staatsgeschäfte so an, daß ihre Konzentration in einer Hand praktisch unmöglich wird, dann ist die Monarchie unterhöhlt und der Bestand des Staates nur durch den Übergang in eine andere Staatsform sicherzustellen. In der Demokratie ist ihrer Idee nach der Bestand des Staates am sichersten begründet; aber die Anforderungen, die sie an die Gesamtheit der Staatsbürger stellt, sind – an der durchschnittlichen Beschaffenheit der Menschen gemessen – so hoch gespannt, daß ihre Erfüllung stets sehr unwahrscheinlich und die Gefahr der Entartung gerade bei dieser Staatsform sehr groß ist.[71]

Erwägen wir nun, wie das Verhältnis derjenigen, die nicht Träger des Staates sind, zu der staatlichen Gemeinschaft ist, der sie doch mit angehören. Es ist für den Staat nicht erforderlich, daß sie sich über ihre Zugehörigkeit zum Ganzen, dem sie in irgendeiner Form eingegliedert sind, klar sind; sie brauchen es nicht als eigene Realität zu erfassen und positiv dazu Stellung zu nehmen[72]. Es genügt, wenn sie die ihnen zufallenden Funktionen erfüllen, auch wenn sie nicht wissen, daß es Funktionen des Staatsorganismus sind. Dagegen ist es ein den Bestand des Staates gefährdender Zustand, wenn irgendwelche ihm angehörigen Elemente in negativer Weise zu ihm Stellung nehmen, ihn als feindliche Macht betrachten. Es ist damit ein Riß durch die staatliche Gemeinschaft gegeben[73]. – Alle bisherigen Erwägungen haben das Verhältnis von Individuum und Staat ohne Berücksichtigung des Verhältnisses von Staat und Volk betrachtet. Es bleibt noch zu erörtern, ob und inwieweit die Beziehungen von Individuum und Staat durch die Beziehungen des Individuums zur Volksgemeinschaft fundiert sind. In prinzipieller Allgemeinheit besteht diese Bindung so wenig wie die des Staates an das Volk. Ein Gebilde, das in so hervorragendem Maße Staat war wie das alte Preußen[74], konnte sich nicht auf die Einheit eines „preußischen Volkes" stützen, und das staatliche Verantwortlichkeitsgefühl seines hervorragendsten Trägers Friedrichs des Großen[75] war in keinem

[71] ⟨Edith Stein favorisiert unter den verschiedenen Staatsformen die Monarchie, sieht zugleich aber auch deren Gefahren. In einer Demokratie sieht sie am ehesten die Gefahr der Entartung.⟩

[72] ⟨Bürger ist man für Edith Stein allein durch die Zugehörigkeit zum Staat, was der Einzelne aber nicht bewusst anzuerkennen hat, sondern lediglich nicht bestreiten darf.⟩

[73] ⟨Wer dagegen als Bürger negativ gegen den Staat eingestellt ist, gefährdet diesen.⟩

[74] ⟨Preußen ist seit 1701 ein selbständiges Königreich, gehört 1815–1866 mit Ausnahmen der Provinzen Posen, West- und Ostpreußen zum Deutschen Bund, 1867–1871 ist es Bundesstaat des Norddeutschen Bundes und 1871–1945 des Deutschen Reiches. Aufgelöst wird es 1947 durch den Alliierten Kontrollrat.⟩

[75] ⟨Der höchst gebildete und musisch begabte preußische König Friedrich II., auch Friedrich der Große oder der Alte Fritz genannt, (24. 1. 1712 geb. in Berlin; 17. 8. 1786 gest.

Nationalgefühl begründet. Immerhin *können* hier Zusammenhänge bestehen, und es erscheint uns als das Normale und Gesunde, wenn es der Fall ist. Der Staat, der Individuen in seinen Bann zieht – sei es, daß sie sich ihm in freier Hingabe widmen, sei es, daß sie zu seinem Dienst gezwungen werden –, ohne Organisation einer Volkspersönlichkeit zu sein (oder auch mehrerer), mutet uns immer merkwürdig unheimlich an. Etwa wie eine Maschine, die Menschenleben erfordert, um in Gang gebracht und im Gang erhalten zu werden, die aber selbst nicht lebendig wird und gegen das Leben, das sie mit Beschlag belegt, gleichgültig bleibt. Der Staat hat keine Seele und keine seelische Produktivität und darum erscheint es wunderbar – und in gewissem Sinne unangemessen, wiewohl es für seinen Bestand erforderlich ist –, wenn ihm seelische Hingabe widerfährt. – Ganz anders steht es mit dem Volk[76]. Zwar wird auch hier kein völliges Aufgeben des Individuums in der Gemeinschaft verlangt. Aber sie stellt eine Gemeinschaft produktiver Seelenkräfte dar und besitzt eigene Schöpferkraft, diejenige, die sich in den Werken der Kultur niederschlägt. Die Individuen tragen sie nicht nur, sondern werden von ihr seelisch genährt (während sie vom Staat nur äußere Gegenleistungen empfangen, die freilich eben darum sichtbarer zutage liegen). Und so erscheint es uns sehr viel natürlicher und verständlicher, wenn jemand sein Volk liebt und den Staat nur abgeleiteterweise als dessen äußere Form, als wenn der Staat unmittelbar um seiner selbst willen geliebt wird.

Durch die letzten Bemerkungen soll nicht bestritten werden, daß auch der *nicht* auf dem Fundament eines Volkes ruhende Staat vom Standpunkt der

---

in Potsdam) gilt als Vertreter aufgeklärter Staats- und Machträson, relativiert das Feudalsystem, baut das Schulwesen aus und hat sich um die Entwicklung des Rechts sehr verdient gemacht. Er schafft 1754 die Folter ab und verkündet im selben Jahr die Religionsfreiheit, was er auch praktisch durch Toleranz gegenüber religiösen Minderheiten wie Hugenotten und Katholiken umsetzt. Seine Reformen führen nach seinem Tod zur Befreiung der Bauern aus der Leibeigenschaft. In den 20er Jahren des 20. Jahrhunderts wird der nicht unumstrittene und häufig missbrauchte König verklärt als Garant für deutsche Disziplin, Standhaftigkeit und Vaterlandstreue (vgl. Fridericus-Rex-Filme, vier Historienspielfilme um seine Person, die zwischen 1920 und 1923 in der revolutionären Situation nach dem Ersten Weltkrieg als Propagandafilme für die Wiedereinsetzung der Autorität durch die Monarchie produziert werden.), und später von den Nationalsozialisten für ihre Ziele pervertiert. Vgl. Leopold von Ranke, Friedrich der Große, Berlin 1927; Theodor Schieder, Friedrich der Große. Ein Königtum der Widersprüche, Berlin 1998; Johannes Kunisch, Friedrich der Große. Der König und seine Zeit, München 2004; Udo W. Wolff, Preußens Glanz und Gloria im Film, Die berühmten deutschen Tonfilme über Preußens glorreiche Vergangenheit, München 1981.⟩

[76] ⟨Staat und Volk unterscheiden sich darin, dass der Staat keine Seele hat, wie sie dem Volk zukommt. Das Volk besitzt schöpferische Kraft, die Kultur hervorbringt. Der Staat ist für das Volk nur die äußere Form. Wenn ein Staat durch die Volksgemeinschaft fundiert ist, kommt ihm hoher Wert zu.⟩

Gemeinschaft aus hohen Wert haben kann: er kann die freie Entfaltung der in seiner Obhut lebenden Personen und Gemeinschaften sicherstellen; er kann, obwohl ohne Rücksicht auf ein Volk entwickelt, das fertig bereite Kleid sein, in das eine werdende Volksgemeinschaft hineinschlüpft; schließlich ist es möglich, daß die staatliche Gemeinschaft die in ihr vereinten Individuen allmählich zu einem Volk verwachsen läßt[77].

§ 2. Staat und Recht

Alle bisherigen Betrachtungen lassen den Staat in einem merkwürdigen Zwitterlicht erscheinen: er *bedarf* der Volksgemeinschaft nicht als Fundament seiner Existenz, aber er *kann* darauf ruhen und erscheint eigentümlich hohl und schemenhaft, wenn es nicht der Fall ist[78]. Diese Verhältnisse werden sich aufklären, wenn wir versuchen, den Punkt zu erhellen, der uns als der zentrale im Aufbau des Staates erschien: die Eigentümlichkeit der Souveränität. Wir stellen die Frage allgemeiner, indem wir die Frage der Souveränität in dem Zusammenhang nehmen, in den sie hineingehört: als das Problem des Verhältnisses von *Staat und Recht.*

a) Reines und positives Recht

Als Voruntersuchung wird hier eine Erörterung der *Idee des Rechtes* erforderlich. Man kann von Recht in doppeltem Sinne sprechen: es gibt Rechtssachverhalte, die unabhängig von aller Willkür bestehen und unabhängig davon, ob sie von irgendwelchem „geltendem Recht“ anerkannt werden oder nicht – *„reine“ Rechtsverhältnisse*[79]: daß ein Anspruch, der durch ein Versprechen erwächst, durch Erfüllung erlischt; daß es unrecht ist, eine Schuld nicht zurückzuerstatten usw. Daneben besteht das geltende Recht,

[77] ⟨Das Verhältnis zwischen Volk, Staat und Individuum ist für Edith Stein dadurch gekennzeichnet, dass dem Staat ein hoher Wert als Freiheits- und Schutzraum für die Individuen zukommt und er dazu beitragen kann, dass die Bürger zu einem Volk zusammenwachsen. Aber der Staat bleibt als solcher rein säkular und formal, d. h. er ist weder Subjekt noch Objekt menschlicher Zuwendung. Insofern verweist die Autorin darauf, dass der Staat nicht wie ein Volk durch die Individuen geliebt werden könne.⟩

[78] ⟨Der für Edith Stein ideale Staat ist der, der sich auf eine Volksgemeinschaft stützen kann, auch wenn diese nicht zwingend zum Wesen des Staates gehört.⟩

[79] Die Sphäre des reinen Rechts ist zuerst von *Adolf Reinach* aufgewiesen worden („Die apriorischen Grundlagen des bürgerlichen Rechts“: ⟨JPPF 1, Halle 1913, 192⟩; ⟨Adolf. Reinach, Gesammelte Schriften, hg. v. seinen Schülern, Halle 1921, 166–350, 341; ders., Sämtliche Werke I (Einleitung Anm. 29) 141–278⟩. Die folgenden Ausführungen sind zum großen Teil nur Konsequenzen aus seinen Ausführungen.

das sogenannte *positive*. Das reine Recht ist zu allen Zeiten und bei allen Völkern dasselbe; denn es ist ewig und tritt nicht irgendwo und irgendwann ins Dasein[80]. Das positive Recht wird durch Willkürakte geschaffen oder in Kraft gesetzt und kann darum beliebig mannigfaltig sein[81]. Darin liegt beschlossen, daß es vom reinen Recht abweichen kann. Man wird fragen, warum dennoch für beide die Bezeichnung „Recht" verwendet werde. Ob es sich nicht um eine bloße Äquivokation handele. Darauf ist zu sagen: die mögliche Diskrepanz zwischen reinem und positivem Recht betrifft nur den *Inhalt* der einzelnen Rechtsverhalte. Darüber hinaus gibt es aber etwas, was man gegenüber diesem Inhalt als *die Form des Rechts* bezeichnen könnte, die apriorische Struktur des Rechts als solchen[82]. Und die ist reinem und positivem Recht gemeinsam. Alles Recht beansprucht, das Verhalten von Personen zu normieren. „Geltung" des Rechts bedeutet, daß dieser Anspruch anerkannt wird. Diese Geltung ist von dem Bestehen des reinen Rechts durchaus zu scheiden.[83] Sie bezeichnet ein *zeitliches* Sein, das anfängt und aufhört und überdies an einen Geltungsbereich gebunden ist. Reines Recht und geltendes Recht desselben Inhalts verhalten sich wie Wesen und Faktum. Damit das Recht sich „realisieren", d. h. geltendes Recht werden kann, muß jener Anspruch zunächst einmal *erhoben* werden[84]. Das kann im Namen seines Inhalts geschehen – beim reinen Recht nämlich oder auch z. B. bei ethischen Normen, die in die Form des Rechts gekleidet werden. Es kann

---

[80] ⟨Unter dem „reinen Recht" versteht Edith Stein das, was Adolf Reinach „unabhängiges apriorisches Recht" nennt, d. h. das präpositive Naturrecht, das unabhängig von Raum und Zeit ständige Geltung aus sich selbst hat und nicht zwingend der menschlichen Gesetzgebung, d. h. des positiven Rechtes bedarf. Dieses reine Recht gilt als zeitunabhängig und „ewig" (vgl. Adolf Reinach, Sämtliche Werke I (Einleitung Anm. 29) 145).⟩

[81] ⟨Das positive Recht ist im Unterschied zum „reinen Recht" das in vielfältiger Weise von Menschen durch Gesetze erlassene oder durch Gewohnheit geschaffene Recht. Es hat zeitlich und räumlich begrenzte Geltung, stimmt nicht zwingend mit dem Naturrecht überein und gilt prinzipiell als veränderbar. Der Unterschied zwischen dem reinen und dem positiven Recht liegt für Edith Stein nur im Inhalt, nicht in der Form. Sie macht in diesem Zusammenhang die wegen der Idee des Naturrechtes zwingend Widerspruch fordernde Aussage, dass positives Recht vom reinen Recht „abweichen kann" und zeigt an dieser Stelle, wie sie einerseits dem Rechtspositivismus von Adolf Reinach andererseits aber auch den Wertvorzugsgesetzen Max Schelers erlegen ist.⟩

[82] ⟨Wenn reines und positives Recht gleichen Inhalts sind, verhalten sie sich wie Wesen und Faktum zueinander. Die Differenz zwischen den beiden Rechtsarten ist nicht nur nomenklatorisch, sondern besteht in materialer, nicht dagegen in formaler Hinsicht. Beiden Rechtsarten ist eine „apriorische Struktur des Rechts" zu eigen, was man als allgemeine Rechtsidee bezeichnen kann.⟩

[83] Zur Abwehr von Mißverständnissen sei angemerkt, daß sie auch mit der logischen Geltung, der Geltung von Sätzen, nichts zu tun hat.

[84] ⟨Recht ist etwas Normatives für Personen, dessen Anspruch durch inhaltliche Begründung oder durch einen Willensakt Anerkennung, d. h. Geltung erlangt.⟩

auch ohne solche Begründung geschehen – stat pro ratione voluntas[85]. Auf jeden Fall gehört dazu eine Person, die den Anspruch „geltend macht“, und ein Bereich von Personen, an die er sich richtet und durch deren Anerkennung das betreffende Recht geltendes Recht wird[86]. Den Anspruch geltend machen heißt *Recht setzen* oder Rechtsbestimmungen ergehen lassen. Das erste Recht, das gesetzt und anerkannt werden muß, damit weiteres Recht Geltung erlangen kann, ist das *Recht, Recht zu setzen.*[87] Jede Person, die Recht setzt, nimmt damit dieses erste Recht in Anspruch, und zwar für den Bereich von Personen, an die sie ihre Rechtsbestimmungen adressiert und der durch jene erste Bestimmung abgegrenzt wird. Sie kann es von sich aus tun oder, indem sie es als ein Recht, das ihr übertragen wird, annimmt. Im ersten Fall ist der Bereich, in dem ihr Recht gilt, ihre *Herrschaftssphäre,* sie selbst ist souveräne Staatsgewalt, und die Herrschaftssphäre *mit* der sie „regierenden“ Staatsgewalt ist ein *Staat*[88].

Alle diese Feststellungen lassen noch Fragen offen. Vor allem wird zu prüfen sein, in welchem Sinn und mit welchem Recht wir die Person als Quelle des geltenden Rechts in Anspruch nehmen. Vorbereitend suchen wir noch den Charakter der Rechtssetzungen etwas näher zu umschreiben. – Sie weisen zurück auf ein Subjekt, das sie gesetzt hat, und vorwärts auf etwas, was sein *soll*[89]. Diesen Charakter von „Bestimmungen“ haben sie auch dann, wenn sie nicht in die Form von Sollenssätzen gekleidet sind. Der Satz z. B. „Hochverrat wird mit dem Tode bestraft“ ist seiner Form nach rein theoretisch, er schließt aber seinem Sinne nach, abgesehen von dem, was darin behauptet wird, eine Norm für das Verhalten der Individuen ein, die zu

---

85 ⟨Gemeint ist die positivistische Rechtsbegründung durch den autonomen Gesetzgeber: „Der Wille steht für eine Begründung“. Diese im römischen Recht begründete Rechtsregel (Cod. Just. 4,35,21) ist im BGB § 903 rezipiert. Vgl. Detlef Liebs, Lateinische Rechtsregeln und Rechtssprichwörter, Darmstadt 1982, 201.⟩

86 ⟨Gesetzgeber und Normadressaten gehören zum Recht. Der Gesetzgeber macht einen Anspruch geltend, d. h. er setzt bzw. erlässt Recht. Die Normadressaten haben den Anspruch des Rechts anzuerkennen.⟩

87 Wie leicht ersichtlich, handelt es sich hier wieder um einen neuen Sinn von Recht. Vgl. dazu S. 37 ff.

88 ⟨Recht bedeutet Herrschaft in einem bestimmten Bereich (Herrschaftssphäre), die Bedingung für souveräne Staatsgewalt ist. Wer den Herrschaftsbereich leitet, ist Staat.⟩

89 ⟨Das Erlassen von Gesetzen ist ein spontaner, willkürlicher Akt, d. h. es setzt „freies geistiges Tun“ voraus“ und das „Subjekt solchen Tuns“ wird „Person“ genannt. Der Staat ist zunächst aber für Stein keine Person. Personen sind vielmehr die den Staat konstituierenden Individuen. Bestimmte Individuen handeln für den Staat und vollziehen Recht stellvertretend für die zu ihm gehörenden Personen. Später erklärt Stein allerdings in Abweichung vom philosophischen Begriff der Person als frei geistig handelndem Menschen den Staat als „Rechtssubjekt“ und bezeichnet ihn mit dem dafür geltenden juristischen Terminus der „juristischen Person“, so dass er Träger von Rechten und Pflichten ist. Vgl. Anm. 96 und dazu auch Adolf Reinach, Sämtliche Werke (Anm. 29) I, 227.⟩

seinem Geltungsbereich gehören, und noch speziell für das Verhalten derer, die für die Wahrung des Rechts Sorge zu tragen haben. Will man dem Satz einen theoretischen Gehalt zugestehen, so kann es einmal der einer empirischen Feststellung sein: daß das, was das Recht vorschreibt, auch tatsächlich geübt wird. In den Sachverhalt, dem damit Ausdruck gegeben würde, gehörte dann die stillschweigend mitintendierte Angabe des Geltungsbereichs des Rechtes mit hinein (dort und dann ist diese Rechtspraxis üblich).[90] Diese Feststellung hat die Rechtsbestimmung zur Voraussetzung. Ganz anders stände es, wenn dem Satz der Charakter eines reinen Rechtssatzes zugesprochen werden sollte: auf Hochverrat *gehört* Todesstrafe. Auch das wäre eine theoretische Feststellung, aber nicht die eines Faktums, sondern eines Wesensverhalts; und aus ihr wäre eine normative Bestimmung und eine danach gestaltete Praxis *abzuleiten*, nicht umgekehrt. – Wie bereits erwähnt, können die Bestimmungen damit begründet werden, daß sie ihrem Inhalt nach mit einem einsichtigen Rechtsverhalt zusammenfallen. Tatsächlich sind aber im positiven Recht die Bestimmungen weitgehend von jeder theoretischen Grundlage abgelöst; sie verdanken ihren Inhalt keiner Einsicht, sondern reiner Willkür. Demnach bedeutet die „Anerkennung" einer Rechtsbestimmung keine theoretische Zustimmung. Es hat bei ihr keinen Sinn, nach Richtigkeit oder Falschheit zu fragen. Sie anerkennen heißt sich ihr bzw. dem Recht setzenden Willen unterwerfen[91].

b) Das Wesen der Recht setzenden Akte

Um die Möglichkeit dieser Ablösung des positiven vom reinen Recht, der Bestimmung von ihrer theoretischen Grundlage zu verstehen, müssen wir uns kurz auf das Wesen der Recht setzenden oder bestimmenden Akte besinnen. Es handelt sich hier um einen Spezialfall jener Akte, die wir an anderer Stelle[92] als freie oder „willentliche" bezeichnet haben. Der freie Akt ist charakterisiert als ein spontaner Vollzug des Ich – spontan in dem Sinne, daß er sein Dasein dem Ich selbst verdankt und nicht in ihm und doch gewissermaßen unabhängig von ihm sich regt und erwächst, wie es bei allen Kenntnisnahmen und Stellungnahmen der Fall ist. In dem, was man als Willensakt zu bezeichnen pflegt, sind in der Regel eine Stellungnahme und ein spontaner Vollzug – Willensstellungnahme und Vorsatz – miteinander verbunden. Und so ist es überhaupt die Eigentümlichkeit der freien Akte,

---

[90] Das „dort" braucht dabei nicht notwendig eine *räumliche* Lokalisation zu bedeuten. (Vgl. S. 92).

[91] ⟨Der Inhalt einer positiven Rechtsbestimmung bedarf keiner Zustimmung, sondern gilt aufgrund des gesetzgeberischen Aktes.⟩

[92] JPPF V, S. 46 ff.

sich auf Erlebnisse anderer Art – in letzter Linie auf Stellungnahmen zu stützen, sie zu sanktionieren und ihre praktische Wirksamkeit einzuleiten oder umgekehrt, sie zu inhibieren[93]. Das Ich erscheint darin als Zentralstelle, bis zu der die Wellen des seelischen Lebens – letztlich meist von irgendeiner Berührung mit der Umwelt ausgehend – heranströmen können und von der nun eine rückläufige, nach außen drängende Bewegung ihren Ausgang nimmt. Das ganze Geschehen kann sich auch abspielen, ohne daß die Bewegung bis zum Zentrum vordringt und ohne daß die Spontaneität des Ich eingreift. Auf der anderen Seite hat die Spontaneität nur Sinn inmitten einer solchen seelischen Bewegung. Ein absolut „willkürlicher" Willensvorsatz ohne jegliches anders geartete Fundament ist undenkbar. Aber das Fundament kann verschieden geartet sein. Es kann ein Willensvorsatz sich aufbauen auf eine klare (selbst wiederum in einem Fühlen verankerte) Erkenntnis eines Wertverhalts, der nach Realisierung verlangt[94]. In diesem Fall tritt das wollende Ich als Vollstrecker absoluter Normen auf, in deren Dienst es sich von sich aus stellt. Dahin gehört es auch, wenn ein Gesetzgeber als Rechtsbestimmung ergehen läßt, was reines Recht ist. Der Unterschied zum einfachen Willensvorsatz liegt in der Form der Auswirkung, die hier einmal sozialer Natur ist und außerdem (im Gegensatz zu anderen Gruppen sozialer Akte, wie Bitte, Befehl u. dgl.) nicht direkt auf ein Verhalten bestimmter Personen abzielt, sondern nur für mögliche Verhaltungsweisen innerhalb eines Bereichs von Personen eine Regel vorschreibt. Der willentlichen Sanktionierung des kraft reinen Rechts Gebotenen steht gegenüber das Sich-Einsetzen für etwas, was nicht in sich selbst wertvoll, sondern nur als für mich bedeutsam, verlockend o. dgl. gefühlt und begehrt wird. Auch das, wohin mich das Begehren treibt, kann ich mir als Willensziel vorsetzen und kann es auch zum Inhalt einer Rechtsbestimmung machen, was dann freilich kein Wert- und speziell kein reiner Rechtsverhalt zu sein braucht. Man könnte sich denken, daß „ein Recht", d.h. ein Inbegriff von Rechtsbestimmungen, rein von der Idee eines begehrten oder auch nur als begehrenswert vorgestellten Zweckes aus geschaffen würde. Ein Staatsrecht z.B. von der Idee her, daß es in dem Staat, den es zu normieren bestimmt ist, einer bestimmten Klasse von Menschen besonders wohlgehen solle. Die Rechtsbestimmungen würden dann alle Staatseinrichtungen und das Verhalten der Bürger so regeln, daß jenes Ziel dadurch möglich gemacht würde. Die Möglichkeit eines solchen um alle reinen Rechtsverhältnisse gänzlich unbekümmerten positiven Rechts ist nicht zu bestreiten. Eine ganz andere und nicht so ohne weiteres zu entscheidende Frage ist es, ob ein solches Recht –

---

[93] ⟨„Inhibieren" heißt „untersagen, verbieten".⟩

[94] ⟨Positives Recht gründet auf dem Willen zur Gesetzgebung, eine Regel für Personen aufzustellen, und auf dem Willen, einen bestimmten Wert in Recht umzusetzen und insofern durchzusetzen.⟩

bzw. der Staat, der danach gestaltet wird – Bestand haben kann. Danach fragen wir vorläufig nicht.

c) Das Subjekt der Recht setzenden Akte. Der Staat als Rechtssubjekt

Wir wenden uns dem Subjekt zu, das als Vollstrecker spontaner Akte in Betracht kommt und das demnach als Urheber der Rechtsbestimmungen gefordert ist. Spontane Akte sind *freies geistiges Tun*, und das Subjekt solchen Tuns nennen wir eine *Person*. Wie freie Akte andere Erlebnisse zum Fundament haben, so weist auch die Personalität noch andere Konstituentien auf als die Freiheit. Darauf brauchen wir hier nicht einzugehen. – Es ist zu fragen, ob nur Individuen als Personen und mögliche Urheber freier Akte in Betracht kommen, oder ob es auch einen Sinn hat, von „Kollektiv-Personen" zu sprechen und sie als Recht setzende Macht in Anspruch zu nehmen. Wir haben den Staat als souverän bezeichnet und damit ausgedrückt, daß er selbst Urheber seines Rechts ist. Ist das nur eine bildliche Ausdrucksweise dafür, daß eine individuelle Person sich sein Gebiet als Herrschaftssphäre zugeeignet hat? (so daß die absolute Monarchie die einzig mögliche Staatsform wäre). Es gäbe dann nur einen Herrscher und einen ihm unterworfenen Herrschaftsbereich, aber keinen Staat, der Staatsgewalt und Herrschaftsbereich in sich faßte, Subjekt und Objekt des in ihm geltenden Rechts wäre. Der Staat als Einheit ist nur möglich, wenn es einen Sinn gibt, ihn als *Ganzes* als Urheber seiner Akte in Anspruch zu nehmen; und eine andere als die absolute Staatsform nur, wenn es einen gemeinschaftlichen Vollzug von freien Akten gibt, wenn ein Personenverband ihr Subjekt sein kann. Nehmen wir zunächst der Einfachheit halber an, daß die Gesamtheit der von den Rechtssetzungen betroffenen Personen zugleich ihr Subjekt wäre, d.h. alle für sie geltenden Bestimmungen ergehen ließe. Wenn eine Reihe von Personen einen Bund schließen, so vollzieht jeder einzelne von sich aus den Akt, der sich für die Gründung entscheidet. Darüber hinaus aber und eventuell in einem Vollzuge damit erklärt jeder *mit den anderen gemeinsam und für alle* den Bund als bestehend, und eben dadurch konstituiert der Bund sich selbst und beginnt sein Dasein. Jeder seiner ferneren Beschlüsse hat denselben Charakter: der Bund beschließt, indem seine Glieder miteinander und für ihn beschließen und jedes von sich aus sein Plazet erteilt. Dieses „von sich aus" unterscheidet die freien Akte von anderen Gemeinschaftserlebnissen, bei denen es nicht erforderlich ist.[95] Aber es ändert nichts daran, daß die Gemeinschaft selbst das Subjekt solcher Akte ist. – Ein weiterer Schritt ist es nun zu sehen, daß nicht jeder von einer Gemeinschaft vollzogene Akt von

[95] Z.B. von Stellungnahmen.

allen ihr angehörigen Individuen getragen zu sein braucht. Es kann eine engere Körperschaft für die ganze Gemeinschaft, der sie angehört, einen Beschluß fassen. Jeder vollzieht dann den Akt *für* die Gesamtheit, – und eben darum ist der Beschluß als Akt der umfassenden Gemeinschaft anzusehen – aber nur *mit* denen, die aktuell daran beteiligt sind und dadurch zu einer engeren Körperschaft verbunden – mit dem Anspruch, das Ganze zu *vertreten* oder zu *repräsentieren*. Damit sind wir aber noch nicht weit genug, um zu verstehen, in welchem Sinne der Staat als Subjekt der von der Staatsgewalt vollzogenen Akte anzusehen ist. Die Gemeinschaft der in einem Staat lebenden Individuen ist noch nicht der Staat. Es mag Grundlage seiner Existenz sein, daß seine Bürger eine Gemeinschaft bilden, oder auch Folge des Lebens unter seinem Recht, und die Gemeinschaft gehört dann zu seinem Bestand – aber er selbst *ist* nicht die Gemeinschaft. Wo ein Staat ist, da liegt eine ganz neue Sphäre vor, die sich im Leben der zugehörigen Individuen und ihrer Gemeinschaft auswirkt, in die aber dieses Leben von sich aus nicht hineinreicht. Der Staat bedarf einer Person oder einer Körperschaft von Personen, um sich vernehmlich zu machen, und eines Bereichs von Personen, um vernommen zu werden und ins Dasein zu treten. Der Staat kann nur dadurch Akte vollziehen, daß Personen, die ihn „vertreten", sie *für ihn* vollziehen. Aber solche Akte haben nur als Akte des Staates einen Sinn und nicht als Akte von Personen oder Körperschaften, die nicht als „Organe des Staates" charakterisiert sind. Zum Staat gehört es unaufhebbar, gegliedert zu sein in Staatsgewalt und Herrschaftsbereich. Für alles, was *Organ* des Staates ist, d.h. „im Namen" des Staates handelt, ist es wesentlich, repräsentative Funktion zu haben, d.h. das Staatsganze zu vertreten. Was dagegen zum Herrschaftsbereich gehört, das ist wohl *Glied* des Staates und in seinen Bestand einbezogen, aber nicht ein Organ, in dem das Ganze gegenwärtig ist. – Der Staat ist demnach weder eine individuelle Person noch ein Personenverband und kann auch nicht dadurch ins Leben gerufen werden, daß Personen einen Verband schließen. Staatsgründung ist ein Akt, der nur als Akt des Staates Sinn hat. Freilich kann sie nur in der Form vollzogen werden, daß eine Person oder eine Körperschaft sich dazu hergibt, Organ des Staates zu sein. Denn das bleibt bestehen, daß Akte nur von Personen bzw. Personenverbänden vollzogen werden können. Es ist zu beachten, welchen Doppelcharakter diese „Vertreter" des Staates haben. Es sind auf der einen Seite Personen, die von sich aus Akte vollziehen, andererseits Organe des Staates, die in seinem Namen handeln. Die Vertreterschaft können sie sich nicht selbständig zulegen, sondern erhalten sie vom Staat gleichsam „angetragen". (Das ist insofern nur ein Bild, als der Staat ihnen ja nicht mit einem eigenen Akt gegenübertreten kann, und nicht „vor" ihnen existiert, sondern nur in ihnen und ihren Akten sich geltend macht.) Aber sie müssen sie dann von sich aus (d.h. *nicht* in ihrer Eigenschaft als staatliche Organe) *annehmen*.

Dasselbe wiederholt sich bei jedem Akt, den staatliche Organe vollziehen; sie vollziehen ihn im Namen des Staates, können das aber nur, sofern die individuellen Personen als solche ihr Plazet dazu geben. Ein analoges Verhältnis zeigt das Zusammenwirken von Staatsgewalt und Herrschaftsbereich. Die Staatsgewalt (in nicht absolutistisch regierten Staaten) ist die Körperschaft, die sich aktuell konstituiert, die ihre Beschlüsse gemeinsam faßt, aber nicht für sich, sondern für den ganzen Staat, für den ihr Recht zu gelten und den sie zu repräsentieren beansprucht, d.h. auch für den Bereich von Personen, die den Herrschaftsbereich des Staates bilden und mit ihm durch seine Organe vertreten werden. Indem wir die Selbsteinsetzung der Staatsgewalt als mit einem Anspruch verbunden kennzeichnen, ergibt sich, daß sie der Anerkennung derer bedarf, an die sich der Anspruch richtet, um „rechtskräftig" zu werden[96]. In dieser Anerkennung kommt das Plazet der Vertretenen zum Ausdruck, das in den Akten der vertretenen Körperschaft nicht mehr aktuell wird; durch sie wird der Anspruch dieser Akte, als von der ganzen Gemeinschaft vollzogen und für sie bindend angesehen zu werden, erfüllt. – In welcher Form kann die Anerkennung erteilt werden? Es ist einmal möglich, daß sie der Selbsteinsetzung der vertretenen Körperschaft *vorausgeht* (z.B. wenn ein Verein seinen Vorstand wählt) und diese mit der Vertretung *beauftragt*. Die Selbsteinsetzung gründet sich dann auf diesen Auftrag (sie wird dadurch nicht etwa überflüssig) und der Anspruch, als Vertreterschaft anerkannt zu werden, ist von vornherein erfüllt, oder richtiger – da ja ein Anspruch durch Erfüllung erlischt – die Selbsteinsetzung ist von vornherein rechtskräftig. Es sind damit *im voraus* alle Akte des Ganzen anerkannt, die künftig auf Grund der rechtskräftigen Einsetzung von der vertretenden Körperschaft als solcher vollzogen werden, und ein neues Plazet der Vertretenen wird dadurch überflüssig[97].

Es ist ferner möglich, daß die Anerkennung *nach* der Selbsteinsetzung *ausdrücklich* erteilt wird (man denke etwa, daß eine Truppe Führern, die das Kommando selbsttätig an sich genommen haben, Gehorsam schwört). Auch damit sind implizite künftige Akte als Akte des Ganzen anerkannt[98].

Schließlich kann die Anerkennung auch *stillschweigend* erfolgen, indem das, was von der vertretenden Körperschaft beschlossen wurde, von den Vertretenen allemal, wenn sie dazu herangezogen werden, mit ausgeführt wird. Ein Willensakt und die Handlung, die das Gewollte realisiert, bilden

---

[96] ⟨Edith Stein geht hier für den Staat von den Möglichkeiten der kollegial gefassten Rechtsetzungen und der durch stellvertretende Organe des Staates, d.h. juristische Personen, für die Personengesamtheit vorgenommenen Rechtsetzungen aus, wobei die Bürger entweder als Einzelne oder durch ihre vertretenden Organe zustimmen und auf diese Weisen die Rechtsetzung sanktionieren.⟩

[97] ⟨Es geht hier um Stellvertretung, die durch Beauftragung legitimiert sein kann.⟩

[98] ⟨Stellvertretung kann auch durch nachträgliche Anerkennung legitimiert werden.⟩

eine Einheit, und indem ich mich an der Ausführung beteilige, gebe ich zugleich dem Willensakt, aus dem sie hervorgeht – gleichgültig, ob er mir völlig durchsichtig ist oder nicht –, meine Sanktion. Die Sachlage ist hier gerade umgekehrt wie in den anderen Fällen. Das, was unmittelbar anerkannt und durch die Praxis als gültig erwiesen wird, sind die einzelnen Beschlüsse[99]. Und implizite wird damit das Recht, für die Gemeinschaft Beschlüsse zu fassen, anerkannt. Das eine bleibt aber auch für diesen Fall – den für das Staatsleben, wie es faktisch vor sich geht, vornehmlich in Betracht kommenden – bestehen: daß jeder freie Akt einer Gemeinschaft bzw. eines Gemeinwesens der Sanktion aller daran Beteiligten bedarf, in welcher Form sie auch erteilt werden mag[100]. Und *das ist der richtige Kern der Vertragstheorie.* Sie ist abzulehnen, sofern sie behauptet, daß der Staat – genetisch verstanden – seinen Ursprung einem Vertrage verdankt. Sie ist auch abzulehnen, wenn sie lehrt, daß die Individuen sich eines ihnen außerhalb des Staates – „von Natur aus“ – zustehenden Rechts entäußern, indem sie den Staat anerkennen, und daß der Staat dieser Selbstentäußerung der Individuen (jetzt nicht historisch, sondern prinzipiell verstanden) sein Dasein verdankt. Es gibt kein „natürliches Recht“. Das reine Recht besteht unabhängig von allen Individuen und ihrer Organisation. Geltendes oder positives Recht gibt es nur auf Grund von Rechtssetzungen. Dieses geltende Recht kann Individuen wie Verbände zu Inhabern von „Rechten“[101] machen, und diese nicht ursprünglicher als jene. Die Rechtssetzung ihrerseits kann – wie wir sahen – sowohl individuelle Personen als Personenverbände zu Urhebern haben. Richtig erkannt aber hat die Vertragstheorie, daß die Rechtssetzung als freier Akt nur von Personen vollzogen werden kann, und daß, falls ein Verband oder ein nichtpersonales Gebilde sie vollzieht oder falls sie im Namen eines solchen vollzogen werden, doch jede diesem sozialen Gebilde angehörige Person in irgendeiner Form daran beteiligt sein muß. Der Staat muß, um sich selbst und sein Recht setzen zu können, sich freier Personen bedienen und kann die Personen, die ihm angehören, ihrer Freiheit nicht entkleiden. Er kann die verschiedensten Mittel anwenden, um seinen Bestimmungen Geltung zu verschaffen, auch solche, die man als Zwang und „Freiheitsberaubung“ zu bezeichnen pflegt. Aber alles dies sind nur Mittel, um die Individuen dazu zu bewegen, ihr Plazet zu geben. Sie „motivieren“, aber sie „nezessitieren“[102] nicht.

---

[99] ⟨Stellvertretung kann auch durch stillschweigende Anerkennung, d.h. durch nachfolgende Praxis legitimiert sein.⟩

[100] ⟨Stellvertretung bedarf in jedem Fall der Legitimierung der betreffenden Gemeinschaft.⟩

[101] Über den Sinn dieser „Rechte“ vgl. S. 37ff.

[102] ⟨„Nezessitieren“: „erzwingen“.⟩

d) Bestimmungen

Nach den letzten Ausführungen könnte es so scheinen, als erschöpfte sich die Aktivität des Staates in Rechtssetzungen. Das sollte keineswegs gesagt werden. Wir haben uns nur vorzugsweise an diese Akte gehalten, um daran das kardinal wichtige Verhältnis von Staat und Recht in Klarheit herauszustellen. Zur Ergänzung – auch im Interesse dieser Frage – ist nun eine Prüfung der anderen möglichen Akte erforderlich, die in den Bereich des Staatslebens fallen. Wir knüpfen dabei an *Reinachs* Scheidung von *Bestimmungen* und *Befehlen* an[103], auf die wir schon an einer früheren Stelle anspielten. Beides sind soziale Akte, d.h. sie wenden sich an fremde Personen. Aber die Bestimmungen tun es nur, um festzusetzen, was für den Bereich von Personen, an die sie sich wenden, als Recht gelten soll, ohne irgendeine bestimmte Person damit zu einem aktuellen Verhalten bewegen zu wollen. Ein Befehl dagegen ist allemal an eine ganz bestimmte Person (oder auch eine Gruppe von Personen) gerichtet und hat den Sinn, eine Aktion dieser Person in Gang zu bringen, analog wie ein Willensakt darauf abzielt, eine Aktion der wollenden Person selbst in Gang zu bringen. Zwischen den Akt der Bestimmung und das Verhalten der Personen, auf das er eventuell Einfluß gewinnt, schiebt sich die Sphäre des geltenden Rechts, das durch solche Akte gesetzt wird. Beim Befehl sind die Personen und ihre Verhaltungsweisen unmittelbar in Kontakt[104].

Soziale Akte von der Art des Befehls (dieser war für uns zunächst nur ein Beispiel), in denen ein Subjekt mit anderen unmittelbar in Kontakt tritt, nehmen im Leben des Staates keinen geringeren Raum ein als die Bestimmungen. Diese selbst erfordern ihrem Sinne nach eine Ergänzung durch jene anders gearteten Akte. Gerade weil die Bestimmungen es ihrem Inhalt nach mit möglichen Verhaltungsweisen von Personen zu tun haben[105], ohne auf ein aktuelles Verhalten bestimmter Personen abzuzielen, bedarf es besonde-

[103] „Die apriorischen Grundlagen des bürgerlichen Rechts". Gesammelte Schriften, Halle 1921 ⟨vgl. Einleitung, Anm. 29⟩, S. 322.

[104] ⟨Die hier vorgenommene, auf Adolf Reinach zurückgeführte Unterscheidung zwischen Bestimmungen und Befehlen ist nicht ohne weiteres verständlich. Sie meint, dass es Rechtsbestimmungen und Befehlen gemeinsam ist, soziale Akte zu sein. Sie beanspruchen beide gegenüber Personen Geltung, aber Befehle sind im Unterschied zu Rechtsbestimmungen an eine bestimmte Person und nicht wie Rechtsbestimmungen an einen Kreis von Normadressaten gerichtet. Gegenüber dem Befehl handelt es sich bei einer Rechtsbestimmung dagegen um etwas Abstraktes, dem die direkte persönliche Unmittelbarkeit des Befehls fehlt.⟩

[105] Das kann evtl. in sehr mittelbarer Weise der Fall sein. Wenn ein Satz des positiven Rechts bestimmt: Eine Schuldforderung erlischt nach so und so vielen Jahren, so ist damit nicht auf irgendein Verhalten von Personen abgezielt, sondern nur etwas über diese Gegenständlichkeit – die Schuld – bestimmt. In dem angesetzten Zeitpunkt erlischt sie auf Grund der Bestimmung ohne irgendwelches weitere Verhalten von Personen. Aber das Erlöschen

rer Akte, mittels deren sie an das Verhalten der Personen, für die sie gelten sollen, herangebracht werden. Zunächst impliziert jede Bekanntmachung eines Gesetzes einen Befehl[106]: der Gesetzgeber befiehlt den Personen seiner Herrschaftssphäre, sich in ihrem Verhalten nach dem Inhalt der gesetzlichen Bestimmungen zu richten. Der Befehl ist ein bedingter und evtl. befristeter. Er sagt nicht: ihr sollt jetzt das und das tun, sondern: wenn einer von euch jetzt oder künftig (evtl. innerhalb eines bestimmten Zeitabschnittes) in die und die Lage kommt, hat er sich so und so zu verhalten. Die Bedingtheit und Befristetheit hebt den Charakter des Befehls als solchen nicht auf: es bleibt das unmittelbare Sich-Richten an die Personen und das Abzielen auf ein aktuelles Verhalten.

Neben diesem mit jeder gesetzlichen Bestimmung verknüpften Befehl sind andere Akte heranzuziehen, die nicht in jedem Falle als Ergänzung der Bestimmung erforderlich sind, deren ergänzende Funktion aber durch den Charakter der Bestimmungen als möglich vorgezeichnet ist. Bestimmungen sind dazu da, befolgt zu werden. Darin erfüllt sich ihr Sinn. Es ist möglich, daß die Personen, für die sie gelten, auf Grund der „Anerkennung" der Recht setzenden Gewalt ohne weiteres bereit sind, sich den Bestimmungen zu unterwerfen, und im einzelnen Falle auch Bescheid wissen, daß Umstände vorliegen, die unter eine solche Bestimmung fallen. Dann bedarf es keiner Vermittlung zwischen Gesetz und Erfüllung, das Gesetz (sc. im Verein mit dem erwähnten zugehörigen Befehl) entfaltet unmittelbar seine praktische Wirksamkeit. Es kann aber auch sein, daß eine Vermittlung notwendig wird. Jeder Befehl muß „vernommen" werden, wenn er seinen Sinn erfüllen soll; daß der mit dem Erlaß verbundene Befehl von allen vernommen wird, an die er adressiert ist und die in die Lage kommen können, ihn erfüllen zu müssen, ist aber durch den Erlaß selbst nicht ohne weiteres garantiert. Es kann vorkommen, daß eine gesetzliche Bestimmung zunächst schon gar nicht allen „zu Ohren kommt", an die sie adressiert ist. Es ist ferner möglich, daß sie wohl ihrem Wortlaut nach vernommen, aber nicht ihrem Sinne nach verstanden wird. Und schließlich kann die Bestimmung verstanden sein, ohne daß im einzelnen Fall durchschaut ist, daß er unter die Bestimmung fällt. Dann sind allemal die Bedingungen nicht erfüllt, die für die Vernehmung eines Befehls (im strengen Sinne) vorausgesetzt sind und damit zugleich für seine Ausführung. Denn einen Befehl vernehmen sensu stricto heißt nicht bloß merken, daß man irgend etwas tun soll, sondern es gehört dazu das ganz konkrete Verständnis dessen, was einem vorgeschrieben wird.

---

der Schuld – wie jeder Rechtsvorgang – hat *Konsequenzen* für ein mögliches Verhalten von Personen und damit auch die Bestimmung, die sich mit ihm beschäftigt.

106 ⟨Die Promulgation, d. h. die Veröffentlichung von Gesetzen hat Befehlscharakter, d. h. den Anspruch der Anerkennung der Geltung der Norm und ihrer Umsetzung bei den Normadressaten. Aber nicht jeder Inhalt von Gesetzen ist ein Befehl.⟩

Dem Befehlsempfänger darf nichts als die Ausführung des Befehls überlassen bleiben (falls ihm nicht ausdrücklich ein gewisser Spielraum für eigene Initiative offen gehalten wird, der dann selbst fest umrissen sein muß). Dafür zu sorgen, daß ein Befehl in dieser Weise mindestens vernommen werden kann, ist Sache dessen, der ihn erteilt. So muß der Staat, wenn er Bestimmungen erläßt und befiehlt, sie zu befolgen, dahin wirken, daß sie den Staatsbürgern zu Ohren kommen, von ihnen verstanden werden und auf die praktischen Fälle angewendet werden können. Das erste ist zu erreichen durch eine bestimmte Form der Gesetzesverkündigung, die der Staat durch eigens darauf abzielende Befehle und eventuelle Bestimmungen anordnen kann. Deren Eigentümlichkeit im Gegensatz zu den Bestimmungen und dem Befehl, die sie erforderlich machen, besteht darin, daß sie nicht an alle Staatsbürger adressiert sind, sondern nur an einen beschränkten Kreis von Personen, die jeweils im Namen des Staates mit der Gesetzesverkündigung betraut sind. Solche Vertreter zu bestellen, das gehört selbst zum Inhalt der Bestimmungen bzw. Befehle, die im Gefolge des Erlassens von Bestimmungen überhaupt erforderlich werden[107].

Das Verständlichmachen des Inhalts von Bestimmungen ist durch fortlaufende *Interpretation* zu erreichen. Diese Interpretation muß vom Staate selbst bzw. durch von ihm eingesetzte oder mindestens anerkannte Organe geleistet werden. Wollte er sie privatem Gutdünken freigeben, so würde er riskieren, daß sich ein fremder Wille zwischen ihn und seine Bürger stellte, oder doch, daß sein Wille ohne Absicht gefälscht würde und nicht bis zu den Stellen gelangen könnte, wo er seine praktische Wirksamkeit entfalten sollte. Im ersten Fall wäre die Souveränität durchbrochen, im zweiten wäre ein fehlerhaftes Funktionieren der Staatsmaschinerie die Folge[108].

Die Einsetzung von Organen, denen die Interpretation obliegt, geschieht wiederum durch Befehle bzw. Bestimmungen des Staates. Die Interpretationstätigkeit selbst dagegen vollzieht sich – mindestens teilweise – in Akten anderer Art. Dem Hauptbestande nach handelt es sich um rein intellektuelle Akte, in denen der Sinnesgehalt – den Bestimmungen nach – vollzogen und expliziert wird. Daneben freilich enthält jede solche „staatlich autorisierte"

---

[107] ⟨Gesetzliche Bestimmungen des Staates, die sich an alle Staatsbürger oder bestimmte Gruppen im Staat richten, bedürfen zu ihrer Rechtskräftigkeit einer bestimmten Promulgation, d.h einer allgemeinverbindlichen Form der Veröffentlichung, einer Zeit der Gesetzesschwebe zum Kennenlernen der Gesetze und eines Datums der Inkraftsetzung mit der Folge allgemeiner Geltung für alle Staatsbürger. Demgegenüber richtet sich der administrativ erfolgende Befehl durch Organe des Staates an bestimmte Personen, die ihm unmittelbar folgen müssen, wobei die Zustimmung der Befehlsempfänger vorausgesetzt wird.⟩

[108] ⟨Es fehlt hier ein Hinweis, dass in der Regel der Inhalt staatlicher Bestimmungen nur durch Interpretation dazu befugter Staatsorgane verständlich gemacht werden kann. Damit hat er dieselbe Verbindlichkeit wie die Gesetze.⟩

Interpretation eine Bestimmung des Inhalts, daß die zu interpretierende Bestimmung so verstanden werden *soll*, wie sie sie interpretiert. Gerade dieses Moment schließt es aus, daß der Staat die Interpretation seiner Bestimmungen aus der Hand geben kann.

Das letzte, was dem Staat im Interesse der Durchführung seiner Bestimmungen obliegt, ist die Beurteilung der einzelnen Fälle, in denen sie zur Anwendung kommen müssen, durch von ihm bestellte oder anerkannte Organe, und das praktische Veranlassen der Durchführung. Nimmt man an, daß das einzige Hindernis in der mangelhaften „Urteilskraft" der betroffenen Personen liegt, so ist die Leistung der staatlichen Organe eine rein theoretische: die Entscheidung darüber, ob ein vorliegender Fall unter eine Bestimmung und unter welche er fällt. Die Mitteilung dieser theoretischen Entscheidung an die Personen, denen die Durchführung obliegt, würde die Aktion ohne weiteres in Gang bringen. So ist die Sachlage vornehmlich dann, wenn die Bürger von sich aus die Entscheidung der staatlichen Organe anrufen, um in Erfahrung zu bringen, was sie zu tun haben. Daneben besteht die Möglichkeit, daß die staatlichen Organe aus eigener Initiative an die Prüfung der Fälle herangehen und daß neben der theoretischen Entscheidung Akte der Aufforderung an die betreffenden Personen, sich im Sinne der Entscheidung zu verhalten, notwendig werden, eventuell Strafandrohungen und Zwangsmaßnahmen, um die Durchführung zu bewirken[109].

Die Interpretation von Bestimmungen und die theoretische Entscheidung über die einzelnen Fälle, die zu ihrem Anwendungsbereich gehören, könnte man unter dem Titel „*Rechtsprechung*" zusammenfassen und der Recht*setzung* – dem ursprünglichen Erlassen von Bestimmungen – gegenüberstellen. Sie sind als Akte spezifisch verschieden[110]. Die *theoretischen* Akte, die den Hauptbestand der Rechtsprechung ausmachen, sind nicht im selben Sinne spontan wie die Bestimmungen. Was als Recht gesetzt werden soll, steht im Belieben des Recht setzenden Subjekts; was wir als Recht vorfinden, ist von unserer Willkür unabhängig. Freilich ist es Sache unserer Spontaneität, ob wir die Denkschritte vollziehen wollen, die zur Interpretation und Analyse von Rechtsbestimmungen und Rechtsfällen erforderlich sind. Haben wir uns aber für eine solche theoretische Aufgabe entschieden, so unterstehen wir der Normgebung der Vernunft, die einen ganz bestimmten Weg für die Lösung der Aufgabe vorschreibt[111].

---

[109] ⟨Es fehlt der Hinweis, dass verbindliche Anwendung und Auslegung staatlicher Gesetze an staatliche Organe, vor allem Gerichte, gebunden sind.⟩

[110] ⟨Dem wird durch die staatliche Gewaltentrennung zwischen Legislative, Exekutive und Judikative Rechnung getragen.⟩

[111] ⟨Edith Stein äußert sich nicht dazu, wie es sich verhält, wenn diese Entscheidung nicht fällt, d. h. Unvernünftiges geschieht.⟩

Was außer der theoretischen Leistung zur Rechtsprechung gehört, weicht in anderer Richtung von den Recht setzenden Akten ab. Jene theoretische Leistung ist ja innerhalb der Rechtsprechung nicht Selbstzweck, sondern hat die Funktion, die Durchführung der Rechtsbestimmungen praktisch möglich zu machen. Die Rechtsprechung entscheidet nicht nur, sondern *sagt Bescheid.* Sie wendet sich damit unmittelbar an diejenigen, die es angeht, und vermittelt den Kontakt, der den Bestimmungen als solchen fehlt[112].

Die unmittelbare Berührung mit den betroffenen Personen teilt die Rechtsprechung mit den anderen Akten, die wir nicht mehr ihr selbst zurechnen, sondern die eventuell zu ihrer Ergänzung notwendig sind, um die Durchführung von Bestimmungen zu erreichen: staatliche Aufforderungen, Ermahnungen, bestimmt adressierte Befehle, Strafandrohungen, Strafvollzug[113]. Soweit solche Akte der Durchführung von Bestimmungen dienen, können wir sie noch mit zur *Rechtspflege* (im weitesten Sinne, der Rechtsetzung, Rechtsprechung und „exekutive" Akte umspannt) rechnen.

Es ist aber nun die weitere Frage zu stellen, ob denn alles staatliche Leben sich auf den Erlaß von staatlichen Bestimmungen und ihre Durchführung beschränkt oder ob nicht auch ganz losgelöst davon staatliche Akte möglich sind.

Der Staat tritt als *Unternehmer* auf[114]: nach außen im Krieg, bei der Kolonisation, bei der Anknüpfung von Handelsbeziehungen usw.; nach innen mit der Gründung von Schulen, von sozialen Einrichtungen, der Einleitung von Finanzaktionen und dergleichen. In allen solchen Fällen, so scheint es, ist er frei tätig ganz unabhängig von seiner gesetzgeberischen Funktion. Hier scheint er uns erst recht eigentlich als *regierend* entgegenzutreten. Er schreibt damit nicht bloß Formen für mögliche Aktionen vor, sondern er *schafft* etwas, er vollbringt konkrete Leistungen, in deren Dienst er die Personen seines Herrschaftsbereiches stellt. Dies ist die eigentliche Domäne seiner *Befehlstätigkeit.* Er kann Unternehmungen nur dann durchführen, wenn ihm Personen zur Verfügung stehen, die sich dafür hergeben. Aber *er* ist es, von dem sie ausgehen, und er weist den Personen ihre Rollen für die Ausführung zu. Dabei bedeutet das „von ihm ausgeben" – wie bei jedem Befehl – nicht, daß der Befehlserteiler notwendig auch die *gedankliche* Initiative haben müsse. Wenn der Staat auf ein privates Unternehmen seine Hand legt, so wird es zu einem staatlichen nicht durch Änderung der Pläne, sondern rein durch die Übernahme der Leitung. Das ist das Entscheidende beim Befehl: es ist sein Sinn, daß durch die Spontaneität eines Subjekts das Verhalten

---

[112] ⟨Nach Maßgabe des Rechts und der Vernunft entscheiden und urteilen die Organe der Rechtsprechung.⟩

[113] ⟨Dabei handelt es sich um untergesetzliche Maßnahmen.⟩

[114] ⟨D. h. der Staat initiiert, garantiert, leitet und sichert im Bereich der Administrative. Damit schafft er Leistungen für die Staatsbürger.⟩

anderer in Gang gebracht werden soll. Der Befehlende ist als solcher dadurch gekennzeichnet, daß die Spontaneität auf seiner Seite liegt. Wie zu jedem spontanen Akt – etwa zum Willensakt, in dem das Subjekt sich selbst zu einem künftigen Verhalten bestimmt –, so gehört auch zum Befehl eine anders geartete Grundlage. Wohin er dirigieren soll, das wird ihm durch Überlegungen, Wünsche und dergleichen nahegelegt. Seine Sache ist nur das Dirigieren selbst. Jene Grundlagen können dem Befehlenden von anderen an die Hand gegeben werden. Es kommt nur darauf an, daß er sie sich zu eigen macht, und darauf gestützt nun den Befehl erteilt. Der Befehl ist seinen Grundlagen gegenüber durchaus als eine neue Aktion gekennzeichnet, und der Befehlende ist sein absoluter Auslaufspunkt. Gegenüber anderen Akten, die ebenfalls darauf abzielen, ein fremdes Verhalten in Gang zu bringen – wie Bitte, Aufforderung und dergleichen –, ist der Befehl dadurch ausgezeichnet, daß dort das veranlassende und das ausführende Subjekt beide mit ihrer Spontaneität beteiligt sind, während hier die Spontaneität ganz auf Seiten des ersten liegt. Dort handelt es sich um zwei Aktionen, von denen die eine durch die andere motiviert wird, hier um eine einzige Aktion. Was der Ausführende „tut", das vollzieht – prägnant gesprochen – die befehlende Person durch ihn. Freilich ist – wie schon an einer früheren Stelle betont wurde – die Freiheit einer Person niemals auszuschalten. Die Situation ist aber im Falle des Befehls so, daß die Zustimmung des Ausführenden, sich als Willensorgan des Befehlenden herzugeben, bereits vorausgesetzt ist. In dieser Zustimmung kommt seine Freiheit zum Ausdruck. Innerhalb des Zusammenhangs: Befehl erteilen – empfangen – ausführen hat sie keine Funktion mehr. Daß diese Zustimmung zeitlich vorausgegangen sein müßte, daß etwa ein ausdrücklicher Akt der Unterwerfung unter den Willen des Befehlenden stattgefunden haben müßte, ist damit nicht gesagt. Es handelt sich lediglich um eine *sachliche* Voraussetzung, die aus dem Sinn des Befehls zu entnehmen ist. Wo sich zwischen Empfang und Ausführung eine Überlegung einschiebt, ob man dem Befehl Folge leisten soll oder nicht, und eine darauf gegründete freie Entscheidung, da ist der *Sinn* des Befehls *als Befehl* nicht rein erfüllt. (Das schließt natürlich nicht aus, daß ein solches Verhalten einem Befehl gegenüber aus Vernunftgründen geboten sein kann. Der Fehler liegt dann auf Seiten des Befehls: entweder in seinem Inhalt oder darin, daß die sinngemäßen Voraussetzungen für die Erteilung des Befehls gar nicht vorlagen.)[115]

Wo die Bedingungen für die Erteilung eines Befehls gegeben sind, da be-

---

[115] ⟨Edith Stein rechnet durchaus auch mit der Möglichkeit blinden Gehorsams gegenüber Befehlen und weist ihn mit dem Hinweis darauf zurück, dass ein Befehl niemals die Freiheit einer Person ausschalten darf und es durchaus Fälle des Befehlsnotstandes gegenüber staatlichen Organen geben kann.⟩

steht ein *Herrschafts*verhältnis. Den Befehlen eines anderen zu unterstehen ist mit *Souveränität* unvereinbar. Darum mußten wir sagen, daß es zum Staat unaufhebbar gehört, seine Akte *von sich aus* zu vollziehen und darin an keinen anderen Willen gebunden zu sein. Es ist aber aus dem Sinn des Befehlens noch mehr zur Erläuterung des Souveränitätsbegriffs zu entnehmen. Daß der Staat sich selbst in der Hand hat, dazu gehört, daß er die Personen seines Bereichs in der Hand hat. Er kann ihnen wohl die Freiheit lassen, sich von sich aus zu betätigen, und kann auch Herrschaftsverhältnisse unter ihnen bestehen lassen, aber er muß sich die Möglichkeit wahren, sie in den Dienst seiner Aktionen zu ziehen, und kein Herrschaftsverhältnis innerhalb seiner Sphäre bzw. zwischen Personen, die ihr angehören, und außerhalb stehenden Befehlsgewalten darf ihm gegenüber unantastbar sein. Sie bestehen nur, sofern er sie duldet, und können jederzeit durch ihn ausgeschaltet werden. Er ist prinzipiell die Zentralstelle, der die Leitung der gesamten Aktivität innerhalb seines Gebiets zusteht, und es hängt von ihm ab, wie weit er faktisch davon Gebrauch machen will[116].

Wir wollen die Befehlsakte des Staates als Akte des *Regierens* bezeichnen; und wir müssen sagen, daß sie ebenso wesentlich zu ihm gehören wie das Rechtsetzen. Beide Tätigkeiten fordern einander gegenseitig. Die Bestimmungen sind für ihre Durchführung auf Regierungsakte angewiesen. Und die Regierungsakte, die nicht im Dienst von Bestimmungen stehen, erfordern ihrerseits gelegentlich rechtliche Bestimmungen als Instrument zu ihrer Durchführung: Bestimmungen über die Einsetzung von Organen für gewisse Regierungshandlungen, für die Verteilung ihrer Funktionen usw.

Wir haben nun die Frage zu prüfen, ob es sich um zwei im strengen Sinne nebengeordnete Betätigungsweisen des Staates von selbständigem Charakter handelt, die nur im konkreten Staatswesen ergänzend ineinander greifen, oder ob noch ein letzter Fundierungszusammenhang besteht[117]. Es ist wichtig, das festzustellen, weil sich danach erst das Verhältnis von Staat und

[116] ⟨Diese rechtspositivistischen Aussagen Edith Steins über die uneingeschränkte höchste staatliche Gewalt können für den Bereich der Religion und des Gewissens nicht gelten. Es fehlt das Bewusstsein für Menschen-, Grund- und Bürgerrechte, die der staatlichen Gewalt vorausliegen und alles Recht in einen ethischen Rahmen stellen.⟩

[117] ⟨Edith Stein räumt dem Staat unbegrenzte willkürliche, beliebige Regierungsgewalt ein. Bei diesen Aussagen findet sich kein Ansatz dafür, dass sich im Staat Legislative, d. h. die gesetzgebende Gewalt, Exekutive, d. h. die ausführende oder Regierungsgewalt, und Judikative, d. h. die richterliche Gewalt, gegenseitig zu kontrollieren haben. Dieser Gedanke der Gewaltenteilung geht auf den Staatsphilosophen Charles de Secondat Montesquieu (1689–1755) zurück. Die Idee der Gewaltenteilung zielt darauf ab, dass durch die relative Unabhängigkeit der Gewalten voneinander in das staatliche Gewaltmonopol ein Kontrollmechanismus implantiert wird, der den Missbrauch von Macht verhindern soll. Vgl. Gewaltentrennung im Rechtsstaat. Zum 300. Geburtstag von Charles de Montesquieu. Vorträge und Diskussionsbeiträge der 57. Staatswissenschaftlichen Fortbildungstagung 1989 der Hochschule für Verwaltungswissenschaften Speyer, hg. v. Detlef Merten, Berlin ²1997.⟩

Recht völlig bestimmt. Daß mit jedem Akt der Bestimmung von Seiten des Staates ein Befehl verbunden ist, haben wir bereits gesehen. Und es leuchtet auch ohne weiteres ein, daß das Regieren das eigentliche Staatsleben sei. Ob es aber nicht einen Staat geben könnte, dessen Tätigkeit sich im Regieren erschöpfte, ohne sich dabei auf ein geltendes Recht zu stützen, davon haben wir uns noch nicht überzeugt[118].

Wenn der Staat Befehle erteilt, so meint er dabei nicht willkürlich zu verfahren: d.h. der *Inhalt* der Befehle ist wohl in sein Belieben gestellt, aber das Erteilen von Befehlen als solches nimmt er als sein *Recht* in Anspruch. Staat sein heißt das Recht haben, über seinen Herrschaftsbereich zu verfügen, d.h. frei zu befehlen. Wenn wir früher gesagt haben: „das erste Recht, was gesetzt wird, ist das Recht, Recht zu setzen", so müssen wir jetzt hinzufügen „... und zu regieren". Man könnte auf den Gedanken kommen, so zu argumentieren: wenn das Recht zu regieren und Recht zu setzen gesetzt wird, so geht eben dieser Akt des Setzens dem Recht voraus und der Staat betätigt sich damit in einer noch nicht rechtmäßigen Weise. Aber dieser Gedankengang ist irreführend. An ein *zeitliches* Vorausgehen der „vorausgesetzten" Rechtsetzung ist überhaupt nicht zu denken. Indem der Staat einen Akt vollzieht – sei es eine Rechtsetzung oder ein Befehl –, muß er das seinem eigenen *Sinne* nach als sein Recht in Anspruch nehmen. Staat und Recht treten miteinander ins Leben. D.h., wo ein Staat ist, da ist auch der Idee nach ein positives Recht vorhanden, selbst wenn noch keine einzige rechtliche Bestimmung ausgesprochen ist. Umgekehrt ist da, wo ein positives Recht vorliegt, auch ein Staat als seine letzte Quelle gefordert, selbst wenn sich noch keine Staatsgewalt etabliert hat, die letzte Entscheidung in Rechtssachen für sich in Anspruch nimmt.

So unaufhebbar wie Befehl und Bestimmung gehört kein anderer Akt zum Leben des Staates. Was wir früher erwähnten: Auffordern, Ermahnen und dergleichen, das steht ihm frei und es wird gelegentlich zur Anwendung kommen, um der Durchführung von Befehlen und Bestimmungen nachzuhelfen. Man greift darauf zurück, um mögliche „Reibungen" zu überwinden, aber es ist prinzipiell denkbar, daß das Staatsleben reibungslos verliefe und solcher Hilfsmittel gar nicht bedürfte. Eine Einschränkung ist hier noch nötig zugunsten der Akte, die – wie das Strafen – als praktische Rechtsmaßnahmen anzusehen sind. Sie sind zwar den Bestimmungen und Befehlen gegenüber von sekundärer Bedeutung, gehören aber zu dem Bereich von Akten, die der Staat prinzipiell sich vorbehalten muß und die von anderen nur mit seiner ausdrücklichen oder stillschweigenden Genehmigung vollzogen werden können[119].

---

118 ⟨Hiermit stellt sich die Frage der Bindung des Staates an sein eigenes Recht.⟩

119 ⟨Gemeint ist das dem Staat zukommende Gewaltmonopol, d.h. der Ausschluss anderer, staatliche Gewalt zu vollziehen.⟩

Etwas Analoges gilt von allen Akten, die eine Verbindung mit anderen Staaten aufnehmen. Sie sind prinzipiell Sache des Staates und nicht von Privatpersonen[120]. Das darf nicht mißverstanden werden: sich mit fremden Staaten zu beschäftigen, ihre Eigenart, ihre Geschichte zu erforschen u. dgl., sie zu bewundern oder zu verabscheuen – das bleibt natürlich dem einzelnen überlassen. Es könnte sich wohl einmal ein Staat einfallen lassen, auch das zu verbieten (soweit ein Verbot dabei sinnvoll ist, was bei der Bewunderung z. B. nicht der Fall wäre). Aber ein solches Verbot ließe sich nicht mit Berufung auf das, was der Staat als solcher für sich in Anspruch nehmen muß, rechtfertigen. Was wir als prinzipiell dem Staate vorbehaltene Domäne im Auge hatten, sind vielmehr Akte, die eine Bindung an den Staat zur Folge haben, d. h. rechtswirksame Akte (wie Abschließen von Verträgen), und solche, die darauf hinarbeiten (Unterhandlungen und dergleichen). Daß solche Akte, soweit sie eine Bindung des Staates zur Folge haben sollen, nur vom Staate vollzogen werden können, bedarf keiner Erörterung. Dagegen muß untersucht werden, ob auch dort, wo es sich um eine Bindung von Privatpersonen handelt, der Staat betroffen ist. Zweifellos wäre da, wo Staatsbürger ohne Mitwirkung des Staates Verpflichtungen auf sich nähmen, an denen er nicht rütteln könnte, die Souveränität durchbrochen. Wo also ein Staat im vollen Sinne des Wortes vorhanden ist, da können die Bürger nicht ohne ihn eine Bindung nach außen eingehen. Das bedeutet nicht, daß in jedem einzelnen Falle eine aktuelle Mitwirkung erforderlich ist. Sie kann ersetzt werden durch staatliche Bestimmungen, die ein für allemal vorschreiben und damit auch bewirken, welche Akte ihrer Bürger bindende Kraft haben und welche nicht; Akte, denen der Staat – mittels seiner Bestimmungen – seine Zustimmung versagt, sind von vornherein nichtig. Und das betrifft nicht nur die – an sich betrachtet – rechtswirksamen Akte, die vom Staat für unwirksam erklärt werden, sondern auch schon diejenigen, die zu ihrer Vorbereitung dienen.

Alle Akte, die wir als zur spezifischen Domäne des Staates gehörig erkannt haben, waren *soziale*. Wir müssen untersuchen, ob dem eine prinzipielle Bedeutung zukommt. Bei dem, was wir als Rechtsprechung bezeichneten, fanden wir einen Bestand, der von dem sozialen bzw. fremdpersonalen Faktor ablösbar ist: die Interpretation von Bestimmungen und die Beurteilung von Fällen, sofern darin eine rein intellektuelle Leistung zu sehen ist. Wir haben bereits gesehen, daß intellektuelle Betätigung und des weiteren alle Kenntnisnahmen und Stellungnahmen überhaupt nicht zur spezifischen

[120] ⟨Der souveräne Staat ist Völkerrechtssubjekt, wobei die verschiedenartigen Rechtssysteme einerseits eines Staates und andererseits für die Beziehungen zwischen Staaten zu unterscheiden sind. Verträge zwischen Staaten bedürfen der Transformation und Ratifizierung durch die einzelnen am Vertrag beteiligten Staaten, denen gegenüber das Völkerrecht vorrangige Geltung hat.⟩

Domäne des Staates gehören. Soweit es sich dabei um *spontane* Akte handelt – etwa um die artikulierten Denkschritte, die zur Vorbereitung gewisser Kenntnisnahmen erforderlich sind –, ist ein Eingreifen des Staates noch sinnvoll möglich. Darüber hinaus sind die Akte nicht nur nicht seine Sache, sondern seinem Zugreifen, wie allem willentlichen Zugreifen überhaupt, prinzipiell entzogen.

Eine weitere Frage ist es, ob der Staat zu diesem Gebiet, das nicht seine eigentliche Domäne ist, überhaupt einen Zugang hat, ob er fähig ist, Kenntnisnahmen und Stellungnahmen von sich aus zu haben. Daß alle Akte des Staates von individuellen Personen oder Personengruppen, die ihn vertreten, vollzogen werden müssen, wissen wir bereits. Es könnte aber sein, daß die „Vertretung" nicht bei allen Arten von Akten denselben Sinn hat. Da, wo Vertretung sensu stricto vorliegt, können wir sagen: der Staat vollzieht die betreffenden Akte *durch* seine Vertreter, *er* ist ihr Subjekt. So kann der Staat beschließen, befehlen, bestimmen, versprechen, sich verpflichten usw. Kann man in derselben Weise auch sagen: der Staat denkt, überlegt, erfährt; er grollt, er trauert und dergleichen? Offenbar handelt es sich – im Gegensatz zu den vorher erwähnten Fällen – um eine bloße façon de parler, wenn man solche Redewendungen gebraucht. Kenntnisnahmen und Stellungnahmen sind erforderlich als Grundlagen für die Akte, die der Staat vollzieht. Aber in ihren Besitz zu gelangen ist Sache der Personen, die zu seinem Bereich gehören. Er muß sich ihrer zu diesem Zweck bedienen, er kann sie auch eigens dafür anstellen: dann sind sie es, die für ihn wahrnehmen, überlegen, fühlen, Stellung nehmen – daß er selbst es durch sie tut, kann man nicht sagen. So beschränkt sich das eigentliche Leben des Staates auf die *Sphäre der Freiheit* in prägnantem Sinne. (Es schalten davon auch die Akte aus, die ein Moment der Spontaneität an sich haben, aber im Dienst von passiven Akten – wie die Kenntnisnahmen es sind – stehen, also etwa die Denkakte.) Daß jeder Akt, der als Akt des Staates in Anspruch genommen werden soll, *sozialer* Natur sein müßte, kann man nicht ohne weiteres sagen. Ein Beschluß z. B. braucht nicht an irgendwelche Personen adressiert zu sein. Doch gehört es zum Wesen der staatlichen Akte, daß auch diejenigen, die einer solchen Adressierung entbehren, mittelbar oder unmittelbar gewisse soziale Auswirkungen haben[121].

Was sich aus den Feststellungen über die prinzipiell zum Leben des Staates gehörigen Akte und ihre Grundlagen für die Ausbildung staatlicher Organe ergibt, das soll uns an anderer Stelle beschäftigen. Zunächst kam es nur darauf an zu ergründen, worin das eigentliche Leben des Staates als solchen besteht.

---

[121] ⟨Jeder staatliche Akt hat soziale Auswirkungen.⟩

e) Souveränität als condicio sine qua non des Staates

Alle diese Feststellungen dienen dazu, uns die Souveränität und damit das Wesen des Staates in klarerem Lichte zu zeigen. Souveränität als Selbstgestaltung eines Gemeinwesens und Freiheit der individuellen Person gehören untrennbar zusammen[122]. Nur ein Gebilde, das freie Personen in sich befaßt, kann sich als souverän erklären oder durch die Praxis als souverän erweisen. Die für die Souveränität konstitutive Schranke, daß die Freiheit der Individuen durch den Willen dieses Gebildes bzw. der es repräsentierenden Körperschaft nicht aufgehoben ist, sondern Bedingung seiner Umsetzung in die Tat bleibt, ist nicht als eine Einschränkung der Souveränität anzusehen. Die „uneingeschränkte Staatsgewalt" besteht eben wesenhaft nur, sofern sie anerkannt wird, und kann jeden Moment tödlich getroffen werden. Die Gewähr für ihr Bestehen bieten die Motive, die ihre Anerkennung nahe legen. Und das macht das eigentümlich Schwebende am Staate aus: daß das, was ihn zum Staate macht – seine rechtliche Natur – seine Existenz nicht zu verbürgen vermag. Diese wird gesichert durch ein Fundament, das ihm außerwesentlich ist. Die stärkste Sicherung liegt vor, wenn der Personenverband, der vom Staat mit Beschlag belegt wird, schon vorher als Gemeinschaft bestanden hat; wenn das Recht, das ihm gesetzt wird, nur Sanktion ursprünglich entstandener Gemeinschaftsverhältnisse ist oder doch in der Richtung der Tendenzen des Gemeinschaftslebens liegt. Schließlich, wenn das Individuum oder die Körperschaft, die sich als Staatsgewalt konstituieren, den Personen, die ihrem Herrschaftsbereich zugehören, als die berufenen Führer erscheinen, und zwar möglichst in der selbstverständlichen Weise, daß die Berechtigung der Führerschaft gar nicht zum Problem wird[123]. Wo diese Grundlagen für ein gesundes Staatswesen fehlen, da können prinzipiell an ihre Stelle Zwangsmittel treten, welche die Staatsgewalt instand setzen, sich die Anerkennung in der von ihr beanspruchten Herrschaftssphäre zu sichern, sie durch einen gewissen Druck den widerstrebenden Individuen abzunötigen. Das ist *prinzipiell* möglich – d.h. ein solcher Staat wäre nicht weniger *Staat. Faktisch* werden Zwangsmittel nie imstande sein, jene anderen Sicherungen ganz zu ersetzen, wie sie andererseits zur Ergänzung jener kaum zu entbehren sein werden.

Es ergibt sich schließlich als Konsequenz unserer Ausführungen eine Antwort auf die Frage, wer der *Träger der Souveränität* sei. Das ist ja vielfach umstritten worden. Auf der einen Seite stehen die Theoretiker der absoluten

---

[122] ⟨Die Freiheit der Personen und die Selbstgestaltung eines Gemeinwesens begründen die staatliche Souveränität. Die Souveränität der Staatsgewalt gilt nur so lange, wie sie als solche von den Staatsbürgern anerkannt wird.⟩

[123] ⟨Unabdingbare Bedingung für das Bestehen des Staates ist nach Edith Stein, dass unter den Bürgern eine Gemeinschaft besteht.⟩

Monarchie, die sie für den Monarchen in Anspruch nehmen. Auf der anderen Seite die Vertreter der Volkssouveränität, welche sie der Gesamtheit der zum Staat gehörigen Individuen zuschreiben (gleichgültig, ob als ein unveräußerliches Eigentum oder als eines, das sie zugunsten eines Monarchen bzw. einer vertretenden Körperschaft aufgeben können oder auch müssen). Beide Parteien haben unrecht. Souverän ist der Staat bzw. die Staatsgewalt, die ihn verkörpert, nicht aber ihre Inhaber[124]. Wenn das gesamte Volk sich als Staatsgewalt konstituiert, so ruht die Souveränität bei ihm; ist es ein Monarch, so erscheint sie in seinen Händen konzentriert. Sie setzt immer einen Herrschaftsanspruch und seine Erfüllung durch die Anerkennung der Betroffenen voraus. Sie kommt weder der einen noch der anderen Seite „ursprünglich" zu, und es ist ein Spezialfall ohne prinzipielle Bedeutung, wenn Herrschende und Beherrschte zusammenfallen. Damit bestätigt sich, was wir früher schon feststellten: daß von der Idee des Staates aus keine der möglichen Staatsformen einen Vorzug verdient.

Wir haben die Souveränität zu verstehen gesucht, indem wir ihre Zusammenhänge mit der Freiheit der Individuen betrachteten, die das Fundament des Staates bilden. Diese Zusammenhänge machen uns eine Analogie begreiflich, die sich aufdrängt, noch ehe man die Fundierungsverhältnisse durchschaut hat.

f) Der Staat als juristische Person

Im Aufbau des Staates spielt die Souveränität eine analoge Rolle, wie in der Struktur der individuellen Person die Freiheit. Frei nennen wir die Person, sofern sie die Vollzieherin spontaner Akte ist und darin sich selbst regiert. Und diese Freiheit ist unabtrennbar von der Personalität. Souveränität ist Freiheit im selben Sinn, nur mit dem Unterschied, daß das, was sich selbst regiert, hier ein soziales Ganzes ist und alle Akte dadurch entsprechend modifiziert[125]. Und wenn ein Staat seiner Souveränität beraubt und den Bestimmungen und Befehlen eines anderen unterworfen ist, so ist er seiner Staat-

[124] ⟨Souveränität bezieht sich nicht auf die Person des Trägers der Staatsgewalt, sondern auf die Staatsgewalt als solche, die nicht willkürlich, sondern stellvertretend für den Souverän von den bevollmächtigten Staatsorganen nach Maßgabe von Verfassung und Recht wahrzunehmen ist. Träger der staatlichen Souveränität ist die Staatsgewalt, die den Staat verkörpert. Das können der Monarch, das Volk etc. sein. Nicht die Staatsform macht die Souveränität eines Staates, sondern der Träger staatlicher Herrschaft, der die Freiheit der Bürger anerkennt und von den Bürgern in Freiheit anerkannt wird. Vgl. ESGA 7, 9 ff.⟩

[125] ⟨Freie, spontane Akte machen die Personalität eines Menschen aus. Ein analoges Verhältnis besteht für den Staat, der als ein soziales Ganzes, d. h. als eine Gesamtheit von Personen, verstanden wird und dem deshalb Personalität im übertragenen Sinn und damit verbunden Rechtsfähigkeit zukommt. Insofern handelt der Staat souverän, wenn seine

lichkeit entkleidet, ebenso wie ein Individuum, das unter Ausschaltung aller Spontaneität an den Willen eines anderen gekettet ist, seiner Personalität.

Die Parallelität von persönlicher Freiheit und staatlicher Souveränität macht es verständlich, warum man vorzugsweise den Staat und nicht so sehr das Volk als „Person" in Anspruch zu nehmen geneigt ist, obwohl in anderer Hinsicht (man denke an Charaktereigenschaften) das Volk der individuellen Persönlichkeit näher zu stehen scheint. Das Volk ist – seinem wesentlichen Bestande nach – eine Gemeinschaft von Personen und kann freie Akte vollziehen. Aber die Freiheit, die das Spezifikum der Personalität ist, spielt hier nicht dieselbe konstitutive Rolle wie dort. Das Leben des Volkes verläuft zum großen Teil in Form von Stellungnahmen und triebhaftem Tun. Das Leben des Staates ist ganz und gar im Bereich der Freiheit beschlossen, es erschöpft sich in freien Akten. Wo wir auf den Staat stoßen, da tritt er uns in freien Akten entgegen, und eben damit als zusammengeraffte Einheit; wie ja auch die individuelle Person im Wollen und Handeln und in allen sonstigen Verhaltungsweisen, bei denen sie sich selbst fest in der Hand hat, die Eigentümlichkeit der personalen Einheit sichtbarer dokumentiert als etwa, wenn sie an Zuständlichkeiten, Strebungen, Stellungnahmen und dergleichen hingegeben ist, die mannigfach und auseinanderstrebend sein können und zu sein pflegen.

Bei alledem sehen wir wiederum die Unmöglichkeit, den Staat in sich selbst abzuschließen, seine Angewiesenheit auf ein anders geartetes Fundament. So wenig eine individuelle Person ausschließlich wollen und handeln kann – weil es ja dazu der Antriebe bedarf –, so wenig sind die Aktionen des Staates denkbar ohne das mannigfaltige Getriebe eines Gemeinschaftslebens, das ihnen Inhalt und Richtung gibt.

Die eigentümliche Struktur der freien Akte, die sie unablösbar an die Individualität bindet, und auf der anderen Seite die Eigentümlichkeit des Staatslebens, in der Form freier Akte vor sich zu gehen, macht es begreiflich, daß der Staat nach einer einheitlichen Spitze verlangt. Jeder freie Akt – und zwar der Willensentschluß sowohl als die Handlung, die ihn zur Ausführung bringt – bedarf eines Impulses, eines „fiat!". Und das ist immer Sache einer individuellen Person. So muß auch jede staatliche Aktion von einer „individuellen Person eingeleitet werden. *Jellinek* unterscheidet Monarchie[126] und Republik[127] danach, ob der staatliche Wille der einer „individuell bestimmten, sichtbaren, lebendigen Person" oder „lediglich als Wille eines nur juri-

---

Handlungen das ihm zugrunde liegende soziale Ganze bestimmen. Einen Staat ohne Souveränität kann es demnach nicht geben.⟩

[126] Alleinherrschaft einer einzelnen Person, die aus eigenen Antrieb handelt. ⟨Vgl. zu Georg Jellinek oben, Einleitung, Anm. 43.⟩

[127] ⟨Herrschaft eines Kollegiums, das keine individuelle, sondern eine „juristische Realität" ist und durch Organe handelt.⟩

stische Realität besitzenden Kollegiums erscheint."[128] Ohne vorläufig danach zu fragen, was wir uns unter der „juristischen Realität" zu denken haben, wollen wir nur feststellen, daß in der Republik ebenso wie in der Monarchie für jede staatliche Aktion eine individuelle Person erforderlich ist, die sie in Gang bringt. Es braucht nicht – wie in der Monarchie – immer dieselbe Person zu sein, in der „alle staatlichen Funktionen ihren Ausgangspunkt und daher auch ihren Einigungspunkt" haben. Dieses Zusammenlaufen in einer Hand hat nur eine symbolische Bedeutung. Prinzipiell können es verschiedene Personen sein, die für verschiedene Funktionen die Rolle des Auslaufspunktes übernehmen. Aber niemals kann eine Körperschaft dafür eintreten. Beschlüsse können in der früher entwickelten Weise von einer Körperschaft gefaßt werden; und wo alle staatlichen Aktionen von den Beschlüssen einer Körperschaft abhängen, kann diese als „Staatsregierung" gelten und man kann von einer kollegialischen Spitze des Staates sprechen. Auch die Ausführung der beschlossenen Aktionen kann eine gemeinsame sein, wobei eine Verteilung der Rollen auf die Mitglieder des Regierungskollegiums und eventuell auf eine Reihe von untergeordneten Organen stattfinden kann. Aber abgesehen davon, daß jeder *seinen* Anteil an der Handlung mit seinem eigenen „fiat!" einleitet, muß auch die *gesamte* Handlung von einem Individuum ins Rollen gebracht werden. Ob dies nun von der dirigierenden Persönlichkeit aus eigener Initiative übernommen wird, ob in jedem einzelnen Falle jemand als ausführendes Organ (in diesem speziellen Sinne) bestimmt wird oder ob für jede staatliche Funktion ein für allemal vorgesehen ist, wer dabei die Initiative übernimmt – das ist gleichgültig.

Es bleibt noch zu fragen, ob die vorhin erwähnte Scheidung zwischen „psychologischer" und „juristischer" Willensbildung – und entsprechend von psychologischer oder (wie man sogar zu sagen pflegt) psychischer Person einen vollziehbaren Sinn gibt. Wir haben gesehen, wie ein gemeinschaftlicher Willensakt sich von einem individuellen unterscheidet. Er ist nur dank der Mitwirkung individueller Willensakte möglich; aber gerade darum kann keine Rede davon sein, daß ihm eine geringere Realität zukäme als diesem oder daß er kein psychologisches Faktum sei, während sie es sind. Es gibt freilich einen möglichen Sinn, der sich mit dem Ausdruck „juristische Realität" verbinden läßt. Nämlich das eigentümliche Sein von Rechtsgegenständlichkeiten, die aus rechtswirksamen Akten erwachsen (wie ein Anspruch, eine Verbindlichkeit, ein Vertrag), und das „Gelten" des positiven Rechts. *Dieses* Sein ist durchaus zu scheiden von dem der Akte, denen es entspringt, und ferner auch von dem der Akte, die sich eventuell *nach* geltendem Rechte vollziehen. Was dies letzte zu bedeuten hat, ist noch zu er-

[128] A. a. O. ⟨Einleitung Anm. 43: Allgemeine Staatslehre⟩ S. 666.

läutern. Unter einem „juristisch gebildeten Willen“ kann man sich nichts anderes vorstellen als einen Willensakt, der in rechtlich vorgeschriebener Form vollzogen ist (z. B. das Votum einer Kammer, deren Verfahren verfassungsmäßig festgelegt ist). Ein solcher Willensakt ist ebenso als „psychische Realität“ anzusehen wie ein anderer, der sich in seinem Verlauf nicht nach vorgeschriebenen Normen gerichtet hat. Es ist aus der Struktur der Akte selbst begreiflich zu machen, daß Normen auf ihren Verlauf einen Einfluß zu üben vermögen. Dies ist aber nicht erst bei korporativen, sondern schon bei individuellen Akten der Fall, und nur darum auch bei jenen. Man kann es sich selbst zur Vorschrift machen, daß man keinen Beschluß ohne „Überlegung“ fassen will, d. h. ohne Erwägung des Für und Wider. Und *im Hinblick auf* diesen Vorsatz stellt man nun, wenn man in die Lage kommt, einen Entschluß zu fassen, die Überlegung an, auf Grund deren dann der Entschluß vollzogen wird. Nur soweit die Sphäre der Freiheit reicht, ist solches Dirigieren möglich. Freude und Leid, Hoffnung und Furcht und dergleichen kann man auf Grund eines Vorsatzes zurückzudrängen suchen, sobald sie in einem aufsteigen – weil das Zurückdrängen selbst in die Sphäre der Freiheit gehört –, man kann auch in Verbindung mit ihnen normgemäß etwas vornehmen – aber ihren positiven Verlauf kann man ihnen nicht vorschreiben. Aktionen dagegen kann man nach Belieben so oder so dirigieren und darum auch nach einem festgelegten Plan. Und weil das für die individuellen Akte gilt, lassen sich auch die korporativen, die sie aufbauen helfen, auf eine feste Form bringen. Wir können demnach unterscheiden zwischen einem naiven und einem gleichsam rationalisierten Willensvollzug (und zwar beides bei Individuen wie bei Körperschaften).

Ob es einen Sinn gibt, solchen rationalisierten Willensvollzügen eine eigene „juristische Realität“ zuzuschreiben, das ist nur im Zusammenhang mit der Frage der „juristischen Person“ zu beantworten[129]. Von diesem Begriff sagt *Bernatzik*[130] mit Berufung auf *Gerbers* „Grundzüge des Staats-

[129] ⟨Im Unterschied zur natürlichen, individuellen Person kann auch eine Gesamtheit von Personen oder auch eine Gesamtheit von Sachen Träger von Rechten und Pflichten sein, d. h. ein Verband mit rechtlicher Selbständigkeit wie der Staat besitzt Rechts- und Handlungsfähigkeit. Die juristische Person handelt durch ihre Organe, die selbst natürliche Personen sind, aber nicht im eigenen, sondern im Namen des Staates handeln. Der Staat ist eine juristische Person des öffentlichen Rechts, d. h. Träger eines subjektiven Rechts.⟩

[130] Kritische Studien über den Begriff der juristischen Person (Archiv für öffentliches Recht V, 1890). ⟨Gemeint ist der Beitrag von Edmund Bernatzik, Die juristische Persönlichkeit der Behörden. Zugleich ein Beitrag zur Theorie der juristischen Personen: Archiv für öffentliches Recht 5,2 (1890) und Freiburg i. B. 1890; Edmund Bernatzik (geb. 28. 9. 1854 in Mistelbach/Niederösterreich; gest. 30. 3. 1919 in Wien) war Professor für Staatsrecht in Wien. Sein Vater Hugo Bernatzik, Professor in Basel, Graz und seit 1894 in Wien, war der Begründer der juristischen Methode in der österreichischen Verwaltungswissenschaft und führend am Aufbau des Rechtsstaates beteiligt.⟩

rechts", in denen er zuerst in diesem Sinne erörtert wurde: „er fällt uns seither zusammen mit dem Begriff der *Rechtsfähigkeit*, d. h. der Fähigkeit, Träger eines *subjektiven Rechts* zu sein."[131]

Was das ist: ein subjektives Recht, und was es heißt: Träger eines solchen Rechts sein, darüber müssen wir uns also zunächst Klarheit verschaffen. Als Eigentümer eines Vermögens habe ich das Recht, es nach meinem Belieben zu verwenden. Dieses Recht, das ich habe, ist weder ein an sich bestehender Sachverhalt wie jene „Rechte", die in ihrer Gesamtheit den Bestand des reinen Rechts ausmachen, noch ist es eine geltende Bestimmung, derart wie sie jedes positive Recht aufbauen. Es gibt also „Recht" noch in einem dritten Sinn. Wir akzeptieren dafür den Terminus „*subjektives* Recht", weil es ihm wesentlich ist, im Besitz eines Subjekts zu sein[132]. Was ist der Grund dafür, es auch wieder als *Recht* zu bezeichnen? Der Umstand, daß es prinzipiell seinen Ursprung einem „objektiven" Recht, d. h. einem Sachverhalt des reinen oder der Bestimmung eines positiven Rechts verdankt, und ferner, daß es zu jenen spezifischen Rechtsgegenständlichkeiten gehört, die das Material für reine Rechtsverhalte wie für Bestimmungen des positiven Rechts bilden. Wenn man von „natürlichen Menschenrechten" gesprochen hat, so kann diese Rede nur den Sinn haben: es sei a priori Recht, daß menschlichen Personen gewisse subjektive Rechte zustünden. (Die Richtigkeit dieses Satzes kann hier dahingestellt bleiben.)

Die Bedeutung des subjektiven Rechts können wir jetzt näher dahin präzisieren, daß ein Subjekt durch einen Rechtsverhalt bzw. durch eine Rechtsbestimmung ermächtigt wird, gewisse Akte zu vollziehen, oder daß ein Umkreis von Akten dadurch abgegrenzt ist, deren Vollzug durch das dazu berechtigte Subjekt für Recht erklärt wird. Das Subjekt ist derselben Akte auch fähig, unabhängig von allem geltenden und bestehenden Recht. Aber nur auf Grund eines objektiven Rechts stehen sie ihm „rechtmäßig" zu oder bilden sie den Inhalt eines subjektiven Rechts. Die Person, die Inhaber eines subjektiven Rechts geworden ist, hat dadurch eine neue Dignität erhalten. Sie ist selbst in den Bereich der spezifischen Rechtsgegenständlichkeiten eingetreten, und in diesem Sinne kann man ihr in der Tat eine besondere „juristische Realität" zusprechen. Und sofern gewissen Personen oder Per-

---

131 Zum Thema Rechtsgegenständlichkeiten vgl. S. 101 ff. ⟨Gemeint ist das Werk von Carl Friedrich Wilhelm von Gerber, Grundzüge des deutschen Staatsrechts, Leipzig 1880, ND Hildesheim – Zürich – New York 1998. Von Gerber (geb. 1823; gest. 1891) war Rechtsgelehrter und Staatsminister in Sachsen (1871–1891).⟩

132 ⟨„Reines Recht", d. h. Naturrecht, und „positives Recht", d. h. durch den Gesetzgeber erlassenes Recht, gelten als Recht (allgemein verbindliche Bestimmungen) im objektiven Sinn, d. h. sie bilden die Rechtsordnung. Demgegenüber ist unter subjektivem Recht eine Befugnis zu verstehen, die sich unmittelbar aus dem objektiven Recht für eine anspruchsberechtigte Person ergibt oder erworben wird (Herrschaft, Anspruch oder Gestaltungsrecht).⟩

sonenverbänden die Form ihrer Willensbildung durch Rechtsnormen vorgeschrieben ist, kann man auch sinnvoll von einem „juristischen Willen" sprechen (der dann freilich nicht in Gegensatz zum „psychologischen" zu stellen ist, weil es ja aus der Struktur des Willens als solchen folgt, daß er durch Normen dieser Art in seinem Ablauf bestimmt werden kann).

Was kommen nun für mögliche Inhaber subjektiver Rechte in Betracht? Einmal Einzelpersonen (die in der juristischen Terminologie als physische bezeichnet werden). Sofern sie als freie Subjekte fähig sind, Akte zu vollziehen, ist es auch sinnvoll, ihnen dies als Recht zuzugestehen[133]. Aus demselben Grunde ist es auch verständlich, daß Personen*verbände* mit subjektiven Rechten ausgestattet werden können. Wie steht es aber dort, wo nicht die Möglichkeit zu eigenem Aktvollzug gegeben ist? Welchen Sinn hat es, wenn das positive Recht unmündigen Kindern, Geisteskranken, ja sogar toten Gebilden – wie einer Stiftung – subjektive Rechte zusichert? Um eine Abgrenzung eines Bereichs von Akten handelt es sich auch hier, und darum ist jedes subjektive Recht nur sinnvoll im Hinblick auf Personen, die sie vollziehen können. Aber es ist nicht nötig, daß die Personen, denen der Vollzug jener Akte zusteht, zugleich Inhaber des entsprechenden Rechts sind. Es kann ihnen der Vollzug nur „im Namen" des Rechtsinhabers zustehen. Das Phänomen der *Vertretung* ist die Grundlage für die Rechtsfähigkeit nicht-personaler Gebilde. Sie können mit Rechten ausgestattet werden, sofern es möglich ist, Personen mit der Wahrnehmung ihrer Rechte zu beauftragen. Vertretung selbst ist ein durch objektives Recht zu begründendes Rechtsverhältnis. Eine Person, die imstande ist, rechtswirksame Akte zu vollziehen, kann sich selbst einen Vertreter bestellen, den sie mit der Wahrnehmung eines ihrer Rechte oder auch aller ihrer Rechte betraut. Sie entäußert sich damit nicht ihrer Rechte, sondern überläßt nur den Vollzug der betreffenden

---

[133] ⟨Fern liegt hier der Gedanke, dass Menschen per se Träger von Rechten sind, die ihnen nicht durch andere erst zugestanden werden müssen, unabhängig davon, ob diese subjektiven Rechte von Stellvertretern wahrgenommen werden. Adolf Reinach betont dagegen in seiner Schrift „Die apriorischen Grundlagen des bürgerlichen Rechts" von 1913 (vgl. Einleitung Anm. 28) Bd. I, 266: „Es ist ein Wesensgesetz, daß nur Personen Inhaber von Rechten und Verbindlichkeiten sein können. Daß irgendetwas aber Person ist, ist eine Tatsache, die niemals durch eine wirksame Bestimmung erzeugt werden kann." Er bemerkt dazu ebd., Anm. 1: „Es ist ein möglicher, wenn auch nicht zu empfehlender Sprachgebrauch, nur da und überall da von ‚Persönlichkeit' zu reden, wo eine positiv-rechtlich statuierte Trägerschaft von Rechten und Verbindlichkeiten vorliegt. Dann sind evtl. Stiftungen, nicht aber Sklaven Personen. Daß aber Persönlichkeit ‚vom Rechte verliehen, nicht von Natur aus gegeben' ist (Georg Jellinek; vgl. Einleitung Anm. 43, System der subjektiven öffentlichen Rechte, Freiburg i.B. 1892, Tübingen [2]1919, S. 28), darf man nicht sagen. Man übersieht dabei den ursprünglichen und fundamentalen Begriff der Persönlichkeit, der mit dem positiven Rechte zunächst nicht das mindeste zu tun hat, und nach dem der Sklave, niemals aber die Stiftung Person ist. Als Person in diesem Sinne dokumentiert sich, wer Akte bestimmter Art, z.B. soziale Akte, zu vollziehen vermag."⟩

Akte einem anderen. Der andere, indem er die Vertretung „annimmt", verpflichtet sich dazu, gegebenenfalls jene Akte zu vollziehen, und daraus erwächst dem Vertretenen ein Anspruch darauf, daß er das tut, wie andererseits ihm aus der Übertragung der Vertretung ein Recht darauf erwächst, diese Akte zu vollziehen, und ein Anspruch darauf, daß sie als rechtmäßig anerkannt werden[134]. Der Vertreter vollzieht die Akte „im Namen" des Vertretenen bzw. dieser vollzieht sie „durch ihn"[135].

Ist der Rechtsinhaber ein nicht-personales Gebilde, so muß die Übertragung der Vertreterschaft von anderer Seite vorgenommen werden[136]. Auch hier erwächst dem Rechtsinhaber ein Anspruch auf die Vertretung. Er vermag nur ebenso wenig diesen Anspruch selbst geltend zu machen, wie seine übrigen Rechte wahrzunehmen. Auch dafür ist er auf eine Person angewiesen, die es in seinem Namen tut. Jeder Akt aber, der in seinem Namen von einer Person, die ihn vertritt, vollzogen wird, hat als von ihm durch sie vollzogen zu gelten. Auf diesem Wege werden nicht-personale Gebilde zu möglichen Subjekten von Akten.

Wie gelangt man in den Besitz eines subjektiven Rechts? Wir sagten: kraft reinen oder positiven Rechts. Es steht z. B. nach reinem Recht fest, daß aus einem Versprechen ein Anspruch erwächst und zugleich ein Recht des Anspruchsinhabers, den Anspruch geltend zu machen. Dieses Recht kann ihm überdies noch durch ein positives Recht zugesichert werden. Und das positive Recht kann außerdem Rechte verleihen, die nicht kraft reinen Rechts bestehen: dahin gehört etwa das Recht des Vaters auf Nutznießung des Vermögens der Kinder. Auf alle Fälle setzt aber jedes subjektive Recht irgendeinen rechtswirksamen Akt voraus, durch den es ins Leben tritt. (Solche Akte sind das Versprechen und die Rechtsetzung in den genannten Beispielen.) Das Subjekt des rechtswirksamen Aktes und der Rechtsinhaber können prinzipiell dieselbe Person sein. So liegt es in dem Fall, wo eine Person sich selbst das (subjektive) Recht zuspricht, (positives) Recht zu setzen. Sie selbst vollzieht hier den rechtswirksamen Akt, durch den sie Inhaber des subjektiven Rechts wird. Vollzieht sie ihn aber *in ihrem eigenen Namen?* Offenbar kommt das nicht in Betracht. Nehmen wir an, daß ein Vater für sich selbst das Recht in Anspruch nimmt, die Rechte seiner Kinder wahrzunehmen, so

---

134 Es zeigt sich hier ein Unterschied zwischen subjektivem Recht und Anspruch, sofern das Recht immer auf ein eigenes Verhalten abzielt, während der Anspruch prinzipiell an andere adressiert ist. Notwendig ist aber jedes Recht mit einem Anspruch verbunden und umgekehrt.

135 ⟨Rechtsvertretung bzw. Repräsentation heißt, dass der Vollzug der Rechte von einzelnen Personen übertragbar ist auf Dritte, die sie nicht in eigenem Namen, sondern im Namen des zu Vertretenden wahrnehmen.⟩

136 ⟨Rechtsvertretung einer juristischen Person ist übertragbar auf einen Vertreter, der als Organ im Namen der juristischen Person zu handeln berechtigt ist. Insofern kommt auch der juristischen Person tatsächliche Rechtsfähigkeit zu.⟩

tut er das im Namen des objektiven Rechts (des positiven oder eines wirklichen oder vermeintlichen reinen Rechtsverhalts). Die geltende oder bestehende Rechtsordnung ist dann das nicht-personale Gebilde, in dessen Namen jener Akt vollzogen wird. Und so steht es auch in allen Fällen, wo jemand sich eine Befehlsgewalt zueignet, ohne gleichzeitig das Vorhandensein eines von ihm unabhängigen und ihn bindenden Rechts zu leugnen. Es bleibt also nur noch der Fall zu prüfen, wo diese Einschränkung nicht mehr zutrifft, wo keine übergeordnete Recht setzende Gewalt mehr anerkannt ist. Wie leicht ersichtlich, ist das der Fall der sich selbst setzenden *souveränen Staatsgewalt*. Handelt das Subjekt, das für sich das Recht in Anspruch nimmt, ohne Bindung an eine andere Instanz Recht zu setzen, in seinem eigenen Namen? Gewiß nicht. In jenem Akt des Sich-selbst-Setzens der Staatsgewalt wird zugleich ihre Herrschaftssphäre abgegrenzt und der Staat konstituiert. Sich selbst als Staatsgewalt setzen heißt sich als Vertreter des Staats setzen, und das ist ein Akt, der im Namen des Staats vollzogen wird. So ist der Staat, dieses nichtpersonale Gebilde[137], das Subjekt, auf das alle subjektiven Rechte, soweit sie positiv-rechtlichen Ursprungs sind, als auf ihren letzten Urheber zurückweisen.

Von dieser Analyse des subjektiven Rechts aus müssen wir versuchen, den Sinn dessen herauszufinden, was man bei der Bildung des Begriffs der „juristischen Person" im Auge hatte. Offenbar sind es die Träger subjektiver Rechte, die man darunter befassen wollte. Daraus, daß nicht-personale Gebilde Träger von Rechten sein können, ist die Scheidung von physischen und juristischen Personen zu verstehen, wenn wir auch diese Scheidung – in der üblichen Form – nicht mitmachen können. Die Anwendung des Terminus „Person" auf alles, was Inhaber von Rechten ist, bedeutet eine Erweiterung dieses Begriffs über den Bereich dessen hinaus, was im strengen Sinne des Wortes Person ist. Diese Erweiterung läßt sich damit rechtfertigen, daß alle Inhaber von Rechten, die nicht echte Personen sind, doch in irgendeiner Form auf echte Personen fundiert sind und dank diesem Fundierungsverhältnis mit ihnen die Fähigkeit, freie Akte zu vollziehen, teilen. Mit diesem Vorbehalt wollen wir den Terminus akzeptieren. Die Scheidung in psychische und juristische Personen ist schief, wenn man – wie es vielfach geschieht – die „physischen", d.h. die individuellen Personen, die allein echte Personen im vollen Sinne sind, aus dem Bereich der juristischen Personen ausschließen will. Sie ist berechtigt, sofern die individuellen Personen ebenso wie die in Betracht kommenden nicht-personalen Gebilde von sich aus

[137] ⟨Edith Stein scheint hier sich selbst zu widersprechen; denn im vorausgehenden Text spricht sie vom Staat als „juristischer Person", während sie ihn hier als „nicht-personales Gebilde" bezeichnet. Es wird insgesamt nicht klar, ob sie den philosophischen oder den juristischen Personbegriff zugrundelegt und wie sich beide Begriffe zueinander verhalten.⟩

nur *fähig* sind, juristische Personen zu werden, es aber erst durch die Ausstattung mit subjektiven Rechten werden. Wenn *Bernatzik*[138] die Willensfähigkeit als Kriterium für die Abgrenzung des Bereichs juristischer Personen ablehnt, so stimmen wir ihm darin bei. Die Willensfähigkeit – in der notwendigen Erweiterung als Fähigkeit zum Vollzug freier Akte verstanden – ermöglicht nur den Erwerb der juristischen Personalität, garantiert aber noch nicht ihren Besitz. Andererseits ist sie – als Fähigkeit zum *eigenen* Vollzug von Akten verstanden – gar nicht condicio sine qua non der Inhaberschaft von Rechten. Die Übereinstimmung in der Kritik bedeutet aber noch keine Anerkennung der Theorie, die Bernatzik „dem Willensdogma" gegenüberstellt. Danach würde sich die Einheit der juristischen Person durch einen Zweck oder auch ein System von Zwecken abgrenzen, in dessen Dienst gewisse Rechte stehen. „Rechtssubjekt ist … der Träger eines jeden menschlichen Zweckes, den die herrschende Rechtsordnung als Selbstzweck dadurch anerkennt, daß sie dem zu seiner Realisierung notwendigen Willen rechtliche Kraft verleiht."[139] So wie sich uns der Begriff des subjektiven Rechts abgegrenzt hat, ist er nicht an die Idee des Zweckes gebunden. Das Recht ermächtigt nach unserer Auffassung zum Vollzug gewisser Akte, aber ob diese Akte einem bestimmten Zweck dienen oder nicht, das ist nicht von prinzipieller Bedeutung und die herrschende Rechtsordnung könnte Rechte verleihen, ohne sich darum zu kümmern, wenn es auch in der Regel so sein mag, daß das *Motiv* zur Verleihung eines Rechts die Anerkennung eines Zweckes ist, um dessentwillen es angestrebt wird. – Ein Bedürfnis, die *Einheit* der juristischen Person durch einen Zweck oder ein System von Zwecken abzugrenzen, liegt aber darum gar nicht vor, weil das, was durch die Ausstattung mit subjektiven juristischen Rechten zur Person wird, zumeist schon abgesehen davon Einheit besitzt und daher von sich aus imstande ist, die mannigfachen und evtl. voneinander ganz unabhängigen Rechte zur Einheit zu binden. Bei der individuellen Person ist das ganz offensichtlich, und es gehört eine vollkommene Verstricktheit in leere Verbaldefinitionen dazu, um zu übersehen, daß Personalität einen von der ganzen Rechtssphäre unabhängigen und für sie vorausgesetzten Sinnesbestand bedeutet. Aber auch die nicht-personalen Gebilde, die als Inhaber von Rechten in Betracht kommen, besitzen zumeist ihre Einheit ganz unabhängig von einem Zweck, in dessen Dienst die Rechte treten, die sie erwerben. Von einer Familie z. B. kann man keineswegs sagen, daß sie im Hinblick auf einen Zweck eine Einheit sei und daß die Rechte, mit denen sie als Einheit ausgestattet wird und denen sie den Charakter einer juristischen Person verdankt, im Dienst jenes ihre Einheit begründenden Zweckes stünden. Es gibt freilich auch „Zweck-

138 ⟨Zu Edmund Bernatzik vgl. Anm. 130.⟩

139 A. a. O.⟨Anm. 131⟩ S. 233.

verbände", d.h. Verbände, in denen sich Personen lediglich zur Erreichung eines Zweckes zusammengeschlossen haben und die rein im Interesse ihres Zweckes Rechte anstreben und erhalten. Und als ein möglicher Spezialfall ist es auch zuzugeben, daß juristische Personen von Seiten der Recht setzenden und verleihenden Gewalt eigens geschaffen werden um eines bestimmten Zweckes willen und demnach ihr Dasein und ihre Einheit diesem Zweck und den Rechten, mit denen sie um seinetwillen ausgestattet werden, verdanken. Wenn z.B. ein Schöffenkollegium berufen wird, so wird durch diesen konstituierenden Akt, der eine Reihe von Personen zum gemeinsamen Vollzug gewisser bestimmt umschriebener Akte ermächtigt, eine Einheit geschaffen, die vorher nicht bestanden hat. Nun ist es ja eine viel umstrittene Frage, ob die Behörden, die zum großen Teil unter diesen Typus fallen, als juristische Personen anzusehen seien. *Bernatzik* meint, „wo bloß eine gemeinsame Rechts*pflicht* in Frage steht, hat die Kategorie der juristischen Person keinen denkbaren Sinn; es liegt hier weder die Möglichkeit einer gemeinsamen Willensherrschaft noch die Gemeinsamkeit eines Zweckes vor, sondern bloß eine gemeinsame Willensgebundenheit …"[140] Wir haben gesehen, daß weder das Moment der Willensherrschaft noch des Zweckes für die juristische Person konstitutiv ist, sondern allein das des subjektiven Rechts. Und nun besteht der höchst wunderbare Zusammenhang, daß es eine rechtliche Gebundenheit ohne eine wesensmäßig damit verknüpfte Berechtigung gar nicht gibt. Es hat sich uns das schon verschiedentlich aufgedrängt, ohne daß wir es bisher in dieser prinzipiellen Allgemeinheit formulierten. Wir sahen z.B., daß der Verpflichtung eines Vertreters, die Rechte eines anderen wahrzunehmen, das Recht entspricht, im Namen des anderen Akte zu vollziehen, und der Anspruch auf Anerkennung dieser Akte als von dem Vertretenen ausgehender. So entspricht den Pflichten der Staatsbürger das Recht, als Staatsbürger anerkannt zu werden, und jeder *gemeinsamen* Verpflichtung einer Mehrheit von Personen (die von einer *gleichen* Verpflichtung der Einzelnen durchaus zu scheiden ist) auch eine *gemeinsame* Berechtigung.

Daß es in der Konsequenz dieser Ausführungen liegt, außer dem Staat auch die ihn vertretenden Behörden und schließlich sogar die einzelnen Staatsbürger als juristische Personen in Anspruch zu nehmen, das wird nur dem als Absurdität erscheinen, dem der Unterschied von echter und juristischer Personalität nicht aufgegangen ist. Wer dem Begriff der juristischen Person den der echten (d.h. der individuellen) unterschiebt, der muß sich freilich verwundern, wie es denn möglich sei, daß eine Person eine Vielheit von Personen in sich enthalten solle. Daß aber eine Reihe von individuellen Personen und ein Gebilde, das auf diese Vielheit von individuellen Personen

[140] A.a.O. ⟨Anm. 130⟩ S. 221 Anm. 171.

fundiert ist, jedes für sich Träger von Rechten sein können – in der Form, daß die individuellen Personen teils von sich aus, teils im Namen des ganzen Gebildes Akte vollziehen – darin ist keine Schwierigkeit zu finden. Und es ist sogar nicht bloß möglich, sondern notwendig, daß jeder, der im Namen einer juristischen Person Rechte ausübt, zugleich Träger eines eigenen Rechts, d. h. selbst eine juristische Person ist.[141]

g) Recht und Staat im Mittelalter

Die Auffassung von Recht und Staat, die hier vertreten wurde – die scharfe Trennung des von sich aus bestehenden reinen und des gesetzten Rechts, das als seine letzte Quelle den Staat fordert, und die Unbeschränktheit des Staates in seiner Rechtsetzung –, scheint gewissen Tatsachen des geschichtlichen Lebens nicht gerecht werden zu können. Wie läßt sich etwa von hier aus der

---

[141] Die im Text dargelegte Auffassung der juristischen Person und ihrer Bedeutung für die sachgemäße Abgrenzung des Staatsbegriffs finden wir angedeutet in *Wilhelm E.*⟨duard⟩ *Albrechts* bekannter Rezension von R.⟨omeo⟩ Maurenbrechers „Grundsätze des heutigen deutschen Staatsrechts" (Göttingische Gelehrte Anzeigen vom 21. und 23. Sept. ⟨Frankfurt/M.⟩ 1837). Er faßt – ganz in unserem Sinn – den Staat nicht als eine Verbindung von Menschen um individueller Zwecke willen, sondern „als eine Anstalt, die über den Einzelnen stehend, zunächst Zwecken gewidmet ist, die keineswegs bloß die Summe individueller Interessen des Herrschers und der Untertanen, sondern ein höheres allgemeines Gesamtinteresse bilden, von wo aus erst mittelbar jenem Nahrung, Förderung, Richtung zuteil wird. Somit zerlegt sich das Leben des Einzelnen (Herrschers und Untertanen) in zwei Partien, die eine, in der er um jenes Allgemeinen willen, im Namen und Dienst des Staates, als Haupt oder Glied desselben, berechtigt oder verpflichtet ist, die andere, in der er, als selbständiges Individuum, um seiner selbst willen Rechte oder um eines anderen willen Verpflichtungen hat. Indem wir somit in Beziehung auf das erste Gebiet dem Individuum alle selbständige juristische Persönlichkeit (das um seiner selbst willen Berechtigt-Sein) absprechen, werden wir notwendig dahin geführt, die Persönlichkeit, die in diesem Gebiet herrscht, handelt, Rechte hat, dem Staat selbst zuzuschreiben, *diesen daher als juristische Person zu denken*; und dieses, richtig verstanden, hält Referent für die Grundformen derjenigen Auffassung des Staates, die er die wahrhaft staatsrechtliche genannt hat" (S. 1492). Daß die für eine tiefere Begründung dieser Auffassung notwendige Klärung des Begriffs der juristischen Person noch ein Desiderat sei, wird von Albrecht selbst betont.
⟨Wilhelm Eduard Albrecht (4. 3. 1800 geb. in Elbing; 22. 5. 1876 gest. in Leipzig) wird nach seiner Professur in Königsberg 1829 in Göttingen in der Nachfolge des Rechtshistorikers Karl Friedrich Eichhorn Professor für deutsches Staatsrecht und für Kirchenrecht. Er gehört zum Kreis der „Göttinger Sieben", die 1837 gegen die Aufhebung der Verfassung im Königreich Hannover durch Ernst August II., der die Monarchie wiederherstellen will, protestieren. Auf Befehl des Königs werden die Protestierenden aus der Universität entlassen. Albrecht erhält erst 1840 in Leipzig wieder einen juristischen Lehrstuhl. 1848 ist er an der Vorbereitung der Reichsverfassung beteiligt und Teilnehmer bei der Frankfurter Nationalversammlung. Romeo Maurenbrecher (1803–1843) war Professor für Staatsrecht an der Universität Bonn.⟩

Begriff des „guten, alten Rechts“ und die mittelalterliche Rechtspraxis verständlich machen?[142] An dem von altersher geltenden Recht ist nicht zu rütteln. Und eine neue Rechtsetzung ist nur dann zulässig, wenn sie sich aus alten ableiten, als deren Konsequenz erweisen läßt, oder wenn man zeigen kann, daß durch sie gewohnheitsmäßiges Unrecht abgeschafft und älteres Recht wieder hergestellt wird. Meines Erachtens liegt dieser mittelalterlichen Auffassung die Idee des *reinen* Rechts zugrunde, die nur noch nicht von der Idee des Sittlichen getrennt und außerdem (durch die Bindung an die Zeit) falsch interpretiert wird[143]. Wie aus dem Faktum einer lange zurückliegenden Setzung die Unabänderlichkeit gefolgert werden sollte, das wäre nicht zu verstehen. Nimmt man dagegen an, daß von jeher feststeht, was recht ist (in materialem Sinn), so ist es durchaus begreiflich, daß das alte Recht nicht angetastet werden darf. Die Idee der Rechtsetzung[144] und des

---

[142] Vgl. dazu *F.*⟨ritz⟩ *Kern* ⟨geb. 28.9.1884 in Stuttgart; gest. 21.5.1950 in Mainz⟩, Recht und Verfassung im Mittelalter. H⟨istorische⟩ Zf ⟨Zeitschrift, 1919⟩. 3. F., Bd. 24, H. 1. ⟨ND Darmstadt 1952 und 1976. Dieser Beitrag war schon in den 20er Jahren des 20. Jahrhunderts ein Standardwerk für die Studierenden. Nicht nur als historisches Dokument hat er bis heute nicht an Bedeutung verloren. Erörtert und erklärt wird der Unterschied zwischen dem neuzeitlichen Rechtspositivismus sowie dem Tradition und Ethik aufgreifenden theologisch begründeten Rechtsverständnis des Mittelalters dadurch, dass es im Mittelalter keine „Sonderung von Rechts- und Sittlichkeitssphäre“ (ND 1976, 16) gibt. Kern, dessen Eltern zur oberen Juristenschicht im Königreich Württemberg gehören, ist selbst Historiker, promoviert 1908 in Berlin und habilitiert sich 1911 in Kiel. Er ist seit 1922 Professor für Mittlere und Neuere Geschichte in Frankfurt und von 1922 bis zu seiner Emeritierung 1947 in Bonn. Er bekämpft den Nationalsozialismus und muss noch kurz vor Kriegende 1945 in die Schweiz fliehen, ehe er 1948 nach Bonn zurückkehrt. Sein Schwerpunkt in der Wissenschaft ist die Rechts- und Verfassungsgeschichte des Mittelalters sowie die Kultur- und Geschichtsphilosophie.⟩

[143] ⟨Das mittelalterliche Recht, das im römischen und kanonischen Recht gründet, spricht von der „lex divina vel aeterna“ (Thomas von Aquin) bzw. von den „leges divinae aut humanae“ (Kirchenväter, Isidor von Sevilla, Decretum Gratiani). Seit der Spätscholastik (Suárez, De legibus I, 3) gilt, dass die „lex aeterna“, d. h. der auf Welt und Menschen gerichtete Willensakt Gottes, nur verpflichtet, wenn sie von Gott ad extra durch „ius divinum“, das vom ewigen Gesetz als „lex temporalis“ unterschieden ist, verkündet wird. Diese „lex temporalis vel ius divinum“ kann „lex (in corde scripta) naturalis“ sein oder „lex divina positiva“, d. h. in der göttlichen Offenbarung begründetes Gesetz. Naturrecht und göttlich geoffenbartes Recht haben präpositive Geltung, bedürfen aber der positiv-rechtlichen Umsetzung und Normierung in „leges ecclesiasticae“, d. h. in „leges humanae vel ius humanum“. (Vgl. Norbert Witsch, Art. Ius divinum II. Kath.: Lexikon für Kirchen- und Staatskirchenrecht, hg. v. A. v. Campenhausen, R. Sebott, I. Riedel-Spangenberger, Bd. II, Paderborn-München-Wien-Zürich 2002, 329–331). Dies gilt in der katholischen Kirche maßgeblich bis heute für ihr Kirchenrecht, das göttliches Recht, kirchlich gesetztes Recht oder Staatskirchenrecht sein kann. Wenn Edith Stein vom „reinen Recht“ spricht, so meint sie die Idee der apriorischen Grundlagen allen Rechts, was sie als „Teil der göttlichen Weltordnung“ ansieht, die unabhängig von der Umsetzung in positives Recht vorrangig gilt. Vgl. ESGA 7, 32 ff.⟩

[144] Sie kann sich nur in der Form der *göttlichen* Rechtsetzung erhalten: sofern das reine

positiven Rechts, das vom reinen Recht inhaltlich abweichen kann, entfällt dann überhaupt. Das Recht (das reine, materiell erfüllte) ist gefunden und ausgesprochen worden, und es gibt ihm gegenüber nur die eine Aufgabe: es zu hüten.

Mit der Idee des positiven Rechts wird auch die einer Recht setzenden Gewalt hinfällig. Der Monarch, der als oberste Spitze des mittelalterlichen Gemeinwesens erscheint, ist nicht Quelle, sondern bestellter Hüter des Rechts. Neben ihm liegt aber auch allen anderen die Hütung des Rechts ob – sie ist ja moralische Pflicht, nicht staatsrechtliche Funktion –, und wenn der Herrscher dagegen verstößt, so muß es auch gegen ihn geschützt werden[145].

Wo die Idee des positiven Rechtes fehlt, da kann – wie sich aus unseren Darlegungen deduzieren läßt – auch die Idee des Staates noch nicht erfaßt sein[146]. Die patrimoniale Auffassung, die das Staatsgebiet als Eigentum des Herrschers auffaßt und die politischen Funktionen, die er ausübt, sozusagen als Eigentumsrechte, die mit dem Eigentum selbst verliehen werden können, ist bis zum Staat als einem eigenen vom Landgebiet ebenso wie von den Personen, die seine Stellen besetzen, unabhängigen Gebilde noch nicht durchgedrungen. Und ebenso wenig entspricht der erwählte König als Führer einer Volks- oder Stammesgemeinschaft bei ihren Unternehmungen und als der berufenste Hüter des Rechts – rein als Person in einer Personengemeinschaft ausgezeichnet – unserer Idee der ein Staatsganzes repräsentierenden Staatsgewalt.

Man könnte versuchen, den Mangel an einer durchgebildeten Staatsidee als das Primäre aufzufassen und daraus das Fehlen der Idee des positiven Rechts abzuleiten. Muß nicht, wo der Staat nicht als sich selbst bestimmendes Gemeinwesen aufgefaßt wird, auch die Idee der Rechtsetzung hinfällig werden? In der Tat, wenn nur die Völker und eventuell eine mehrere Völker umgreifende Einheit (wie die Christenheit) als Gemeinschaften aufgefaßt sind und die Regierenden als ihre Führer; wenn die Einrichtungen, nach denen sie leben, als von ihnen unabhängige und nur ihrer Obhut anvertraute Ordnung gelten, dann ist für ein positives Recht kein Raum. Aber es wäre falsch, von einer Priorität der einen Idee bzw. ihrer Erfassung zu reden. Wie schon an anderer Stelle hervorgehoben wurde, ist weder der Staat *vor* dem Recht noch umgekehrt, sondern sie gehören der Idee nach untrennbar zu-

---

Recht als Teil der göttlichen Weltordnung angesehen wird (vgl. Kern, a. a. O. ⟨Anm. 142⟩ S. 5). Ob das reine Recht eine solche Deutung zuläßt, kann hier unerörtert bleiben. *Auch* bei dieser Deutung bleibt es unangreifbar gegenüber „Menschensatzung", speziell gegenüber den Bestimmungen einer Staatsgewalt.

145 ⟨Das Recht des weltlichen Herrschers ist der Tradition des Rechts und ihrer moralischen Verbindlichkeit verpflichtet, die es zu bewahren gilt.⟩

146 ⟨Zur ontischen Struktur des Rechts zählt Edith Stein die Positivierung von Recht.⟩

sammen, und man kann nicht sagen, daß das eine *zuerst* begriffen sein müßte, damit das andere begriffen werden könne. Faktisch kann sowohl die eine als die andere Idee zuerst begriffen werden und die ergänzende erst in der Konsequenz. (Wie es im Mittelalter damit bestellt gewesen sein mag, ist eine historische, keine philosophische Frage.) Und faktisch kann auch die eine oder die andere Idee zuerst *realisiert* sein: ein positives Recht, das noch keine Staatsgewalt hinter sich hat – ein Staat, der sich noch nicht der Rechtsetzung bemächtigt hat[147].

Aus dem Mangel einer richtigen Auffassung von Staat und Recht zu schließen, daß es auch die entsprechenden konkreten Gebilde im Mittelalter nicht gegeben haben könnte, wäre natürlich verkehrt. So ist es, gerade weil die Idee des Rechts am Recht im materialen Sinn (bzw. am Sittlichen) orientiert war, durchaus möglich, daß in weitem Umfange Rechtsetzungen vollzogen wurden, ohne daß man sich darüber klar war, daß es sich dabei um Rechtsetzungen handelte. Allerdings kann bei jeder Verfügung des Herrschers die Rückfrage gestellt werden, auf welches Recht sie sich stütze. Er muß imstande sein nachzuweisen, daß ihm ein subjektives Recht zum Vollzug solcher Akte zustehe, und subjektive Rechte gibt es nur auf Grund von reinem Recht, d.h. sie müssen entweder selbst in den Inhalt eines reinen Rechtsverhalts eingehen oder es muß aus einem reinen Rechtsverhalt analytisch abzuleiten sein, daß sie bestehen. (So folgt aus dem reinen Rechtsverhalt, daß aus einem Versprechen ein Anspruch erwächst, analytisch, daß auf Grund eines Versprechens, das A dem B gegeben hat, B einen Anspruch besitzt.) Das Rechtsgefühl des Volkes oder auch eines Einzelnen kann sich gegen eine Regierungshandlung auflehnen, und ihre Rechtmäßigkeit kann daraufhin angefochten werden. Das ist nach mittelalterlicher Auffassung prinzipiell immer möglich. Zweifellos sind aber faktisch unzählige Rechtsetzungen unangefochten passiert, denen es an einer rechtlichen Grundlage (im Sinne des reinen Rechts) mangelte.

Entsprechend ist überall, wo politische Funktionen geübt werden der Staat als Realität vorhanden (wenn auch eventuell noch in der Entwicklung begriffen), ohne daß die Idee des Staates konzipiert zu sein brauchte. Das schließt immerhin nicht aus, daß die herrschende Auffassung von Staat und Recht auf die Gestaltung der konkreten Gebilde von Einfluß sein kann.[148] So konnte der Gedanke der Verleihbarkeit politischer Funktionen, wie er im Lehnswesen zum Ausdruck kam, dazu führen, daß auf dem Wege der Ver-

---

147 ⟨Recht und Staat bilden nach Edith Stein eine symbiotische Einheit. Das eine ist ohne das andere für sie nicht vorstellbar. Inhaltlich erscheint diese Aussage nicht wenig problematisch, da nur der Staat als alleiniger Urheber der Rechtsetzung dargestellt wird und allein das von ihm erlassene Recht Geltung beanspruchen darf. Edith Stein lässt an dieser Stelle vermissen, dass auch präpositives Recht im Staat in Geltung steht.⟩

148 Vgl. S. 103 ff.

leihung neue Herrschaften auf Kosten der ursprünglichen Staatsgewalt entstanden und zur Auflösung des Staates, dem sie ihr Dasein verdankten, hindrängten. Auf der anderen Seite konnte die Idee des Rechtsschutzes gegenüber der herrschenden Staatsgewalt zur Grundlage werden, um untergeordnete Personen und Körperschaften in den Besitz politischer Funktionen zu setzen, und so die Veranlassung zu einer Änderung der Staatsverfassung geben.

h) Die Idee des Rechtsschutzes

Die Idee des Rechtsschutzes muß allerdings noch unter einem ganz anderen Gesichtspunkt erörtert werden. Wir haben sie bisher nur von der Idee des reinen Rechts aus gewonnen. Es findet sich aber auch im positiven Recht ein Ansatzpunkt dafür. Wir haben zwar zunächst betont, daß die Wahrung ebenso wie die Setzung des positiven Rechts Sache der Recht setzenden Gewalt ist. Wir fanden aber daneben, daß das Recht, um zu *gelten*, nicht bloß gesetzt, sondern auch von Seiten derer, für die es gesetzt wird, anerkannt werden muß[149]. Es ist nach zwei Seiten hin gebunden und legt seinerseits nach zwei Seiten hin Bindungen auf. Wer Recht setzt, verpflichtet sich damit, sich an das von ihm gesetzte Recht zu halten. (Damit ist es sehr wohl vereinbar, daß seine Person von dem Inhalt seiner Bestimmungen nicht mit betroffen, bzw. darin ausdrücklich ausgenommen wird.) Wer von einem Recht betroffen wird und es anerkennt, dem erwächst daraus der Anspruch, daß mit ihm nach diesem Recht verfahren wird. Wenn von Personen eines Herrschaftsbereichs das geltende Recht gebrochen wird, so ist es Sache der Staatsgewalt, es ihnen gegenüber zu „schützen". Wie steht es, wenn das Recht von den Inhabern der Staatsgewalt gebrochen wird? Offenbar muß es auch ihnen gegenüber einen „Rechtsschutz" geben. Dabei ist zu beachten: wenn ein solcher Rechtsbruch vorkommt, so ist es nicht der Staat, der das Recht bricht, sondern eine Person, die ihn vertritt[150]. Das Leben des Staates erschöpft sich in Rechtsetzungen und in Aktionen auf rechtlicher Grundlage.[151] Jeder Rechtsbruch ist als eine Störung des Staatslebens anzusehen und ist daraus zu begreifen, daß seine Stellen mit Personen besetzt sind, die noch anderes sind als seine Vertreter und manchmal dort, wo sie als Vertre-

[149] ⟨Legislative und Rezeption des Rechts beinhalten, dass sowohl der Gesetzgeber wie auch die Normadressaten das Recht befolgen und gegen usurpierte unrechtmäßige Ansprüche schützen.⟩

[150] ⟨Wenn der Inhaber der Staatsgewalt Recht bricht, gilt dies als sein persönliches Vergehen, nicht als Rechtsbruch des Staates.⟩

[151] Wir betrachten es hier in sich und sehen von der Betätigung nach außen ab. Wie es mit „Rechtsbrüchen" im Staatenverkehr steht, werden wir noch erörtern.

ter handeln sollten, sich von Motiven bestimmen lassen und zu Aktionen drängen, die dem Staat fremd sind. Gegen solche Möglichkeiten muß es rein vom Standpunkt des Staates aus ein Korrektiv geben. Hier ist zugleich der Punkt, von dem aus das Verlangen nach „Bürgerrechten" einen vernünftigen Sinn bekommt. Dem Staat gegenüber ist diese Forderung sinnlos, weil das, was wir (unter dem Gesichtspunkt des positiven Rechts) als Bürgerrecht gelten lassen können, der Anspruch auf Wahrung des geltenden Rechts, in der Idee des Staates vorgezeichnet und mit Aufrechterhaltung des Staates selbst gleichbedeutend ist. Es hat aber einen guten Sinn gegenüber den jeweiligen Inhabern der Staatsgewalt und ihren möglichen Abweichungen von den Intentionen des Staates[152].

Vom Staate aus gesehen ist die einzig mögliche Sicherung gegen Rechtsbrüche dieser Art eine durch staatliche Bestimmungen vorgesehene Kontrolle der Staatsleitung und ihrer Organe, wobei wiederum offen bleibt, wem diese Kontrolle zu übertragen ist: einer eigenen Behörde oder den einzelnen Bürgern selbst bzw. ihrer Gesamtheit. Wo keine solche Sicherung gesetzlich vorgesehen ist, da kann auf einen Rechtsbruch der Regierenden nur wiederum mit einem Rechtsbruch – von Seiten der Untertanen oder untergeordneter Organe – geantwortet werden, etwa mit einer Gehorsamsverweigerung gegenüber unrechtmäßigen Verordnungen. Zweifellos wird durch solchen reaktiven Rechtsbruch ebenso an dem Bestand des Staates gerüttelt wie durch den, der ihn veranlaßt. Von einem „Recht auf Revolution" kann also nicht die Rede sein, wenn man „Recht" im strengen Sinne nimmt. (Wie es mit dem „moralischen Recht" steht, das haben wir hier nicht zu untersuchen.) Es kann aber die Auflehnung gegen eine bestehende Staatsordnung und das Hinarbeiten auf eine neue durchaus im Sinne des Staates sein, sofern dadurch auf einen Zustand hingearbeitet wird, in dem er besser gegen

---

[152] ⟨Als Korrektiv für den Missbrauch bzw. die Nichtbeachtung staatlichen Rechts durch Träger der Staatsgewalt (Leitung und Organe des Staates) plädiert Edith Stein gegen einen in einem solchen Fall bislang nur möglichen „reaktiven Rechtsbruch" der Untertanen, der dem Staatswesen auch nur abträglich wäre, für die Achtung der „Bürgerrechte" und ihre gesetzliche Verankerung. Es handelt sich dabei um die Rechte, die den Angehörigen eines bestimmten Staates legitimerweise zukommen und für den Status des Staatsbürgers konstitutiv sind. Im Verständnis des damals maßgeblichen Staatsrechts werden darunter Rechte als Normen für die Staatsgewalt verstanden, die Schranken für deren Machtbefugnisse darstellen. Sie sichern dem Bürger zwar eine gewisse Handlungsfreiheit und den Schutz vor Willkür durch die Träger der Staatsgewalt, begründen aber keine subjektiven Rechte der Staatsbürger. (Vgl. Paul Laband, Das Staatsrecht des Deutschen Reiches I, Freiburg 1983, 149; Fritz Hartung, Die Entwicklung der Menschen- und Bürgerrechte von 1776 bis zur Gegenwart, Göttingen [4]1972; Ilona Riedel-Spangenberger, Europäische Grundrechtstraditionen. Ein Überblick über die Entwicklung vom christlichen Abendland bis zur Europäischen Grundrechtscharta: Ius Canonicum in Oriente et Occidente [FS C. G. Fürst], hg. v. Hartmut Zapp, Andreas Weiß, Stefan Korta, Frankfurt/M. 2003, 135–153).⟩

Rechtsbrüche gesichert wäre. So konnte auch die Idee des Rechtsschutzes in der zweiten – am positiven Recht orientierten – Bedeutung zum Ausgangspunkt werden, um eine „Teilung der Gewalten“ und die Übertragung von politischen Funktionen an die Staatsbürger zu begründen und konkrete Staatsgebilde in dieser Richtung umzugestalten[153].

i) Die Rechtsgrundlagen des Staatenverkehrs

Bei der Festlegung des Verhältnisses von Staat und Recht haben wir die Beziehungen der Staaten zueinander – von gelegentlichen Bemerkungen abgesehen – unberücksichtigt gelassen. Kann man, wenn man den Staatenverkehr in Betracht zieht, die Behauptung aufrecht erhalten, daß sich das Leben des Staates in Rechtsetzungen und Aktionen auf rechtmäßiger Grundlage erschöpfe? Die Weltgeschichte scheint zu lehren, daß die Staaten sich in ihrer äußeren Betätigung an keine Rechtsgrundlage halten, sondern allein oder doch hauptsächlich durch ihre Lebensbedürfnisse und Machtantriebe geleitet werden. Dem steht die Überzeugung vom Bestehen eines Völkerrechts und seiner Verbindlichkeit für den zwischenstaatlichen Verkehr gegenüber[154], und es wird nun unsere Aufgabe sein zu prüfen, was in dieser *Idee*

---

153 ⟨Gegen Missbrauch der Staatsgewalt erscheinen Edith Stein die Teilung und Kontrolle der Staatsgewalten sowie ein legitimes Widerstandsrecht der Bürger die einzigen probaten Mittel, um mit den Mitteln des Rechts einen Staat wesensgemäß zu erhalten und vor Perversion zu bewahren.⟩

154 ⟨Das „ius gentium“ hat bereits seine ideengeschichtliche Grundlegung in der Antike (vgl. Herbert Wagner, Studien zur allgemeinen Rechtslehre des Gaius. Ius gentium und ius naturale in ihrem Verhältnis zum ius civile, Zutphen 1978; Max Kaser, Ius gentium, Köln 1993) und im Mittelalter (vgl. Isidor von Sevilla, Etymologiae, zitiert im Decretum Gratiani I, 3, 4, c. 9: „Ius gentium est sedium occupatio, aedificatio, munitio, bella, captivitates, servitutes, postliminia, federa pacis, induciae, legatorum non violandorum religio, conubia inter alienigenas prohibita. § 1 Hoc inde ius gentium appellatur, quia eo iure omnes fere gentes utuntur.“) sowie im Umfeld der Entdeckung der Neuen Welt. Es wurde von Francisco de Vitoria in der rechtstheologischen Schule von Salamanca in Anlehnung an Thomas von Aquin (vgl. Otto Schilling, Das Völkerrecht nach Thomas von Aquin, Freiburg 1919) aufgegriffen (vgl. Josef Soder, Die Idee der Völkergemeinschaft und die philosphischen Grundlagen des Völkerrechts, Frankfurt/M. 1955), von Las Casas in die Leyes Nuevas umgesetzt (vgl. Antonio Muro Orejón, Las leyes nuevas 1542–1543, Sevilla 1945; Bartolomé de Las Casas. Der Mann – das Werk – die Wirkung mit einer Auswahl von Texten Las Casas' und einem Interview mit Gustavo Gutiérrez, hg. v. Johannes Meier, Frankfurt/M. 1952) und von Francisco de Suárez weiterentwickelt (vgl. Tractatus de legibus ac Deo Legislatore, 1612, ed. und span. übers. von L. Perena, 4 Bde., Madrid 1971–1981; Ernst Reibstein, Völkerrecht. Eine Geschichte seiner Ideen in Lehre und Praxis, Bd. 1: Von der Antike bis zur Aufklärung, Freiburg 1958; Bd. 2: Die letzten zweihundert Jahre, Freiburg 1963; Die Ordnung der Praxis. Neue Studien zur Spanischen Spätscholastik, hg. v. Frank Grunert und Kurt Seelmann, Tübingen 2001). Erkannt wird das der ganzen Menschheit

des Völkerrechts beschlossen liegt. Wir orientieren uns wieder an unserer Scheidung von reinem und positivem Recht. Hugo *Grotius* erklärt als ius gentium: quod gentium omnium aut multarum voluntate vim accepit[155], fügt aber hinzu, daß für alle Völker verbindlich nur das *Naturrecht* sei. Demnach hätten wir – da das „Naturrecht" nach unserer Auffassung nur eine mißverständliche Interpretation des reinen Rechts ist – im Bestand des Völkerrechts zu scheiden zwischen reinen Rechtssätzen und Vereinbarungen einzelner Staaten über die Formen ihres wechselseitigen Verkehrs. In der Tat hört man zumeist, wenn einem Staat ein Bruch des Völkerrechts vorgeworfen wird, daß er etwas getan habe, „wogegen sich das Rechtsgefühl auflehnt". Das Rechtsgefühl aber spricht nur für das, was in materialem Sinne Recht – und das bedeutet in diesem Falle reines Recht – ist. Der Inhalt eines positiven Rechts braucht – der Idee des positiven Rechts nach – nicht in materialem Sinne Recht zu sein, und so kann kein Rechtsgefühl darüber entscheiden, was mit irgendwelchen Bestimmungen eines positiven Rechts im Einklang oder im Widerspruch steht. Wenn beispielsweise ein Vertragsbruch als eine Verletzung des Völkerrechts bezeichnet wird, so braucht der Inhalt des Vertrages keineswegs im materialen Sinne Recht zu sein. Trotzdem handelt es sich um einen Rechtsbruch vom Standpunkt des reinen Rechts aus; denn es ist unabhängig von aller Setzung Recht, daß Verträge gehalten werden sollen (unangesehen ihres Inhalts), und das Rechtsgefühl lehnt sich gegen den Vertragsbruch als solchen auf[156]. Von dem Inhalt zwischenstaatlicher Abmachungen dagegen wird man sagen müssen, daß sie nur im *formalen* Sinne – d.h. als kraft einer Rechtsetzung gültige Norm – Recht zu sein brauchen. (Man darf sich nicht dadurch verwirren lassen, daß der Gegensatz von Form und Inhalt hier zweimal vorkommt und daß die Gegensatzpaare sich kreuzen: die Form des Vertrages geht in den Inhalt des

zukommende natürliche Recht, das Staat und Herrschaft nicht mehr aus dem geoffenbarten Willen Gottes ableitet, sondern aus der allen Menschen eigenen natürlichen Verwandtschaft. In der Aufklärung wird schließlich dann durch Descartes, Hugo Grotius und Samuel von Pufendorf u.a. daraus eine Staatstheorie gebildet, der zufolge für alle Völker gleichermaßen das an der Vernunft orientierte Naturrecht gilt, aus dem sich allmählich das neuzeitliche Verständnis vom „Völkerrecht" entwickelt. (Vgl. Wilhelm Grewe, Epochen der Völkerrechtsgeschichte, Baden-Baden ²1988; Karl-Heinz Ziegler, Völkerrechtsgeschichte. Ein Studienbuch, München 1994) Dabei handelt es sich um die rechtlich geregelten Beziehungen zwischen souveränen Staaten als Rechtssubjekte und Inhaber des Selbstbestimmungsrechts durch Verträge und internationale Gerichtsordnungen. Nach Ratifizierung durch die daran beteiligten Staaten gelten die völkerrechtlichen Verträge als die einzelnen Staaten bindendes Recht.⟩

[155] De iure belli et pacis L. I, cap. I, 14. ⟨„Völkerrecht" ist das, was durch den Willen aller oder vieler Völker Rechtskraft erlangt hat.⟩

[156] ⟨Vertragstheoretisch sind Form und Inhalt des Vertrages zwar zu unterscheiden, aber der Inhalt ist an die Form gebunden, so dass beide in Geltung stehen. Die formale Geltung des Vertrages wird auch durch einen Bruch des Inhalts des Vertrages aufgehoben.⟩

materialen Rechts ein, während der Inhalt des Vertrages nur im formalen Rechtssinn Recht genannt zu werden verdient.) Nun ist aber eine neue Schwierigkeit zu erwähnen: nach unseren Darlegungen fordern die Ideen „Staat" und „positives Recht" einander gegenseitig. Positives Recht ist „gesetztes" Recht, und es bedarf einer dahinterstehenden Gewalt, der das Rechtsetzen zukommt. Wo haben wir beim Völkerrecht (jetzt im Sinne von geltenden Bestimmungen über den Staatenverkehr) eine Staatsgewalt, der die Rechtsetzung zusteht? *Grotius* sprach davon, daß es durch den Willen der Völker Geltung bekommt. „Völker" haben wir dabei sinngemäß durch „Staaten" zu ersetzen – auch der Terminus „Völkerrecht" ist dem nicht angemessen, was er ausdrücken soll. Danach wären die völkerrechtlichen Bestimmungen als Vereinbarungen zwischen Staaten anzusehen. Allerdings drücken weder „Vereinbarung" noch „Bestimmung" den Charakter der völkerrechtlichen Sätze zutreffend aus. Um bloße Verabredungen – d.h. Meinungsaustausch und Absichtsäußerung, wie man sich zu verhalten gedenke – kann es sich nicht handeln, denn diese haben in keinem Sinn von „Recht" bindende Kraft. Auch schlichte Verträge kommen anscheinend nicht in Betracht, denn sie haben nur „Geltung" sensu stricto, sofern ihnen diese durch die Bestimmung eines positiven Rechts zugesichert wird. Genauer gesprochen: wenn der Bestand des Völkerrechts – soweit er nicht rein-rechtlichen Charakter hat – sich auf Verträge reduzieren läßt, so ist es nicht als positives Recht anzusehen. Man könnte meinen, und das dürfte die Ansicht von Grotius sein, daß eine Mehrheit von Staaten *gemeinsam* Bestimmungen erlassen könne, die für sie alle verbindlich seien. Wir hätten dann eine aus den Vertretern der einzelnen Staaten gebildete Körperschaft, die den Anspruch erhöbe, für die Gesamtheit der beteiligten Staaten verbindliches Recht zu setzen. Ein solcher Anspruch kann nur im Namen oder mindestens auf Grund der Bestimmung eines Staates erhoben werden. Danach bestehen folgende Möglichkeiten: entweder jene Körperschaft konstituiert sich selbst als souveräne Staatsgewalt – damit wären die Einzelstaaten aufgehoben; oder sie beruft sich auf die Autorität einer den Einzelstaaten übergeordneten Gewalt – was dieselbe Konsequenz hätte. Oder sie leitet ihr Mandat von den Einzelstaaten selbst her. Dann erscheint die ganze Sachlage geändert. Kein Staat hat das Recht, durch seine Vertreter Bestimmungen für andere Staaten ergehen zu lassen. Betrachten wir jene Körperschaft, der die Normierung des zwischenstaatlichen Verkehrs obliegt, als durch die Einzelstaaten autorisiert, so hat sie nicht die Möglichkeit, gemeinsame Bestimmungen für alle beteiligten Staaten zu vollziehen. Die ihr angehörigen Personen können nur gemeinsam beraten und beschließen, was jeder Einzelne für seinen Staat bestimmen solle. Beratung und Beschluß sind Sache der Körperschaft, die Bestimmungen dagegen Sache des Einzelnen, der dadurch nur seinen Staat bindet. An Stelle des Völkerrechts von überstaatlicher Geltung tritt dann ein

Bestand von gleichen Bestimmungen im positiven Recht der einzelnen Staaten. Dieses ist in der Tat die einzige Möglichkeit einer positiv-rechtlichen Regelung des Verkehrs zwischen einer Mehrheit von Gemeinwesen, die mit ihrer Existenz als *Staaten* vereinbar ist[157]. Daß sich ein Staat gegen solche „völkerrechtlichen" Bestimmungen verginge, würde bedeuten, daß er sein eigenes Recht bräche, und das wäre diesen wie allen anderen staatlichen Rechtsetzungen gegenüber sinnlos. Der Staat behält bei diesen wie bei allen anderen Bestimmungen die Freiheit, sie aufzuheben, und zwar allein von sich aus, ohne Mitwirkung derer, mit denen er gemeinsam beschlossen hat, sie ergehen zu lassen. Denn ein Beschluß hat keine rechtlich bindende Kraft. Es mag unklug und eventuell unmoralisch sein, sich von ihm loszusagen – ein Rechtsbruch ist es in keinem Sinne[158].

Es ist ferner möglich, daß ein Staat durch eine Bestimmung einen Vertrag aufhebt, den er geschlossen hat. Der Anspruch des anderen vertragschließenden Teils ist dann nicht *erloschen* (wie es nach reinem Recht unter gewissen Bedingungen der Fall ist – etwa wenn es sich um bestimmt umgrenzte Leistungen handelt und diese sämtlich vollbracht sind), sondern er ist *vernichtet*. Hier liegt eine Vernichtung des reinen Rechts vor (wie sie auch im innerstaatlichen Leben vielfach vorkommt, ohne daß man daran denkt, von Rechtsbruch zu reden – in allen Fällen z.B. wo eine positiv-rechtliche Bestimmung einen Anspruch für nichtig erklärt, der nach reinem Recht besteht). Sie *kann* zugleich die Verletzung einer sittlichen Pflicht sein. Ein Rechtsbruch im Sinne des positiven Rechts liegt wiederum nicht vor. – Man könnte noch Bedenken haben, ob nicht durch die einseitige Aufhebung eines Vertrages der vertragbrechende Staat sich einen Eingriff in die Bestimmungssphäre seines Vertragsgegners erlaubt. Indessen die Bestimmungsgewalt ist, wie wir wissen, auf den Umkreis beschränkt, für den sich die Staatsgewalt konstituiert hat, und greift nicht auf andere Staaten über. Kein Staat kann bestimmen, daß ein anderer ihm gegenüber eine Verpflichtung haben solle. Er kann nur erreichen, daß der andere ihm etwas verspricht und daß ihm aus dem Versprechen ein Anspruch erwächst und dem anderen eine Verpflichtung. Sagt sich der Gegner von der Verpflichtung los und vernichtet dadurch Anspruch und Verbindlichkeit, so wird dadurch keine Bestimmung des fremden Staates getroffen.

Wir kehren zu der Frage zurück, ob der Staat in seinem Verhalten nach außen in gleicher Weise rechtlich gebunden sei wie bei der Beschränkung auf

[157] ⟨Zwischen Staaten geschlossenes Recht ist von den beteiligten einzelnen Staaten zu ratifizieren, damit es für den einzelnen Staat verbindliche Geltung hat.⟩

[158] ⟨Eine einseitige Aufkündigung von Verträgen zwischen den Staaten stellt nur dann keinen Rechtsbruch dar, wenn allein ein positivistisches Rechtsverständnis zugrunde gelegt wird. Die allgemeine, naturrechtlich verpflichtende Rechtsregel „Pacta sunt servanda!" wird dabei völlig außer Acht gelassen.⟩

sich selbst. Das merkwürdige In-sich-Beschlossensein des Staates drückt seinen äußeren Aktionen einen eigentümlichen Stempel auf. Seinem eigenen Wesen nach ist er auf sich gestellt und isoliert. Von der individuellen Person sagten wir gelegentlich, sie sei ebenso ursprünglich Gemeinschaftsglied wie Einzelsubjekt oder es sei ihre natürliche Geisteshaltung, für den Verkehr mit anderen offen zu sein. Das überträgt sich von den Einzelpersonen auf die Gemeinschaften, in die sie eingehen, etwa auf das Volk. Auch den Völkern ist es natürlich, für einander geöffnet zu sein, Eindrücke voneinander zu empfangen und sich in ihrem Verhalten dadurch bestimmen zu lassen. Von den Staaten gilt das nicht. Sie sind *eigentlich* „sich selbst genug" und ihr Leben ein in sich geschlossener Kreislauf. Wenn sie sich nach außen hin betätigen, so geschieht es nur im Interesse des inneren Lebens und nicht auf „äußere Eindrücke" hin. Hat der Staat z. B. nicht Raum genug, um seine „Autarkie" zu wahren, so tut er Schritte zur Erweiterung seiner Herrschaftssphäre. Damit geht er aus sich heraus. Aber sobald die Angliederung des Gebiets, dessen er bedarf, erfolgt ist, verschließt er sich wieder in sich selbst. Jene äußere Aktion kann mit einem Eingriff in die Herrschaftssphäre eines fremden Staates verbunden sein. Sie ist dann in der Tat gleichbedeutend mit einem Rechtsbruch, d. h. mit einer *Verletzung fremden Rechts.* (Das ist sie auch dann, wenn die „völkerrechtlichen Formen" gewahrt werden – ein in aller Form erklärter Krieg ist es ebenso wie ein Einfall in fremdes Gebiet ohne Kriegserklärung.) Das Recht, von dem wir sagten, daß der Staat unaufhebbar daran gebunden sei, ist allein sein *eigenes* Recht. An fremdes Recht gebunden zu sein, würde die Aufhebung des Staatscharakters bedeuten. (Natürlich ist bei dem fremden Recht immer an *positives* Recht gedacht. Das reine Recht bleibt hier ganz aus dem Spiel.) Sobald der Staat aus sich herausgeht, betritt er ein für ihn *rechtsleeres* Gebiet: es gilt darin – solange er es sich noch nicht angegliedert hat – nicht *sein* Recht, und ein fremdes hat für ihn keine Bedeutung. Man kann streng genommen nicht sagen, daß *er* einen Rechtsbruch *begeht.* Denn das hat nur Sinn einem Recht gegenüber, das man zu halten verpflichtet ist. Aber *es wird* durch das, was er tut, *Recht gebrochen.* Staaten sind starre Gebilde. Liegen sie hart aneinander, so ist keine Bewegung des einen möglich, durch die nicht auch der andere erschüttert würde. Das Ergebnis ist, daß sie nach dem Anstoß und der Erschütterung entweder in die alte Lage zurückkehren oder daß einer mindestens aus einem Teil seines Gebiets verdrängt wird.[159] In jedem Fall ist die Bewegung immer nur ein Durchgangsstadium zu der Ruhelage, die dem Staat gemäß ist – ein Durchgangsstadium, in dem er nicht ganz er selbst ist.

---

159 Die räumlichen Bilder, zu denen man hier notgedrungen greift, sollen nicht mehr als Bilder sein. Wenn faktisch das „Verdrängen" auch räumlich zu verstehen ist, so liegt darin keine prinzipielle Notwendigkeit. (Vgl. S. 92.)

Wir haben vorläufig nur eine Möglichkeit äußerer Betätigung in Betracht gezogen. Es kommt neben der kriegerischen eine friedliche und es kommen andere Formen kriegerischer Betätigung in Frage. Wie steht es, wenn nicht Expansions- oder Verteidigungstrieb, sondern etwa Empörung über einen Rechtsbruch, Treue gegenüber einem Bundesgenossen oder dergleichen einen Staat in kriegerische Operationen verwickeln? Hier scheinen es doch äußere Eindrücke zu sein, die bestimmend sind, der Staat scheint in unmittelbarem Verkehr mit anderen zu stehen und sein Verhalten durch ihr Verhalten motiviert. Indessen solche Auffassung beruht auf einer Täuschung. Was Eindruck von einem fremden Verhalten empfängt und mit Stellungnahmen wie Entrüstung, Empörung, Begeisterung usw. reagiert, das ist nicht der Staat, sondern die Volksgemeinschaft, die er umschließt, oder auch nur gewisse Gruppen innerhalb der Volksgemeinschaft. Sie können in dieser Weise seelisch aufgewühlt werden, was der Staat gar nicht vermag, und auf Grund dessen zu einem Handeln in bestimmter Richtung drängen. Das Handeln selbst, d. h. speziell die Realisierungsaktion fällt in den Bereich des Staates. Er kann es zulassen, daß Personen seiner Herrschaftssphäre von sich aus eine äußere Aktion unternehmen (etwa als Freiwillige einen fremden Krieg mitmachen). Es ist aber durchaus in sein Belieben gestellt, ob er es gestatten oder unterbinden – oder schließlich die Sache zu seiner eigenen machen will. Er kann auf Grund der Volksbewegung eine staatliche Aktion in die Wege leiten. Und das ist dem Sinn des Staates gemäß, wenn die Volksbewegung – sich selbst überlassen – am Bestand des Staates zu rütteln droht. Dann ist es aber wieder deutlich, daß es sein inneres Leben ist, was sein äußeres Verhalten bestimmt, nicht äußere Eindrücke. Was fremde Staaten tun und lassen, das geht den Staat, solange er selbst davon nicht innerlich betroffen wird, nichts an. Und wenn sich die verantwortlichen Leiter durch solche dem Staat selbst fremden Motive dazu bestimmen lassen, eine staatliche Aktion zu inszenieren, so entspricht ihr Verhalten nicht dem Sinne des Staates[160].

k) Abgrenzung der Vertretungsmacht der Staatsrepräsentanten durch den Sinn des Staats

Hier taucht die Frage auf, ob wir ein Recht haben, Akte, die von Vertretern des Staates in seinem Namen vollzogen werden, nicht als seine gelten zu lassen, weil sie nicht seinem Sinne entsprechen. *Reinach* hat bei der Erörte-

[160] ⟨Edith Stein vertritt in diesen Ausführungen ein von der Volksgemeinschaft und den Bürgern eines Staates abgelöstes Verständnis vom Staat, der dadurch in der Gefahr steht, kein „reines Recht" für sich selbst und seine Beziehungen zu anderen souveränen Staaten gelten zu lassen.⟩

rung des Vertretungsproblems[161] betont, daß dies beides durchaus zu scheiden sei: im Sinne jemandes und als sein Vertreter handeln. Wenn eine Person eine andere als ihren Vertreter bestellt, so erzeugt sie in ihm das ihr als Person wesentlich zugehörige rechtliche Können (die Möglichkeit, rechtswirksame Akte zu vollziehen) noch einmal. Und sofern das ohne Einschränkung geschieht, hat *jeder* solche Akt bindende Kraft für den Vertretenen. Eine Beschränkung der Akte – etwa auf solche, die im Sinne des Vertretenen sind – kann nur durch besondere Bedingungen bei der Übergabe der Vertretung erreicht werden. Andererseits ist es sicher, daß keine Person einer anderen den vertretenden Vollzug von Akten übertragen kann, deren sie selbst nicht fähig ist. Wenn A das Nutzungsrecht an einer Sache hat, die ihm nicht gehört, so hat er nicht das Recht, sie einem anderen als Eigentum zu übertragen. Und wenn er B zu seinem Vertreter ernennt, so verleiht die Übergabe der Vertretung diesem nicht die Möglichkeit, jene Sache zu verkaufen oder zu verschenken. *Diese* Einschränkung der in die Vertretungsmacht einbezogenen Akte ist an keine besonderen Bedingungen bei der Übergabe geknüpft.

Auch im Namen des Staates können keine Akte vollzogen werden, deren Vollzug ihm selbst nicht möglich ist. Das ist freilich doppeldeutig. Denn wir wissen ja, daß der Staat überhaupt nur durch Vertreter Akte vollziehen kann. *Welche* Akte aber im Namen des Staates prinzipiell vollzogen werden können, das wird durch seinen *Sinn* vorgeschrieben. Im Namen des Staates einem Verbrecher zu „verzeihen", wäre sinnlos. Dagegen ist es durchaus sinnvoll, ihm die Strafe zu erlassen. Das „dem Sinne gemäß" ist von dem „im Sinne von …" durchaus unterschieden. Was dem Sinne des Vertretenen nicht gemäß ist, das kann nicht als von ihm ausgehend betrachtet werden. Daß Staatsmänner „im Namen des Staates" vieles tun, was im Namen des Staates keinen Sinn hat, besagt nichts gegen jenen einsichtigen Zusammenhang. Es ist durchaus möglich, daß solche Akte dieselbe praktische Wirksamkeit entfalten, als ob sie vom Staat ausgegangen wären: die Staatsbürger fügen sich Anordnungen der Staatsleiter, zu denen ihnen gar kein Recht zusteht, ohne zu wissen, daß sie in diesem Fall nicht dem Staate, sondern der individuellen Person seines Vertreters gehorchen.

Wir wollen uns diese Diskrepanz noch an den unkriegerischen äußeren Aktionen des Staates klarmachen. Für die Rechtslage seiner Bürger im Auslande zu sorgen, ist durchaus dem Sinne des Staates entsprechend. Denn überließe er sie der Willkür fremder Staaten, so gestattete er diesen einen Eingriff in seine Herrschaftssphäre. Desgleichen ist es sinnvoll, wenn er im Interesse seines Wirtschaftslebens Handels- und Lieferungsverträge abschließt – (ebenso wie es sinnvoll ist, wenn er im Innern regelnd in das

[161] A. a. O. ⟨Einleitung, Anm. 29⟩ S. 275 ff.

Wirtschaftsleben eingreift). Dagegen entspricht es nicht dem Sinn des Staates, wirtschaftliche Unternehmungen irgendwelcher Art als Selbstzweck zu betreiben. Wo ein Staatsleiter das tut, da nützt er seine Vertreterstellung im Dienst seiner privaten Neigungen aus, auch dann, wenn er die Erträge abstrichlos den Staatskassen zufließen läßt. Nicht anders steht es mit Unternehmungen anderer Art: Kunstsammlungen, Forschungsreisen und dergleichen. All das hat als Selbstzweck für den Staat keinen Sinn. Er ist *Herr* und kann als Herr sich um alles kümmern, was seine Bürger auf den genannten Gebieten tun, und ihnen Vorschriften dafür geben. Aber er selbst ist nicht Unternehmer, Forschungsreisender, Kunstliebhaber oder dergleichen. Alles, was er tut, steht unter der Devise: Herr in seinem Gebiet sein, und ist von da aus zu begreifen. Darum ist er ganz nach innen gerichtet und alles, was er nach außen tut, nur von innen her zu verstehen – als Sicherung und Erweiterung seines inneren Lebens. Was nicht von diesem Kernpunkt faßbar ist, das ist nicht seine Sache, sondern Angelegenheit der individuellen Personen, die ihn vertreten und von ihrer Vertreterstellung eventuell einen falschen Gebrauch machen.

l) Zufammenfassendes über die Struktur des Staates

Unsere Untersuchungen ergeben für die ontische Struktur des Staates: er ist ein soziales Gebilde, dem freie Personen in der Weise eingefügt sind, daß eine oder eine Mehrheit von ihnen (im Grenzfall alle) im Namen des ganzen Gebildes über die anderen herrscht (in jenem Grenzfall wird der Herrschaftsbereich durch dieselben Personen gebildet, die auch die Herrschaft üben, aber nur soweit sie nicht vertretende Funktion haben). Zum Herrschaftsbereich des Staates gehören außer den Personen, die ihm eingefügt sind, alle Gegenständlichkeiten, die in ihrem Leben eine Rolle spielen, soweit sie durch freie Tat angreifbar sind. Die Herrschertätigkeit des Staates vollzieht sich durch *Befehle*, mittels deren er die Personen seines Bereichs in Aktion setzt, und *Bestimmungen*, die festsetzen, was in diesem Bereich als Recht gelten soll. Sie ist nur so lange Herrschertätigkeit und der Staat nur so lange Staat, als sie in ihm ihren Auslaufspunkt hat: er kann keiner anderen Herrschaft unterstehen, sondern muß souverän sein.

In der Herrschertätigkeit erschöpft sich das Leben des Staates. Ihre Realisierung und damit die Existenz eines konkreten Staatswesens ist daran gebunden, daß sich Personen finden, die seine Vertretung übernehmen, und daß der Herrschaftsanspruch von denen, an die er sich wendet, anerkannt wird.

Über den *Inhalt* der Herrschertätigkeit, über das, *was* der Staat befiehlt und bestimmt, ist damit noch nichts ausgemacht. Und es ist die Frage, ob und wie weit das durch seinen eigenen Sinn vorgezeichnet sein kann. Wenn das Herrschaftsverhältnis den Bestand des Staates ausmacht, so ist die Aufrechterhaltung dieses Herrschaftsverhältnisses die einzige Richtschnur, die ihm durch seinen eigenen Sinn an die Hand gegeben wird. Er *muß* danach befehlen und bestimmen, was für diesen Zweck erforderlich ist. Er *darf* bestimmen und befehlen, was diesem Zweck nicht im Wege ist, und *nichts*, was ihm hinderlich sein könnte. Unter die dritte Kategorie – Befehle und Bestimmungen, die durch den Sinn des Staates ausgeschlossen sind – gehören alle, deren Inhalt dazu angetan ist, die Anerkennung des Herrschaftsverhältnisses zu gefährden: die einen Anreiz zur Gehorsamsverweigerung von Seiten der Untertanen geben können, oder auch zu einem Angriff auf die Souveränität von Seiten fremder Mächte. (Das können z. B. Befehle sein, deren Inhalt sittliche Entrüstung erweckt, oder die zu starke Anforderungen an die Leistungen der Bürger stellen; aber auch solche, die Zweifel an der Festigkeit des Herrscherwillens aufkommen lassen.) Zu den *gebotenen* Akten dagegen gehört etwa die Ahndung jeder Auflehnung gegen die Staatsgewalt, die Verteidigung des Staatsgebiets gegen Angriffe und dergleichen. Das eigentlich problematische Gebiet ist das dritte: der Bereich dessen, was durch den Sinn des Staates *erlaubt* ist. Was man in den herkömmlichen Staatstheorien als den „Zweck“ oder „Beruf“ des Staates hingestellt hat (Errichtung eines „sittlichen Reichs“, Sicherung der freien Entfaltung der Nation, Sorge für die Volkswohlfahrt und dergleichen) kann – wenn überhaupt irgendwo – nur hier seine Stelle haben. Es ist dem Staat durch seinen eigenen Sinn nicht vorgeschrieben, daß er sich in den Dienst des Sittengesetzes stellen, ein „sittliches Reich“ sein müsse. Das Reich des Satans kann als Staat ebenso vollkommen sein wie das Reich Gottes[162]. Es ist nur die Frage, wie dieser oder jener „Geist“ sich des Inhalts der staatlichen Bestimmungen bemächtigen und dadurch dem ganzen konkreten Staatsgebilde seinen Stempel aufdrükken kann, wenn der Staat als solcher ihn nicht vorschreibt und gar kein Organ dafür hat.

Daß der Staat gerade darum, weil er in der Sphäre der Freiheit verharrt, in sich unabgeschlossen ist und die richtunggebenden Motive für seine Tätigkeit von anders her empfangen muß, haben wir gesehen. Die Motivation vollzieht sich in den Personen, die den Staat vertreten. Was sie auf Grund der von ihnen (nicht vom Staate selbst) erlebten Motive tun, hat als Akt des Staates zu gelten, wenn es dem Sinn des Staates gemäß ist. Ist es dem Sinn des Staates entgegen, so handelt es sich – auch wenn alles so verläuft, als ob ein Akt des Staates vorläge – nur scheinbar um einen staatlichen Akt. Die Repräsentanten des Staates haben dann – evtl. in gutem Glauben – einen

[162] ⟨Wenn und sofern man von einem positivistischen, von ethischen Prinzipien abgelösten Staatsverständnis ausgeht.⟩

vertretenden Akt vollzogen, für welchen ihnen keine Vertretungsmacht zustand. Das bedeutet immer eine gewisse Gefahr für den Staat. Es ist einmal ein *Symptom* dafür, daß nicht alles in ihm ganz in Ordnung ist, und kann zugleich *Ursache* weiterer Störungen sein. Dergleichen kommt im Leben jedes Staates vor, und eine ganze Reihe solcher Stöße kann jeder vertragen; allzu gehäuft untergraben sie seine Existenz. Das gilt nicht von den Akten, die wir als durch den Sinn des Staates *erlaubt* bezeichneten. Daß sie aber als echte staatliche Akte zu gelten haben, ist damit noch nicht gesagt. Wenn eine Regierung Maßregeln für das Erziehungswesen trifft, die weder wirklich noch vermeintlich dem Staate dienen, ihm aber auch nicht schaden können, so liegt eine Bemühung des Staates zu ihm fremden Zwecken vor und wiederum eine Ausdehnung der Vertretungsmacht über den Bereich, auf den sie sich sinngemäß erstreckt. Der Staat kann sich solche Benützung gefallen lassen, weil er dadurch unangetastet bleibt – und darum nennen wir die Akte (von ihm her gesehen) erlaubte – aber *seine* Akte im strengen Sinne sind es nicht.

Diese Einschränkung der Akte auf das, was durch den Sinn des Staates vorgeschrieben ist, steht nicht im Widerspruch zu dem, was wir früher feststellten: daß der Staat prinzipiell die Leitung aller Unternehmungen in seinem Gebiet in die Hand nehmen könne. Denn es ist keine Aktion prinzipiell davon ausgeschlossen, dem Sinn des Staates gemäß zu sein. Es *kann* im Interesse des Staates liegen, daß die Jugend in bestimmter Weise erzogen wird: damit sie es etwa lerne, sich ihm in der rechten Weise einzufügen. Oder für das materielle Wohl der Bürger zu sorgen: etwa um ihre Neigung, sich der staatlichen Autorität unterzuordnen, zu stärken oder auch um seiner eigenen wirtschaftlichen Unabhängigkeit willen.

Wir kehren zu der Frage zurück, wie sich ein gewisser „Geist“ des Inhalts der staatlichen Akte bemächtigen könne[163]. Es kann dem Sinne des Staates entsprechen, daß seine „Politik“ einen bestimmten Geist atmet, d.h. nach einem festen Typus motiviert erscheint. Dieser Geist wird allemal dem Ethos des Volkes entsprechen, das den Herrschaftsbereich des Staates bildet, denn diesem Ethos entgegenregieren, heißt dem Staate die Wurzeln seiner Existenz abschneiden. Wo die Politik sich von dem entfernt, was der Sinn des Staates vorschreibt – d.h. wo sie sich aus pseudostaatlichen Akten zusammensetzt –, da spricht aus ihr lediglich der Geist, der in den Vertretern des Staates mächtig ist. Indem er auf *sie* Einfluß gewinnt, kann auch ein Außenstehender den Staat seinen Zwecken dienstbar machen – und das kann Gott ebenso wohl sein wie der Satan.

Wenn davon gesprochen wird, daß dem Staat durch die göttliche Welt-

[163] ⟨Hier wird deutlich, dass ein Staat nicht auf das Ethos seines Volkes verzichten kann und dieses als „Sinn des Staates“ für seine Existenz benötigt.⟩

ordnung ein besonderer Beruf in der Geschichte der Menschheit zugewiesen sei, so ist das durch die Idee des Staates nicht ausgeschlossen. Nur darf man es sich nicht so zurechtlegen, als sei jener Beruf von Gott *in die Idee* des Staates hineingelegt worden. Es ist nur möglich, daß Gott den Staat, so wie er seiner Idee nach ist, tauglich findet, um ihm bei der Verwirklichung seiner Zwecke zu dienen. Und er kann darum Staaten in der Welt entstehen und in der Richtung seiner Absichten wirken lassen. Daß sie ihm dienstbar werden, ist auf zweierlei Weise zu erreichen. Es kann in der Welt so gefügt sein, daß der Staat immer dann, wenn er seinem eigenen Sinne gemäß verfährt, auch die Zwecke Gottes fördert, bzw. die Zwecke Gottes fördern *muß*, um sich selbst erhalten zu können. (Nehmen wir an, daß die sittliche Erziehung der „göttliche Beruf" des Staates sei, so könnte es so eingerichtet sein, daß die Menschen sittlich erzogen werden müssen, um sich dem Staate zu fügen.) Eine andere Möglichkeit wäre die, daß die Repräsentanten des Staates ihre Machtstellung dazu benützten, um Gottes Gebote in ihrem Herrschaftsgebiet durchzusetzen. Dann stünde nicht der Staat selbst im Dienste des göttlichen Zwecks, sondern nur das Faktum, daß es ihn gibt und daß man sich seine Autorität leihen kann, um außerstaatliche Zwecke verwirklichen zu können.

Ob der Staat einen solchen Beruf hat und auf *welchem* der möglichen Wege er ihn erfüllt, ist eine reine Tatsachenfrage, die von einer prinzipiellen Staatslehre nicht beantwortet werden kann. Sie kann nur feststellen, daß dergleichen durch die Idee des Staates nicht vorgezeichnet, aber auch nicht ausgeschlossen ist. Darum müssen wir es ablehnen, die Staatslehre auf die „Idee des sittlichen Reichs" zu, begründen, wie es Friedrich Julius Stahl in dem Standardwerk der konservativen Politik[164] als notwendig bezeichnet. Diese Idee kann nur von außen an den Staat herangetragen werden. Es mag gute Gründe geben, dies zu tun, und so können auch die praktischen Konsequenzen, die daraus gezogen werden, durchaus berechtigt sein. Es ist nur ein Irrtum zu meinen, daß sie sich aus der Idee des Staates herleiten lassen[165].

---

164 Staatslehre 1856. ⟨Gemeint ist die folgende Veröffentlichung: Friedrich Julius Stahl, Die Staatslehre und die Principien des Staatsrechts, Heidelberg ³1856; vgl. auch Die Philosophie des Rechts, Bd. 1: Geschichte der Rechtsphilosophie, Bd. 2–3: Rechts- und Staatslehre auf Grundlage christlicher Weltanschauung, Tübingen 1878 (ND Hildesheim 2000). Der Rechts- und Staatsphilosoph Friedrich Julius Stahl (1802–1862), der vom Judentum zum Protestantismus konvertiert ist, versucht die Hermeneutik der historischen Rechtsschule und die christliche Weltanschauung in einer konservativ-theistischen Staats- und Rechtslehre zu vereinigen.⟩

165 ⟨Für Edith Stein gehört das Ethos durchaus zum „Sinn des Staates", nicht aber zu seiner ontischen Struktur. Es wird durch die Volksgemeinschaft im Staat fundiert. Das Wesen des Staates aber ist weder philosophisch noch theologisch bestimmt. Diese Auffassung impliziert allerdings auch das Missverständnis, dass ein Staat ohne oder unab-

§ 3. Das konkrete Staatsgebilde in seiner Bedingtheit durch andere Faktoren als die Struktur des Staates

a) Prinzipielle und empirische Staatslehre

Die letzten Ausführungen können dazu dienen, die Eigentümlichkeit unserer Betrachtungsweise gegenüber einer *empirischen* Staatslehre hervorzuheben. *Jellinek* z. B. unterscheidet zwei mögliche Untersuchungsrichtungen: die *soziale* oder historisch-politische, welcher die Feststellung der objektiven und subjektiven (d. h. der „äußeren" und „inneren") Geschehnisse, die das Staatsleben ausmachen, obliegt. Und eine *juristische*, deren Gegenstand die „vom Staat ausgehenden, seine Institutionen zu beherrschen bestimmten Rechtsnormen und das Verhältnis der realen staatlichen Vorgänge zu jenen rechtlichen Beurteilungsnormen" sind.[166] Keine von den hier ins Auge gefaßten Betrachtungsweisen deckt sich mit unserer Problemstellung. Uns interessieren nicht die Tatsachen des Staatslebens (zu denen der Erlaß der positiv-rechtlichen Bestimmungen, mit deren Inhalt sich die juristische Forschung beschäftigt, mit gehört) und auch nicht die faktisch aufgestellten Normen, nach denen diese Tatsachen sich richten sollen. Wir suchen vielmehr festzustellen, welche der im faktischen Aufbau der bestehenden Staaten aufweisbaren Momente den Staat als solchen konstituieren, und dadurch den Staatsbegriff zu klären, den die empirische Staatswissenschaft ungeprüft voraussetzt[167]. Aus dieser Verschiedenheit der Problemstellung ergibt es sich, daß keineswegs alle Fragen, die für die empirische Betrachtung von Wichtigkeit sind, auch für uns in Betracht kommen. Dort muß für jede Art sozialer Gruppen untersucht werden, wie der Einfluß ist, den sie auf den Staat üben und den sie von ihm erfahren. Hier genügt es, wenn der prinzipielle Machtbereich des Staates abgesteckt wird und auf der anderen Seite das Maß der prinzipiellen Beeinflußbarkeit durch Individuen und Gruppen[168]. Wiederum wird für uns Problem, was dort selbstverständlich ist und keiner Untersuchung bedarf. Jellinek beginnt eine Untersuchung mit einer *Definition*, an die alles Weitere anknüpft. „Der Staat ist eine auf einem abgegrenzten Teil

hängig vom Ethos legitim handeln könne. Edith Stein wendet sich gegen die Position Stahls, der den Staat selbst für eine göttliche Institution hält, die der Mensch mit Hilfe des Rechts zum sittlichen Reich ausformen müsse. Sie favorisiert dagegen ein säkulares, d. h. nicht auf einen bestimmten Sinn festgelegtes Staatsverständnis.⟩

[166] A. a. O. ⟨vgl. Einleitung Anm. 43 und Text Anm. 133⟩ S. 138.

[167] ⟨Edith Stein verdeutlicht, dass es ihr nicht um ein empirische Staatsverständnis mit einem sozialen und juristischen Staatsbegriff geht, sondern um den „Staat als solchen", d. h. um das, was einen Staat begründet.⟩

[168] ⟨Edith Steins Untersuchung gilt dem „prinzipiellen Machtbereich des Staates" und dem Maß der prinzipiellen Beeinflussbarkeit durch Individuen und Gruppen", die ihm angehören.⟩

der Erdoberfläche seßhafte, mit einer herrschenden Gewalt versehene und durch sie zu einer Einheit zusammengefaßte Vielheit von Menschen."[169] Und wo später Umformungen und Ergänzungen der anfänglichen Definition vorgenommen werden, geschieht es auf Grund einer empirischen Betrachtung der bestehenden Staaten. In einer prinzipiellen Erörterung kann die Definition des Begriffs, der zur Diskussion steht, niemals die Untersuchung eröffnen, sondern nur als ihr Ergebnis abschließen, und in der Untersuchung selbst spielen Fakten keine Rolle. So ist alles, was jene Definition des Staates enthält, für uns fraglich und der Prüfung bedürftig; der Sinn jedes einzelnen verwendeten Terminus verlangt nach Klärung. Die Bedeutung der „herrschenden Gewalt" für den Aufbau des Staates haben wir bereits erörtert und sie in der Tat als konstitutiv erkannt. Daß es dagegen nicht angeht, den Staat als eine „Vielheit von Menschen" zu bezeichnen, ist durch unsere prinzipielle Analyse deutlich geworden. Der Staat *umfaßt* einen Bereich von Personen (die nicht notwendig *Menschen* sein müssen), aber diese Personen *sind* nicht der Staat. Andererseits ist es nicht notwendig, daß sie erst durch den Staat „zu einer Einheit zusammengefaßt" werden. Er kann sich auf der Grundlage eines bereits bestehenden Verbandes erheben. Ob das eine oder das andere der Fall ist, und ferner, welcher Art der Verband sein muß, der dem Staat als Grundlage dienen kann, das wird durch dessen Struktur offengelassen[170]. Damit ist aber noch nicht gesagt, daß für die Existenz eines konkreten Staatsgebildes die eine wie die andere „mögliche" Grundlage gleich tauglich ist. Es könnte sehr wohl sein, daß in der Realität ein Staat nur „lebensfähig" wäre unter Bedingungen, die durch seine Struktur nicht als notwendig vorgezeichnet sind. Wir hätten dafür dann andere Faktoren verantwortlich zu machen, die am Aufbau des konkreten Staatswesens beteiligt sind. So vor allem die Struktur der Personen, die zu ihm gehören. Eine ganze Reihe von Problemen, die noch *vor* der empirischen Staatslehre liegen und für diese ebenso wie für eine Fundierung der praktischen Politik von Wichtigkeit sind, lassen sich nur von diesem Gesichtspunkt aus in Angriff nehmen[171].

---

[169] A. a. O. ⟨Anm. 133⟩ S. 71. ⟨Zum Staat gehören nach dieser Definition: Herrschaftsgebiet, Herrschaftsgewalt und eine Einheit vieler Menschen. Diese Definition stellt Edith Stein insofern in Frage, als sie den Staat als eine „Einheit von Personen" versteht, die ihres Erachtens nicht unbedingt Menschen sein müssen, sondern „juristische Personen", die nicht selbst Staat sind.⟩

[170] ⟨Edith Stein hält die Zusammenfassung der Personen zu einer Einheit für die Struktur des Staates nicht für zwingend notwendig. Wichtig ist nur die Einheit von Personen, in welcher Weise sie auch zustande gekommen sein mag. Zwar könne die Lebensfähigkeit eines Staates davon abhängen, nicht aber seine Struktur.⟩

[171] ⟨Wichtig ist in diesem Zusammenhang für Edith Stein auch die Frage nach der „Struktur der Personen".⟩

b) Gesellschaft und Gemeinschaft als Grundlagen des Staates

Zunächst ist hier der Ort, um die früher behandelte Frage wieder aufzugreifen, ob der Staat als Gemeinschafts- oder als Gesellschaftsgebilde anzusetzen sei. Gesellschaften sind soziale Verbände, die willentlich begründet werden und in die freie Personen kraft eines Willensaktes eintreten und aus denen sie auf dieselbe Weise eventuell wieder ausscheiden. Diesem Typus würde der Staat nach der rationalistischen Auffassung entsprechen. Es herrschte darin – im Idealfall bei allen Individuen, mindestens aber bei einem Teil von ihnen – ein klarer Überblick über Aufbau und Zweck des Ganzen und ihre eigene Stellung darin. Und alles, was sie selbst oder was das Ganze vornähme, jede Veränderung im Innern und jede Aktion nach außen, wäre das Ergebnis einer Überlegung und eines freien Entschlusses. Denkbar wäre ein solches Gebilde, aber es wäre darum nicht als Staat anzusprechen, weil der Staat nicht – wie eine Gesellschaft – durch einen Willensakt von Individuen ins Dasein gerufen wird. Und außerdem wäre es ständig der Willkür der Individuen preisgegeben und in jedem Augenblick in seiner Existenz bedroht.[172] Ein Beispiel dafür sind jene künstlichen „Staaten", die gelegentlich von Diplomaten auf ihren Kongressen zurechtgeschnitten werden und dann unter dem Einfluß äußeren Zwanges zusammenhalten, aber auseinander fallen, sobald jener Druck nachläßt. Staaten sind auch sie, sofern die Staatsgewalt sich selbst konstituiert – wenn auch auf Grund von Motiven, die ihren Inhabern von außen nahe gelegt werden – und sofern ihr Herrschaftsanspruch anerkannt wird. Eben darum ist die gesellschaftliche Aktion nur Vorbereitung der Staatsgründung und fällt nicht mit dieser zusammen. Die vorstaatlichen Grundlagen, nicht der Staat selbst, wären in diesem Falle gesellschaftliche[173]. Die Recht setzenden Akte sind hier produktiv; sie *schaffen* Verhältnisse, die von sich aus keinen Bestand haben. In dem gemeinschaftlich ausgebauten Staat dagegen sind die rechtlichen Bestimmungen nur Sanktionierung von sich aus erwachsender Verhältnisse. Er ruht in eigener Schwerkraft, sie ist das Fundament, auf dem sich der Recht setzende Wille etabliert, und die Quelle der Macht, die ihn stützt. Der Staat umfaßt hier eine mehr oder minder weit rationalisierte oder (was dasselbe sagt) mit gesellschaftlichen Elementen durchsetzte Gemeinschaft. Es ist noch zu fragen, ob der Staat auch als Form einer Gemeinschaft denkbar ist, deren Aufbau noch nicht ins Licht des Vernunftbewußtseins erhoben und nicht zum Inhalt rechtlicher Bestimmungen gemacht ist. Es scheint, als müßte mit dem

---

[172] Vgl. ⟨Friedrich⟩ *Schleiermacher* (a. a. O. ⟨Anm. 20⟩ S. 179): „... durch Vertrag wird die Anarchie begründet, indem zugleich mit der Vereinigung das Streben einzelner begründet würde, das bestehende zu verändern oder umzustürzen".

[173] ⟨Für die Struktur des Staates fällt nach Edith Stein die Form der Gesellschaft aus. Sie kann allenfalls „vorstaatliche Grundlage" sein.⟩

gesetzgebenden Willen die Souveränität und damit die Staatlichkeit fortfallen. Es bleibt aber doch insofern etwas davon erhalten, als das Gebilde nicht von einer äußeren Macht, sondern von innen heraus gestaltet sein kann, wenn auch nicht durch spontane Akte. Damit ist die materiale Grundlage für einen Staat gegeben, und es kann jederzeit der Durchbruch zur Freiheit in unserem spezifischen Sinn des Wortes erfolgen.

c) Die Entstehung des Staates

Da das konkrete staatliche Gemeinwesen ebenso wie die Einzelperson ein sich entwickelndes Gebilde ist, so gehört die Untersuchung seines möglichen Entwicklungsganges mit in die Untersuchung seiner ontischen Struktur hinein. Dabei ist nicht aus dem Auge zu verlieren, daß der Charakter des Staates als solchen am konkreten Staatsgebilde wohl mehr oder minder rein und vollständig hervortreten, aber sich selbst nicht entwickeln kann. Wären die Staaten reines Produkt rechtswirksamer Akte, wie die Vertragstheorie lehrt, so ließe sich die Frage ihrer Entstehung und Fortbildung leicht beantworten. In einem bestimmten Zeitpunkt – für den es jeweils nur von dem Zufall der Überlieferung abhinge, ob er uns bekannt wäre oder nicht – würden sie kraft eines Willküraktes ins Dasein gerufen; desgleichen wäre jede Veränderung ihrer Struktur das Ergebnis eines zielbewußten und zeitlich punktuell bestimmten Willküraktes. Schwieriger ist die Frage, wenn, wie wir meinen, ein Staat nicht bloßes Produkt Recht setzender Akte ist (obwohl die rechtliche Konstitution ihn erst zum Staat im vollen Sinne macht), sondern an eine vorausgehende Gemeinschaftsentwicklung anknüpft. Diese Entwicklung besteht zum guten Teil in der Herausbildung sozialer Institutionen[174]. Sie sind jene eigentümlichen, unsichtbaren, zeitlich bestimmten Gegenständlichkeiten, von denen wir anfangs sagten, daß sie ihr Dasein Personen verdanken, aber abgelöst von den Personen existieren. Daß sie das Produkt setzender Akte sein können, haben wir gesehen. Gibt es aber für sie noch eine andere Möglichkeit der Entstehung? Wir kennen Gegenständlichkeiten, die mit den rechtlichen und staatlichen Einrichtungen darin übereinstimmen, daß sie am Verhalten von Personen zur Gegebenheit kommen, als Formen, in denen sich ihr Leben abspielt, daß sie während einer gewissen Dauer existieren und dann wieder verschwinden. Wir nennen sie Sitten oder Bräuche, Gewohnheitsrecht u. dergleichen. Im Unterschied zu den durch Willkürakte geschaffenen Institutionen läßt sich bei ihnen der Zeitpunkt des Entstehens und Aufhörens nicht angeben. Und zwar nicht zufällig, sondern

[174] ⟨Edith Stein hält die Entwicklung des Staates, die sich vor allem in der Ausbildung „sozialer Institutionen" zeige, für ein Moment seiner ontischen Struktur.⟩

prinzipiell nicht. Sie „kommen auf“ und „kommen ab“, und dieses Aufkommen und Abkommen ist nicht das Korrelat punktueller setzender Akte. Jellinek sagt gegen die Auffassung, welche „die natürliche Schöpfung von Recht und Staat behauptet“, sie übersehe „die fundamentale Tatsache, daß keine Institution ohne menschlichen ziel- und zweckbewußten Willen entstehen kann“.[175] Man kann dazu nicht Stellung nehmen, ohne zu klären, was unter „natürlicher Schöpfung“ auf der einen Seite zu verstehen ist, und auf der anderen Seite, was der Anteil des zweckbewußten Willens bedeutet. Unter „natürlicher Schöpfung“ hat man sich jedenfalls kein „Naturgeschehen“ zu denken (in dem strengen Sinne, in dem es im Gegensatz steht zu *geistigem* Geschehen). Wenn in einem Kreise von Gefährten sich die Gewohnheit herausbildet, daß bei gemeinsamen Unternehmungen einer von ihnen – und zwar immer derselbe – die Führung übernimmt und die anderen sich seinen Anordnungen fügen, wenn so eine feste Ordnung und Gliederung entsteht, so ist das kein „Naturvorgang“. Es ist ein geistiger Prozeß, bei dem gewisse richtunggebende Motive eine Rolle spielen: die größere Aktivität, die Fähigkeit zur Initiative beim Führer, die ihn zum Handeln treibt, bestimmt die anderen, indem sie ihre Anerkennung erweckt, ihm zu folgen. Daneben spielt in den einzelnen beteiligten Individuen die *psychische* Gesetzlichkeit, die wir als „Macht der Gewohnheit“ bezeichnen, eine Rolle: die Herausbildung von Dispositionen zu Verhaltungsweisen, die man zunächst, von ursprünglicher Motivation geleitet, angenommen hat; von Schemata, auf die sich das psychische Geschehen einfährt[176]. Wenn diese Dispositionen „fest“ geworden sind – was eine nicht in scharfen Grenzen anzugebende Dauer erfordert –, so kann man von einem ihnen entsprechenden „Brauch“ reden, nach dem die Individuen leben und der ihnen als eine von ihnen abgelöste Realität gegenübersteht. Wie verhält sich nun dieser geistig-psychische Prozeß zu dem Willkürakt, durch den eine dem Brauch entsprechende rechtliche Institution geschaffen werden könnte? Es ist sicherlich richtig, daß der Wille der Individuen, die in ihrem Zusammenleben gewisse Formen ausbilden, nicht ausgeschlossen ist. Sie verfolgen mit ihrem Verhalten gewisse Zwecke, und es ist möglich, daß sie dabei „willentlich“ im spezifischen Sinne, d.h. aus einem freien Vorsatz heraus, handeln. Entscheidend ist, daß es jedenfalls nicht die Ausbildung des Brauches ist, worauf *während* seiner Ausbildung der Zweck setzende Wille gerichtet ist. Während der gesetzgebende oder Recht setzende Wille die Form des Verhaltens, die den Inhalt der Rechtsbestimmung bildet, im Auge hat, ist bei dem Verhalten, für das sich ein Brauch herausbildet, etwas ganz anderes im Blickpunkt und die Form

[175] A.a.O. ⟨Anm. 133⟩ S. 47.
[176] ⟨Führungsübernahme ist in einer Gruppe ein geistiger Prozess, der durch die „Macht der Gewohnheit“ bei den geführten Personen Anerkennung findet.⟩

des Verhaltens ganz außer Betracht. Es besteht nun jederzeit die Möglichkeit, daß der geistige Blick sich dem Verhalten zuwendet, daß der Wille dem ausgebildeten Brauch seine Sanktion erteilt und ihn rechtskräftig macht oder auch sich gegen ihn wendet und ihn unterbindet[177].

Versteht man also die „natürliche“ Entstehung nicht im Gegensatz zum Geistigen, sondern als eine nicht „künstliche“, d. h. willkürlichen Setzungen entspringende, so stellt sie den typischen Entwicklungsverlauf einer Gemeinschaft überhaupt dar. Den Charakter der Staatlichkeit erhält ein Gemeinwesen nach unserer Analyse durch den Besitz der Souveränität, d. h. der Freiheit, sich seine Institutionen aus sich heraus zu schaffen und alle seine Aktionen von sich aus zu vollziehen. Wir sprechen davon auch dann, wenn die souveräne Macht sich nicht ausdrücklich als solche konstituiert hat und von der anderen Seite nicht ausdrücklich anerkannt ist. Sie muß nur die Herrschaft ausüben und darin unangefochten sein. Und es gehört ferner dazu die prinzipielle Möglichkeit, in einem beliebigen Zeitpunkt die ausdrückliche Konstitution bzw. Anerkennung zu vollziehen.

d) Die prinzipiellen Grenzen der staatlichen Macht und die realen Bedingungen ihres Entstehens

Wir betrachteten als zur Souveränität gehörig die unbeschränkte Macht, in einem auf Grund eigener Konstitution abgegrenzten Herrschaftsgebiet Recht zu setzen. Und als möglichen Inhalt der rechtlichen Bestimmungen nahmen wir die Festsetzung bestimmter Formen des Lebens und Zusammenlebens in der Gemeinschaft, die den Wirkungsbereich jener Macht darstellt. Auf welche Gebiete des Lebens sich die Rechtsbestimmungen erstrecken können, darüber haben wir nichts gesagt. In der geforderten Unbeschränktheit der Souveränität liegt aber beschlossen, daß es prinzipiell keine Grenze dafür geben kann (wenigstens soweit Begrenzung durch eine andere Willensmacht in Frage kommt), wenn auch faktisch sehr vieles von staatlicher Regelung frei bleiben mag und wenn sich darüber hinaus sogar noch zeigen läßt, daß zu weitgehende Ausdehnung der Staatsallmacht dem Staat selbst schädlich sein kann. Diese Verhältnisse haben wir schon gestreift, als wir von den Beziehungen des Staates zu anderen sozialen Gebilden sprachen und speziell zu den ihm ein- bzw. untergeordneten Verbänden. Der Staat umfaßt Gemeinschaften und Gesellschaften, überhaupt alle möglichen Gruppen von Individuen, die teils in seinem Machtbereich beschlossen sind,

177 ⟨Gewohnheit, Sitte oder Brauch als natürliche Gegebenheiten und Wille als künstliche Setzung schließen sich nicht aus. Beide Momente bestimmen die Entwicklung einer Gemeinschaft.⟩

teils auf den Machtbereich anderer Staaten übergreifen und in diesem Fall durch die staatlichen Grenzen gegliedert werden. Diese Gruppen sind zumeist ohne Zutun des Staates entstanden und ausgebildet worden, und es ist möglich, daß sie während ihrer ganzen Dauer niemals mit ihm in Berührung kommen, wie es z. B. für Freundschaftsverhältnisse die Regel ist. Andererseits kann es sein, daß der Staat irgendwann seine Hand auf sie legt, wie es bei der Familie bzw. Ehe durch die Ausbildung eines staatlichen Eherechts, durch die staatliche Regelung der rechtlichen Beziehungen von Eltern und Kindern geschieht. Sogar das Recht, das in so engen Beziehungen zum Staat steht, ist nicht seine alleinige Domäne. Eine private Genossenschaft (eine Zunft z. B.) kann als Willenssubjekt auftreten und sich gesetzgebend betätigen, vornehmlich ihre eigene Organisation nach freier Willkür regeln. Sogar die Wahrung dessen, was als Recht erkannt (nicht bloß willkürlich gesetzt) ist, die Ahndung von Verbrechen u. dergleichen kann von privaten Verbänden in die Hand genommen werden, und zwar für einen weiteren Bereich als der rechtsübende Verband (man denke an die geheime Feme[178]) ihn darstellt, eventuell für ein ganzes Staatsgebiet. Der Staat, innerhalb dessen Herrschaftsbereich das geschieht, bleibt als solcher unangetastet, so lange es nicht mit überwiegender Macht gegen seinen Willen durchgesetzt wird, sondern von ihm zugelassen mit dem ausdrücklichen oder stillschweigenden Vorbehalt, daß er jederzeit das von anderer Willensmacht gesetzte Recht von sich aus außer Kraft setzen und eigene Bestimmungen dafür ergehen lassen kann. So lange nämlich handelt es sich um eine Selbsteinschränkung der Staatsgewalt, die keine Einschränkung der Souveränität bedeutet.[179]

So steht es mit allem, was durch Willkür geschaffen oder doch willkürlicher Beeinflussung zugänglich ist, nur wo die Domäne willentlicher Regelung ein Ende hat, da sind auch der Staatsmacht und ihrem Zugreifen prinzipielle Grenzen gesetzt. Das praktische Verhalten der Individuen kann in der mannigfachsten Weise durch staatliche Vorschriften eingeschränkt und in Formen gepreßt werden, und es ist möglich, auf diese Weise ihre Persön-

---

[178] ⟨Feme ist eine in einem geheimen Verfahren verhängte Strafe, die im Spätmittelalter auf die Verbesserung der Rechtspflege und Gerichtsbarkeit ausgerichtet ist, die von Freiherren oder Freigrafen mit Freischöffen ausgeübt wurden. Missbrauch (Käuflichkeit, Willkür etc.) führt zum Verfall dieser Institution, der in der Neuzeit der Makel der Anrüchigkeit anhaftet. Vgl. W. Harnisch, Anmerkungen zu neueren Ansichten über die Feme: Zeitschrift für Rechtsgeschichte. Germanistische Abteilung 102, 1985, 247.⟩

[179] Es ist eine irrtümliche Auffassung des Verhältnisses von Staat und Recht, wenn *Schleiermacher* meint, die Zivilgerichtsbarkeit müsse den Bürgern nur die Möglichkeit geben, das Urteil des Staates anzurufen, und daneben müsse es „ihnen freistehen, sich an solche von beiden dafür erkannte Männer als Schiedsrichter zu wenden, welche ihnen das Recht sprechen ohne Zutun des Staates“ (a. a. O.⟨Anm. 20⟩ S. 149). Die Einräumung dieser Freiheit ist durchaus in das Belieben des Staates gestellt, und als ein „Muß“ bedeutete sie eine Durchbrechung der Souveränität.

lichkeitsentwicklung in bestimmter Richtung zu dirigieren und einen Menschentypus künstlich zu züchten. Aber die persönliche Eigenart, die aller Persönlichkeitsentwicklung zugrunde liegt und ihren möglichen Abwandlungen feste Grenzen setzt, läßt sich weder vorschreiben noch verbieten. Sie entfaltet sich in immer neuer Differenzierung unter dem uniformen Typus des preußischen Beamten – ihn durchbrechend oder doch von Person zu Person stets neu variierend, schlimmstenfalls unter ihm verborgen – ebenso gut wie in den ungezügelt aufwachsenden und sich selbst behauptenden Renaissancemenschen. Und wie mit der persönlichen Eigenart, so steht es mit allem, was in ihr verankert ist, mit allem, was dem Reich der Seele angehört: Stellungnahmen der Person, inneren Beziehungen zwischen Personen und Schöpfungen des Geistes. Der Staat kann es den ihm unterstehenden Personen verbieten, sich unter frei gewählten Formen sichtbar miteinander zu verbinden. Aber daß sie sich zueinander hingezogen fühlen und daß eine innere Gemeinschaft zwischen ihnen erwächst, das ist durch kein Verbot zu hindern, wie auf der anderen Seite kein Gebot die Kraft hat, eine Gemeinschaft zu begründen[180]. So kann der Staat schließlich auch Kultusformen und öffentliches Bekenntnis zu irgendeiner Konfession vorschreiben oder verbieten. Aber auf das Verhältnis der Seele zu Gott kann kein Gebot oder Verbot einer äußeren Macht einen Einfluß üben[181].

Diese Zusammenhänge schweben wohl Jellinek vor, wenn er sich gegen die Theorie von der Staatsallmacht wendet. „Die Rechtslehre behauptet, daß der souveräne Staat jeder anderen organisierten Gewalt überlegen, keiner untertan sei. Aber den gewaltigen Mächten des sozialen Lebens, die nicht in der Form bewußter Willensmacht wirken, ist der Herrscher selbst untertan.“[182] Es fehlt nur hier – wie bei Jellinek überhaupt – die Unterscheidung zwischen den *prinzipiellen* Grenzen der staatlichen Einflußsphäre und den *faktischen* Abhängigkeitsverhältnissen, in denen der Staat und die anderen sozialen Gruppen bzw. die Individuen stehen. Wenn *tatsächlich* keiner der erfahrungsgemäß bekannten Staaten für die musikalische Ausbildung seiner Bürger sorgt, so ist damit nicht gesagt, daß es keinen Staat geben *könne*, der entsprechende Institutionen schüfe und ihre Benützung als verbindlich erklärte. Dagegen wäre es widersinnig, wenn dieser Staat es den Individuen zugleich vorschreiben wollte, daß sie mit einer bestimmten musikalischen Veranlagung zur Welt zu kommen hätten. Andererseits würde der historische Nachweis, daß die bestehenden Staaten sämtlich von gewissen sozialen Gruppen bedingt sind, die sie umfassen oder an denen sie Anteil haben,

---

[180] ⟨Anders als der Staat erwächst die Gemeinschaft aus den geistigen Beziehungen der Individuen mit ihren persönlichen Eigenarten.⟩

[181] ⟨Noch nicht im Blick ist die weltanschauliche und religiöse Neutralität des Staates. Er besitzt nach Edith Stein das „ius circa sacra“, nicht aber das „ius in sacra“.⟩

[182] A. a. O.⟨Anm. 133⟩ S. 125.

nicht zeigen, daß diese Abhängigkeitsverhältnisse bestehen *müssen* und daß prinzipiell kein Staat denkbar sei, der seinen ganzen Aufbau seinen eigenen Bestimmungen verdanke.

Einer besonderen Untersuchung bedürfen noch jene Selbsteinschränkungen der Staatsgewalt, von denen wir schon gelegentlich sprachen: sie fallen in das Gebiet der Freiheit selbst und hängen zusammen mit der eigentümlichen rückwärtigen Bindung, die zu jeder Rechtsetzung gehört, und mit ihrer Verankerung in einem Adressaten. Mit jeder seiner Bestimmungen verpflichtet sich der Staat, diese Bestimmungen zu wahren, und läßt in den Personen seiner Herrschaftssphäre den Anspruch darauf erwachsen, daß das geschieht. Außer diesem gemeinsamen und sozusagen formalen Anspruch auf Beachtung des staatlichen Rechts, an dem alle zum Staate Gehörigen Anteil haben, gibt es inhaltlich bestimmte Ansprüche einzelner Personen oder Verbände oder auch der ganzen staatlichen Gemeinschaft entsprechend dem Inhalt der Rechtsbestimmungen und ihrer Adressaten. Dahin gehören die Ansprüche, die durch die Einsetzung staatlicher Organe begründet werden, und die Rechte, die ihnen entsprechen. Wenn ein Staat als erbliche Monarchie konstituiert wird, so erwächst daraus dem jeweiligen Erben der Krone der Anspruch, als Repräsentant des Staates anerkannt zu werden, und das Recht, in seinem Namen – allein oder in Gemeinschaft mit anderen vorgesehenen Organen – Akte zu vollziehen. Jede Verfassung stellt eine solche Selbstbindung des Staates dar, durch die eine ganze Reihe von „Rechten auf Organstellung" (nach einem Terminus von Bernatzik) begründet werden. Der Staat grenzt damit aus dem Bereich von Möglichkeiten, die ihm für den Vollzug seiner Akte zur Verfügung stehen, gewisse heraus, auf die er sich festlegt. Daran muß aber festgehalten werden, daß diese Festlegung allein Sache des Staates ist und daß die subjektiven Rechte, die daraus erwachsen, staatlichem Recht ihren Ursprung verdanken. Bernatzik läßt das außer acht, wenn er von den Kommunen in manchen Staaten sagt: „sie haben einerseits eigene Rechte *ohne* Organstellung, sie sind andererseits staatliche *Organe*, die jedoch auf ihre Kompetenz ein eigenes *Recht* haben, sie sind endlich staatliche Organe *ohne* eigene Rechte auf die bezügliche Kompetenz."[183] Einmal handelt es sich hier nur um inhaltliche Unterschiede der kommunalen Rechte und nicht um Unterschiede ihres rechtlichen Charakters. Alle subjektiven Rechte (soweit sie auf positiv-rechtliche Geltung Anspruch machen können) sind letztlich im Staate verankert. Es mag Gemeinden geben, die älter sind als die Staaten, denen sie angehören, und sie mögen aus ihrer Vergangenheit die Ausübung gewisser Funktionen herübergerettet haben. *Rechtmäßig* ist diese Ausübung nur, sofern sie ihnen vom Staat *überlassen* ist (was auch stillschweigend geschehen kann), und ein

[183] A. a. O. ⟨Anm. 130⟩ S. 305.

Recht ohne Organstellung nur, solange der Staat darauf verzichtet, die betreffende Funktion mit Beschlag zu belegen und sie evtl. durch die Gemeinden in seinem Namen ausüben zu lassen, statt ihnen die Ausübung von sich aus zu erlauben. Staatliche Organe ohne eigenes Recht auf die betreffende Kompetenz gibt es überhaupt nicht. Man kann unterscheiden zwischen Rechten auf Organstellung, die eine Gemeinde von sich aus beantragt hat, und solchen, die ihr vom Staate ohne eigenes Begehren überwiesen wurden (man denke etwa an die Einziehung der Staatssteuern) und die sie von sich aus vielleicht niemals geltend machen würde. Das ändert nichts daran, daß sie in dem Moment, wo sie mit der Ausübung einer staatlichen Funktion betraut wird, auch mit einem Recht auf diese Ausübung ausgestattet wird.

Neben der „rückwärtigen" Bindung des Staates durch sein eigenes Recht haben wir noch eine andere innerhalb der Sphäre der Freiheit kennen gelernt: das Angewiesensein auf die Anerkennung derer, an die sich sein Herrschaftsanspruch wendet. Wir sprachen davon, daß ohne diese Anerkennung der Staat nicht existieren könne. Das muß noch näher präzisiert werden. Man kann in doppeltem Sinne von einer „Verletzung" des Staates sprechen: bei einer *Übertretung* seiner Gesetze und bei Gesinnungen und Handlungen, die eine Spitze gegen ihn selbst haben, die seine *Autorität leugnen* (was bei der bloßen Übertretung keineswegs der Fall zu sein braucht). Die bloße Übertretung hebt die Souveränität nicht auf. So wenig die Freiheit der Person dadurch aufgehoben wird, daß sie sich „treiben läßt" und nicht auf ihre Spontaneität zurückgreift. Wie die Person jederzeit die „Herrschaft über sich selbst" wieder an sich nehmen kann, so kommt die Unverletztheit der Souveränität bei Durchbrechung der staatlichen Bestimmungen in dem *Recht zu strafen* zum Ausdruck. Anders liegt es, wenn das Bestimmungsrecht der Staatsgewalt offen angefochten oder durch geflissentliche Nicht-Beachtung der Gesetze als nichtig hingestellt wird. In diesem Falle ist die Souveränität strittig und die Existenz des Staates in Frage gestellt. Verfügt er über Mittel, die imstande sind, den widerstrebenden Elementen die verweigerte Anerkennung abzunötigen, und macht er von ihnen Gebrauch, so gelangt er über den Schwebezustand hinaus zu einer Neubefestigung. Fehlen solche Mittel, so ist der Staat aufgehoben, mag auch das Fortbestehen gewisser staatlicher Funktionen darüber hinwegtäuschen.

Die Möglichkeit der Vernichtung des Staates läßt uns das Problem der „Anerkennung" noch von einer anderen Seite erwägen. Wir haben bisher nur die Gebundenheit der Souveränität an die Anerkennung derer betrachtet, die zum Herrschaftsbereich des Staates gehören. Da uns die Souveränität aber gleichbedeutend war mit Freiheit des Staates in seiner Selbstgestaltung, hat sie auch ein „nach außen" gewendetes Gesicht. Sie bestimmt das Verhältnis des Staates zu anderen Staaten, und es muß untersucht werden, ob er nicht auch auf deren Anerkennung angewiesen ist. Im faktischen Staatenverkehr gilt ja ein neu begründeter Staat (oder eine neue Staatsgewalt) erst dann als zu Recht bestehend, wenn er von den Regierungen der anderen Staaten anerkannt ist. Ein *Recht* der bestehenden Staaten, bei der Gründung eines neuen mitzuwirken, kann keineswegs zugegeben werden. Der Staat kann, wie immer wieder betont wurde, nur kraft eigenen Rechts bestehen. Aber der Anspruch, in den durch seinen eigenen Machtspruch abgesteckten Grenzen anerkannt zu werden, richtet sich nicht nur an die zu seinem Herrschaftsbereich gehörenden Willenssubjekte, sondern auch an die außerhalb stehenden, von denen er gleichfalls angefochten werden könnte. Sich eine Herrschaftssphäre abgrenzen, heißt sie dem möglichen Zugreifen anderer souveräner Mächte entziehen, und das ist nicht ohne deren Zustimmung möglich. Die Begrenzung einer Herrschaftssphäre, die durch das Abstecken einer fremden gegeben ist, wäre eine Einschränkung der Souveränität, wenn sie nicht als Selbstbegrenzung erfolgte, und das geschieht in der Form der Zustimmung. Diese braucht ebenso wie die der Personen, die zu der betreffenden Herrschaftssphäre gehören, nicht ausdrücklich vollzogen zu werden. Wenn die fremden Regierungen mit der neu begründeten in Verkehr treten, so ist die Zustimmung darin impliziert. Und es genügt auch schon, wenn sie ihr die Herrschaftssphäre, die sie für sich beansprucht, stillschweigend überlassen, ohne Eingriffe zu versuchen oder sie sich auch nur vorzubehalten. Erfolgt dagegen von irgendeiner Seite ein Einspruch gegen die Etablierung einer neuen Staatsgewalt – sei es gegen die Form, die sie sich gibt, oder gegen die Art der Abgrenzung ihres Gebiets –, so ist der Staat damit in suspenso[184] gesetzt. Erst wenn er Mittel und Wege findet, die anderen zur Zustimmung zu bewegen, ist seine Existenz gesichert. Solange das nicht der Fall ist, solange andere in sein Gebiet hineinregieren oder es sich doch vorbehalten, das zu tun, mag das Gemeinwesen, das sich als Staat konstituieren will, nach manchen Richtungen hin wie ein Staat funktionieren, es können darin sogar alle staatlichen Funktionen schon fertig ausgebildet sein – das ändert nichts darin, daß es zur Existenz als Staat noch nicht völlig durchgedrungen ist.

e) Staat und politische Funktion. Verfall des Staates

Das führt uns auf eine ganz neue Frage: Wie ist es möglich, daß staatliche oder *politische Funktionen* bestehen, ohne daß ein Staat vorhanden ist? Wir finden Gemeinwesen, die solche Funktionen aufweisen, auf dem Wege zum Staat und bei seinem Verfall, und sie machen es verständlich, daß die konstitutive Bedeutung der Souveränität verkannt werden konnte, daß man nicht-souveräne Gemeinwesen als Staaten in Anspruch nehmen wollte. Die-

[184] ⟨D. h. aufgehoben.⟩

ser Auffassung ist erst endgültig der Boden entzogen, wenn wir zeigen können, daß der Begriff der politischen Funktion und daß jene nicht-souveränen Gemeinwesen selbst nur vom souveränen Staate aus gefaßt werden können.

Unter politischen Funktionen werden wir sinnvollerweise die Leistungen des Staates oder innerhalb des Staates verstehen, die für seine Existenz unerläßlich sind, und unter seinen Organen die Personen oder Körperschaften, deren er als Träger jener Funktionen bedarf. Das wichtigste Organ des Staates ist die *Regierung*, d.h. die Staatsgewalt, durch deren Selbsteinsetzung er in Erscheinung tritt und durch die er sich vernehmlich macht. Ihre Funktion ist die Staatsleitung, und dazu gehört die Veranstaltung staatlicher Aktionen, die Rechtsetzung (Aufstellung von Normen für das soziale Leben innerhalb ihrer Herrschaftssphäre) und die Sorge für die Durchführung ihrer Bestimmungen und ihrer Befehle. Hat es einen Sinn, in einem nicht-staatlichen Gemeinwesen von einer Regierung zu sprechen? Aktionen des Ganzen gibt es zweifellos auch hier (wenn eine Stadt z.B. Lieferungsverträge abschließt, um den Bedarf ihrer Bürger zu decken, oder Wohlfahrtseinrichtungen trifft und dergleichen), und es kann auch Organe geben, die im Namen des Ganzen solche Aktionen einleiten. Aber das Gemeinwesen fällt nicht in sich zusammen, wenn es ihm an einem Zentralorgan (und an Organen überhaupt) mangelt. Man kann sich eine Dorfgemeinde denken, deren Glieder gemeinschaftlich handeln (ihr Feld bestellen, ernten, Feste feiern und dergleichen) und die so als ein Ganzes in Erscheinung tritt, ohne daß ein Organ vorhanden ist, das dieses Ganze repräsentiert und seine Aktionen leitet. Zu ihrer Existenz bedarf es keiner gültigen Normen, die ihr Leben regeln, darum auch keiner Quelle, von der solche Normen ausgeben, und keiner Vollzugsgewalt, die für ihre Durchführung sorgt. Die staatliche Sphäre fehlt hier überhaupt. Dagegen ragt in ein Gemeinwesen, das eine feste „Willensorganisation“ zeigt, die staatliche Sphäre immer schon in gewisser Weise hinein. Die Willensleitung als solche, die Direktion gemeinschaftlicher Aktionen, hat in sich einen Hinweis auf ein letztes Zentrum, das an keine andere Instanz mehr gebunden ist. Es gibt Gemeinwesen, die dieses letzte für ihre Aktionen verantwortliche Zentrum nicht in sich haben: sie sind dann getragen von einer staatlichen Sphäre, die in sie hineinragt, sind aber nicht selbst Staaten. Oder sie haben ihren Schwerpunkt in sich selbst und werden nicht von außen dirigiert, es hat sich in ihnen aber noch keine souveräne Staatsgewalt als solche konstituiert: dann ist der Durchbruch zur staatlichen Sphäre noch nicht vollzogen, obwohl sie sich bereits im Leben und in der Organisation des Gemeinwesens bemerkbar macht. Das zeigt sich bei der Befehlsgewalt sowohl als bei der Rechtsetzung und -sprechung. Da alles geltende Recht auf ein Recht setzendes Subjekt zurückweist, muß überall, wo Recht gilt und gewahrt wird, auch ein Subjekt sein, das entweder von sich aus oder von anders her ermächtigt ist, Recht zu setzen und zu wahren. Im einen Fall ist der Bereich, in dem das Recht gilt, ein Staat, im anderen ein in Abhängigkeitsverhältnis zu einem Staat stehendes Gemeinwesen. Die Befehlsgewalt ist vom Recht insofern nicht loszulösen, als sie selbst ein subjektives Recht darstellt und somit auf rechtswirksame Akte zurückweist. Wo es eine anerkannte Befehlsgewalt gibt (und nur da kann von politischen Funktionen die Rede sein), da besteht sie entweder kraft eigenen – d. h. von der Befehlsgewalt selbst gesetzten – oder kraft fremden Rechts, also immer in Verbindung mit einer souveränen Staatsgewalt.

Die politischen Funktionen sind also unlösbar an den Staat, so wie wir ihn verstehen zu müssen glauben, gebunden. Daß sie sich auch in Gemeinwesen finden, die nicht als Staaten in unserm Sinn aufzufassen sind, läßt sich unter verschiedenen Bedingungen als möglich begreifen: 1. wenn jene Gemeinwesen in einen Staat eingebettet und die politischen Funktionen, die sie ausüben, in ihm verankert sind; 2. wenn sie „auf dem Wege zum Staate" sind, d. h. dem eigenen Sinn ihrer Organisation nach zur Konstitution als Staat hindrängen; 3. wenn sie als Zerfallsprodukte des Staates gleichsam stehen geblieben sind. Diesen letzten Fall haben wir noch nicht erwogen, und es sind noch einige Worte darüber zu sagen. Es ist möglich, daß ein Staat von einem anderen unterworfen wird und daß dieser andere an seiner Stelle die Befehlsgewalt übernimmt, aber das entstaatlichte Gemeinwesen in weitem Umfange so weiterlaufen läßt wie vorher: es kann ihm seine Zentralgewalt mit allerhand politischen Funktionen gelassen werden, nur daß sie jetzt nicht mehr kraft eigenen, sondern kraft fremden Rechts besteht. Eine Bindung der politischen Funktionen besteht dann in doppeltem Sinn: an den vernichteten Staat, der sie ausgebildet hat, und an den herrschenden, in dem sie neu verankert sind.

Daneben besteht die Gefahr einer Auflösung des Staates von innen her: dadurch, daß die Staatsgewalt nicht mehr anerkannt, daß ihre Bestimmungen nicht mehr befolgt werden. Die aktive oder passive Resistenz der Bürger braucht sich nicht auf alle Funktionen des Staates zu erstrecken. Es ist denkbar, daß sie von bestehenden staatlichen Einrichtungen wie Schulen, Bibliotheken, Versicherungen und dergleichen in großem Umfang weiter Gebrauch machen, daß sie in ihren Rechtshändeln die staatlichen Gerichte anrufen und nur dort, wo ihr privates Interesse gefährdet erscheint, sich den staatlichen Machtsprüchen entziehen. Wo eine Ahndung solcher fortgesetzter Leugnung der Staatsautorität nicht mehr möglich ist, da ist nach unserer Auffassung der Staat als aufgelöst zu betrachten. Eine Bindung des noch fortbestehenden Gemeinwesens an einen *bestehenden* Staat liegt in diesem Falle nicht mehr vor. Aber die noch in Kraft belassenen Funktionen sind nur *sinnvoll* im Zusammenhang eines vollen Staates und weisen ihrem Ursprung nach auf einen solchen zurück. Aus einer Untersuchung der faktisch vorfindlichen Staaten sind diese Zusammenhänge zwischen Staatlichkeit und Souveränität, wie sie sich uns aufdrängten, allerdings nicht zu gewinnen.

f) Staat und Land

In Jellineks[185] Definition des Staates war der „Teil der Erdoberfläche", an den er gebunden ist, als konstitutiver Faktor genannt. Wie es damit steht, das ist noch zu untersuchen. Die Frage gehört hinein in den Problemkreis der Naturgrundlagen des Staates. Die Beschaffenheit von Land und Volk stehen in noch zu erörternden nahen Beziehungen. Es scheint, daß die „Natur" des Landes auf die der Bewohner von Einfluß ist, und ferner, daß sie an Zahl und Charakter des Volkes gewisse Anforderungen stellt, die erfüllt sein müssen, wenn die Existenz eines Staates auf diesem Gebiet möglich sein soll. *Vor* diesen Fragen aber liegt die andere, ob denn überhaupt die Gebundenheit an ein Landgebiet für den Staat als solchen konstitutiv ist. Das Faktum, daß die modernen Staaten, an die wir naturgemäß zuerst zu denken pflegen, ein festes Territorium besitzen und in ihrer ganzen Struktur den Einfluß dieses Territoriums zeigen, macht die Erörterung dieser Frage natürlich nicht überflüssig. Die Untersuchung zeigt, daß sie negativ zu beantworten ist. Fürs erste ist zu bemerken, daß die Möglichkeit eines Staates, dessen Fundament rein geistige Personen wären, sich nicht von der Hand weisen läßt. Wir könnten uns ein wohl organisiertes Geisterreich denken, dessen fest geordnete Lebensformen rein seiner eigenen Machtvollkommenheit entspringen. Alle möglichen Staatsformen können wir hier wieder finden. Solange sich ihre Wirksamkeit nicht in den Raum hinein erstreckt – was nicht prinzipiell ausgeschlossen ist –, sind sie von jeder Bindung an dem Raum überhaupt und damit an irgendeinen Teil des Raumes frei. Und auch wenn sie sich in gewisser Weise mit dem Raum einlassen, z. B. den Ablauf des Geschehens auf einem Planeten beeinflussen, brauchen sie sich doch an diesen Raumkörper nicht zu binden, denn sie behalten ihren unangreifbaren unsichtbaren Herrschaftsbereich, von dem aus sich ihre Wirksamkeit in die sichtbare Welt hinein erstreckt, so wie ein irdischer Staat seine Wirksamkeit auf Gebiete ausdehnen kann, die nicht zu seiner Herrschaftssphäre gehören (etwa in der Form des Handelsverkehrs)[186].

---

[185] ⟨Vgl. Anm. 133.⟩

[186] ⟨Diese Ausführungen Edith Steins zu einem Staat, der sich aus geistigen, im Unterschied zu leiblichen Personen zusammensetzt, verdeutlichen ihre gedanklichen Vorstellungen, wenn der Staat zum Gegenstand der phänomenologischen Reflexion gemacht und immateriell konfiguriert gedacht wird.⟩

Anders steht es, wenn die Personen, die das Fundament eines Staates bilden, eine leibliche Konfiguration irgendwelcher Art besitzen. Leiblich gestaltete Individuen sind notwendig immer in einer Raumsphäre, und zwar in einer solchen, die ihrer Konfiguration angemessen ist. Und wenn sie einen Staat bilden, so muß dieser Staat eine solche Raumsphäre als seinen Herrschaftsbereich haben, weil er sonst nicht in der Lage wäre, sich die freie Verfügung über die Lebensformen seiner Bürger zu sichern, und stets Gefahr liefe, in Abhängigkeit von einer fremden Willensmacht zu geraten, d. h. seine Souveränität und damit seinen Charakter als Staat zu verlieren. Von da aus können wir – um wieder auf irdische Verhältnisse zu sprechen zu kommen – die Frage erwägen, ob fest organisierte Nomadenhorden als Staaten anerkannt werden können. Sicherlich ist es nicht notwendig für den Staat, daß stets dasselbe Territorium seinen Herrschaftsbereich bildet. Er braucht nur einen ausreichenden Spielraum für seine Bürger, prinzipiell können das aber wechselnde Teile der Erdoberfläche sein. Es ist nur dabei zweierlei anzumerken: 1. es muß genügend Raum vorhanden sein, der noch nicht von anderen Mächten mit Beschlag belegt ist; sobald ein Nomadenstamm darauf angewiesen ist, sich im Territorium eines anderen Staates anzusiedeln, gerät er in Abhängigkeit von diesem, und damit ist er prinzipiell der Möglichkeit zu eigener Staatsbildung beraubt (wofern es ihm nicht gelingt, den bestehenden Staat zu verdrängen und einen eigenen an seine Stelle zu setzen); 2. wenn ein staatlich organisiertes Volk sich einem Territorium vermählt hat, so trägt das konkrete Staatsgebilde das Gepräge des Landes. Wird nun das Land vom Volk verlassen und dieses in einem anderen Gebiet angesiedelt, so kann der Charakter des konkreten Gebildes sich dermaßen wandeln, daß man nicht mehr von demselben Staat sprechen kann, sondern sagen muß: der alte Staat ist untergegangen und ein neuer entstanden. Die Tatsache aber, daß ein bestimmtes Staatsgebilde die Aufgabe seines Territoriums nicht überleben kann, beweist nicht, daß zum Staat als solchen die Gebundenheit an ein bestimmtes Territorium gehört[187].

Die Hauptfrage des Verhältnisses von Staat und Land ist damit geklärt, und wir haben nun die prinzipiell möglichen Formen der Abhängigkeit beider zu untersuchen. Wie die Gebundenheit des Staates an ein Territorium überhaupt die Folge der leiblichen Figuration der ihm angehörigen Individuen ist, so sind auch alle möglichen Beziehungen zwischen beiden nur von hier aus zu verstehen. Der Staat bedarf des Landes, sofern die Bürger seiner

---

[187] ⟨Für Edith Stein benötigen ein Staat und die ihm angehörenden Individuen zwar einen irdischen Lebensraum, der aber nicht zwingend an ein bestimmtes Territorium gebunden ist. Dies verhält sich so, weil den Individuen „leibliche Konfiguration" zukommt. D. h. es ist eine bestimmte materielle Beschaffenheit für den Lebensraum der Individuen eines Staates notwendig.⟩

bedürfen, und von der besonderen Art dieser Bedürfnisse hängen die Forderungen ab, die jeweils an die Beschaffenheit des Landes zu stellen sind. Denken wir uns Personen mit Phantomleibern, d.h. rein visuell qualifizierten ohne materiellen Aufbau, so wäre das, was sie von ihrer räumlichen Herrschaftssphäre verlangen müßten, nur ausreichende Größe, Beleuchtungsverhältnisse und dergleichen, die ihnen die Möglichkeit einer ungehinderten Entfaltung ihrer sichtbaren Erscheinung garantierten. Nehmen wir dagegen Personen vom menschlichen Typus, mit einem materiellen Leibe, der darauf angewiesen ist, seine Aufbaustoffe aus der materiellen Welt, in die er hineingestellt ist, zu ergänzen, so wird eine bestimmte materielle Beschaffenheit des staatlichen Herrschaftsbereichs erforderlich. Er muß die Stoffe, deren die Individuen bedürfen, in ausreichender Menge enthalten, oder doch Stoffe, die eine Überleitung in die erforderlichen zulassen. Hier wird die *Stellung der Wirtschaft* im Aufbau des Staates deutlich. Wirtschaft ist ihrem ursprünglichen Sinne nach die Organisation der Bedürfnisbefriedigung[188]. Dabei zeigt sich zugleich die wechselseitige Abhängigkeit von Land und Bewohnern. Wenn die „Rohstoffe“ eines Gebiets nicht genügen, um die Bedürfnisse zu befriedigen, so stehen verschiedene Wege offen, um für die Befriedigung Sorge zu tragen. 1. Es können Mittel gefunden werden, um die im Lande vorhandenen Stoffe in die erforderlichen umzuwandeln. 2. Es kann neues Land hinzu erworben werden, das ausreichend Stoffe liefert. 3. Es können aus anderen Ländern die nötigen Stoffe bezogen werden. Der dritte Weg birgt die Gefahr, in Abhängigkeit zu geraten und als selbständiges Staatswesen unterzugehen, sofern es sich nicht um einen auch von der anderen Seite erforderten Austausch handelt. Daß *einer* dieser Wege beschritten werden muß, ist ein Zwang, den die Beschaffenheit des Landes auf die Bewohnerschaft ausübt. Präziser ausgedrückt: die Beschaffenheit des Landes ist Motivationsgrundlage für die Betätigungsrichtung der Bewohnerschaft. *Welcher* der verschiedenen möglichen Wege gewählt wird, das hängt nicht mehr von der Natur des Landes ab (jedenfalls nicht in derselben Form), sondern von der besonderen Veranlagung der Menschen. Physische Kraft wird auf den Weg der Eroberung hindrängen, Intelligenz und Arbeitsamkeit auf den einer möglichst rationellen Auswertung der Landeserzeugnisse, eine gewisse geistige Beweglichkeit und Schmiegsamkeit auf den des äußeren Handelsverkehrs. Bestimmte bisher nicht erwogene Eigentümlichkeiten des Landes (wie die Lage am Meer oder im Gegensatz dazu die Abgeschlossenheit von anderen Landschaften) können als Motive der Entscheidung in der einen oder anderen Richtung hinzukommen und die Ausbildung des einen oder anderen Typs, der im Bereich der Entwicklungsmöglichkeiten liegt, befürworten. Bei

[188] ⟨Es geht um die Versorgung der Menschen mit materiellen Gütern, die sie für ihr Leben benötigen. Der Staat kann diese Versorgung beeinflussen, gestalten und regeln.⟩

völlig gleicher Naturgrundlage entscheiden die Differenzen der persönlichen Veranlagung. Ob diese selbst noch von der Natur des Landes abhängt, ist eine weitere Frage. Diese Abhängigkeit würde jedenfalls nicht mehr die Form der Motivation haben, es käme nur ein Kausalzusammenhang in Betracht. Denkbar wäre es, daß von der materiellen Beschaffenheit des Leibes – der ja seinerseits aufgebaut ist aus den Stoffen der materiellen Umwelt, in der er heranwächst – ein Einfluß auf die psychischen Anlagen der Menschen ausginge. Dann wäre in gewissem Sinne der Charakter „Produkt der Natur". Ob dem so ist, das wäre nur nach umfassenden Untersuchungen über die psychophysischen Zusammenhänge zu entscheiden, die wir hier nicht führen können. Daneben besteht die Möglichkeit eines *geistigen* Einflusses der Natur auf die Personen, die darin aufwachsen: vermöge der Einwirkung, die das Gemüt von dem „Charakter" der Landschaft, ihrer Düsterkeit oder Anmut und dergleichen empfängt. Man könnte sich denken, daß eine Landschaft, die ihrer physischen Beschaffenheit nach geeignet wäre, die Bewohner zur höchsten Aktivität anzuspornen, weil es angestrengte Tätigkeit erfordert, ihr die nötigen Erträgnisse abzunötigen, durch ihren Charakter lähmend auf sie einwirkt und sie nicht zu der geeigneten Organisation kommen läßt, während ein unternehmungslustiger Eroberer sie ohne weiteres ins Werk setzt.

Die Umgestaltung des Bodens (durch Bewässerung, Anpflanzung und dergleichen) sowie alle anderen menschlichen Einrichtungen, die den Zweck haben, das vorhandene Material für die Befriedigung der Bedürfnisse nutzbar zu machen, unterwerfen das Land dem Einfluß der Bewohner, so daß es einen starken Wandel durchmachen kann und aufhört, reine „Natur" zu sein. (Darum ist die Wissenschaft, deren Objekt die Länder der Erde sind – die Geographie –, ihrem vollen Bestande nach keine Naturwissenschaft. Sie nimmt die „Erde", so wie sie sie vorfindet, als Schauplatz des historischen Geschehens und mit allen Spuren der Geschichte, die darüber hingegangen ist.) Das Territorium eines Staates ist also – ebenso wie seine Bevölkerung – nicht ohne weiteres als Naturgrundlage in Anspruch zu nehmen, sondern beide sind „gemischte" Gegenständlichkeiten, an denen Natur und Geist Anteil haben, und nur durch eine abstrakte Betrachtung ist herauszulösen, was an ihnen Natur ist und naturwissenschaftliche Behandlung zuläßt[189].

Die Wirtschaft gehört zu den Gebieten, die der Staat, je nach den Umständen, von sich aus organisieren oder der Tätigkeit der Individuen und privater Verbände überlassen kann. Tritt der Staat als Wirtschaftssubjekt auf, so gilt von ihm, daß er sich ein Territorium – in Grenzen, welche die Naturgegebenheit absteckt – selbst gestattet. Eine Landschaft verändert ihr Gesicht nicht minder, wenn verschiedene Völker und Staatenbildungen sich auf

[189] ⟨Geist und Natur des Menschen bedingen die Erarbeitung und Bereitstellung der ökonomischen Grundlagen für einen Staat.⟩

ihrem Boden ablösen, wie ein Volk unter dem Einfluß verschiedener Territorien, die es nacheinander bewohnt, seinen Charakter ändert. Wenn die Wirtschaft privater Initiative überlassen ist, so bleibt es dem Staat doch vorbehalten, regelnd einzugreifen. Und wenn er sich auch nicht als Subjekt am Wirtschaftsleben beteiligt, so wird er ihm doch gewisse Formen vorschreiben bzw. untersagen, indem er Rechtsbestimmungen dafür ergehen läßt.

Es gibt jeweils ein Territorium, das dem Staat „natürlicherweise" zugehört, auch wenn er rechtlich und faktisch noch nicht sein Eigentümer ist, und aus dieser „prästabilierten Harmonie"[190] versteht es sich, daß er danach trachten wird, es in seine Gewalt zu bekommen. Der Umkreis dieses Territoriums begrenzt sich einmal nach dem Maß der Bedürfnisse. Wenn ein Territorium auch bei Ausnützung aller Möglichkeiten zur Umwandlung und Verwendung der vorhandenen Stoffe nicht hergibt, wessen seine Bewohner bedürfen, so ist eine Erweiterung erforderlich, um den Staat nicht in Botmäßigkeit[191] geraten zu lassen. Daneben besteht noch ein anderes Prinzip der Abgrenzung: nach der „geographischen Individualität" (im Sinne *Karl Ritters*)[192]. Die Erde gliedert sich in eine Reihe von Erdteilen und Ländern, die in sich geschlossene Einheiten darstellen. Wenn die Staatsgrenze ein solches geographisches Individuum durchschneidet, wird auf beiden Seiten das Verlangen entstehen, die aufgehobene Einheit herzustellen bzw. die natürliche Einheit in eine staatsrechtliche zu verwandeln. Man könnte fragen, ob das geographische Individuum gleichbedeutend sei mit einem geschlossenen „Bedarfsgebiet" (d.h. einem durch die Fähigkeit, die Bedürfnisse seiner Bewohner nach allen Richtungen zu decken, geeinten). Aber die Entscheidung dieser Frage, die wir hier nicht untersuchen wollen, ist nicht von ausschlaggebender Bedeutung. Auch wenn das geographische Individuum nur seiner anschaulich faßbaren Gestalt nach und ohne alle Rücksicht auf menschliche Bedürfnisse eine Einheit wäre, käme das als ein mitsprechendes Motiv für die Abgrenzung des staatlichen Territoriums in Betracht, und seine Durchschneidung würde ein Moment der Beunruhigung und der Gefahr für die daran beteiligten Staaten bilden. Wir haben hier ein Analogon zu der Bedeutung des Volkes als Grundlage des Staates. Ein Staat kann so gut mehrere geographische Individuen umfassen wie mehrere Völker, und sie

---

[190] ⟨Dieser Begriff stammt von Gottfried Wilhelm Leibniz (1646–1716). Demnach hat Gott alle Substanzen in der Weise geschaffen, dass jede dem Gesetz ihrer inneren Entwicklung folgt und sie zugleich mit allen anderen in jedem Augenblick in genauer Übereinstimmung steht. Physisches und mentales Geschehen verlaufen parallel zueinander. Vgl. den Breslauer Lehrer Edith Steins: Richard Hönigswald (Einleitung Anm. 9), Gottfried Wilhelm Leibniz. Ein Beitrag zur Frage seiner problemgeschichtlichen Stellung, Tübingen 1928.⟩

[191] ⟨D.h. in die Stellung eines Untertanen.⟩

[192] ⟨Gemeint ist der Geograph Carl Ritter (1779–1859), der diesen Begriff geprägt hat.⟩

können friedlich in ihm aufgehoben sein. Er kann auf der anderen Seite die Einheit des Volkes wie die des Landes durchschneiden; dieser Verzicht auf seine natürliche Grundlage schafft aber immer eine „Irredenta“[193] und damit eine Bedrohung seiner eigenen Existenz.

Die Einheit des Landes und die Einheit des Volkes stehen nicht ganz beziehungslos nebeneinander. Wir sahen, daß der „Charakter“ eines Landes (in doppeltem Sinn) von Einfluß ist auf den Charakter seiner Bewohner. Es entsteht unter diesem Einfluß ein personaler Typus, den wir als „Rasse“ bezeichnen können. Wenn die Vertreter eines Rassentypus in Gemeinschaft leben und wenn diese Gemeinschaft umfassend genug ist, um als kulturschaffende „Persönlichkeit“ tätig zu sein, so haben wir ein *Volk*, das auf dem Boden des Landes erwachsen ist. Doch braucht nicht *jede* landschaftliche Einheit Trägerin eines Volkes zu sein. Es gibt geographische Individuen von verschiedener Größe. Die kleineren bieten nicht Raum für eine so umfangreiche Gemeinschaft, wie das Volk sein muß. Die Gemeinschaft, die auf ihrem Boden erwächst, ist nur ein „*Stamm*“, und erst mehrere Stämme zusammen ergeben eventuell, indem sie miteinander verschmelzen, die Einheit eines Volkes. Andererseits gibt es geographische Individuen, die – in eine Reihe von Teilindividuen gegliedert – so ausgedehnt sind, daß mehrere Völker innerhalb ihrer Grenzen entstehen. Es gibt dann eine diese Völker umspannende Einheit, die, soweit es sich um eine Einheit des Typus handelt, unter den Begriff der Rasse fällt. Erwächst darüber hinaus eine die engeren Gemeinschaften umfassende geistige Gemeinschaft, so können wir von einem auf die Rasseneinheit gegründeten Kulturkreis sprechen. (Prinzipiell kann der Kulturkreis auch noch über die Grenzen der so weit ausgedehnten Rasseneinheit hinausgreifen.)[194]

---

[193] 〈„Unerlöstheit“ als Kampfbegriff Italiens gegen Österreichs Vorherrschaft im 19. Jh.〉

[194] 〈Für Edith Stein ist eine „Rasse“ ein „personaler Typus“, der unter dem Einfluss einer bestimmten Landschaft steht und einen bestimmten Kulturkreis bildet. Der ursprünglich nur auf Tiere bezogene Begriff „Rasse“ (vom italienischen razza = Stamm, Rasse) wird im 19. und 20. Jahrhundert auf den Menschen bezogen und diskriminierend im rassistisch-ideologischen Sinn verwendet. Der „weißen Rasse“ wurde der höchste Wert zuerkannt und damit eine vermeintliche Überlegenheit des Europäers formuliert (vgl. Immanuel Kant, Houston Stewart Chamberlain). Als soziologischen Terminus hat ihn vor allem der jüdische Professor für Staats- und Verwaltungsrecht in Graz, Ludwig Gumplowicz (1838–1909), in seinem Buch „Der Rassenkampf“ von 1909 geprägt. Auf sein Werk greift der Nationalsozialismus zur Begründung seiner menschenverachtenden Lehre vom „Unter- und Obermenschen“ sowie des Antisemitismus zurück. Deshalb spricht man heute nicht mehr von der Rasse, sondern von verschiedenen Phänotypen des Menschen und von ethnischen Gruppen. Vgl. Peter Weingart-Jürgen Kroll, Rasse, Blut und Gene. Geschichte der Eugenik und Rassenhygiene in Deutschland, Frankfurt/M. 1992; Stephen Jay Gould, Der falsch vermessene Mensch, Stuttgart ²2002.〉

g) Ständische Gliederung

Wenn man die konkreten Staatsgebilde betrachtet, so ist das, was an ihrem Aufbau besonders ins Auge fällt, ihre eigentümliche *Gliederung*, das Organismusartige, das im Zusammenwirken mannigfaltiger Teile zum Leben eines auf ihre besonderen Funktionen angewiesenen Ganzen liegt. Alle „organischen“ Staatstheorien haben an diesem Punkte angesetzt und ihn als den kardinalen[195] betrachtet. Indessen, wir haben gesehen, daß die Gestaltung des konkreten Staatswesens nicht durch den *Staats*charakter als solchen allein bestimmt ist. Und so werden wir auch bei der organischen Gliederung prüfen müssen, wie weit sie auf sein Konto zu schreiben ist und wieweit etwa andere Faktoren dafür verantwortlich zu machen sind.

Eine erste Differenzierung ist durch das Gefüge des Staates ohne weiteres vorgeschrieben: die in Staatsgewalt und Staatsbürger, in Regierung und Untertanen, wobei es nicht prinzipiell ausgeschlossen ist, daß eine Person beide Rollen in sich vereinigt. Doch ist es die Regel, daß sie auf verschiedene Personen verteilt sind. Die Funktionen der Regierung sind uns bereits hinlänglich bekannt. Sie ist das Zentralorgan, in dem der staatliche Wille konzentriert ist und von dem er ausstrahlt. Sie hat die Aktionen des Ganzen zu leiten, den Impuls dazu zu geben und eventuell Vorschriften für die Art ihres Vollzuges. Sie ist außerdem letzter Quell des gesamten in dem Staatsgebiet geltenden Rechts. Die Funktion der Untertanen als solcher ist es lediglich, die Regierung anzuerkennen und ihren Befehlen zu gehorchen. Wo in den Personen Antriebe zur Verweigerung des Gehorsams lebendig sind, da bedarf der Staat zur Sicherung seiner Existenz neuer Organe. Um die Befolgung seiner Befehle und Bestimmungen sicherzustellen, wird eine physische Zwangsgewalt nötig, eine Streitmacht[196]. Es bedarf also – platonisch gesprochen – der *Wächter*, die seine Gesetze schützen gegen Übertretungen seitens der Bürger sowie gegen Verletzung durch äußere Feinde.[197] Wir ziehen zunächst nur die erste Möglichkeit in Betracht. Die Streitmacht des Staates muß so groß sein, daß sie imstande ist, jede entgegenstehende Willensbetätigung zu unterbinden. Wie groß sie zahlenmäßig sein muß, das hängt von verschiedenen Umständen ab: von der Gesamtzahl des Volkes, dessen aufrührerische Bestrebungen niedergehalten werden sollen; vom Charakter des Volkes, speziell von seiner Neigung, sich der Staatsordnung zu fügen oder

---

195 ⟨Angelpunkt.⟩

196 ⟨Der Staatsorganismus besteht nach Edith Stein aus den Trägern der Regierungsgewalt und den Untertanen, die den Befehlen und dem Recht Folge leisten müssen. Zur Durchsetzung bedarf es einer „physischen Zwangsgewalt“, d. h. einer „Streitmacht“, die im Innern des Staates „jede entgegenstehende Willensbetätigung zu unterbinden“ imstande ist.⟩

197 ⟨Vgl. ESGA 7, 28 Anm. 69.⟩

gegen sie aufzulehnen und physischem Zwang nachzugeben oder ihn abzuwehren, schließlich von dem Unterschied des Charakters der „Wächter" und des übrigen Volkes. Für den letzten Umstand ist es von Wichtigkeit, wie der Staat seine Wehrmacht zusammensetzt: ob er die Wächtertätigkeit zu einem eigenen Beruf macht oder ob er Angehörige anderer Berufe für eine gewisse Zeit zum Wächterdienst nötigt. Alle diese Umstände sind „Imponderabilien"[198]; man kann sie vage abschätzen, aber niemals exakt bestimmen, und auch die vagen Schätzungen haben nur Wahrscheinlichkeitscharakter, keine endgültige Gewißheit. Und doch hängt von der richtigen ⟨Ein⟩Schätzung dieser Umstände die Existenz des Staates ab. Wenn seine Vertreter sich darin verrechnen, so setzen sie ihn der Gefahr der Vernichtung aus.

Die Schwierigkeiten häufen sich, wenn wir nun die Notwendigkeit der Deckung gegen äußere Feinde in Betracht ziehen[199]. Der Staat darf seine Gesetze nicht durch die einer anderen Macht kreuzen lassen. Das ist der Fall, wenn Angehörige fremder Staaten sein Gebiet betreten und sich seinen Weisungen nicht fügen, sondern nach denen ihrer eigenen Staatsgewalt handeln. Der Staat, der seine Existenz nicht preisgeben will, muß Mittel vorsehen, um dieser Möglichkeit vorzubeugen. Und die Macht, die erforderlich ist, um eine fremde Macht abzuwehren, ist analog abzuschätzen, wie die, welche die Wahrung der Gesetze im Innern sicherzustellen hat: entsprechend der Zahl und dem Charakter des bzw. der fremden Völker und ihres Verhältnisses zu dem eigenen.

Der Staat bedarf der bewaffneten Macht zur Wahrung seiner Gesetze und zur Wahrung seines Territoriums. Beides steht, wie wir sahen, miteinander in Verbindung und ferner mit der Wahrung der Souveränität[200]. Dazu gehört aber eventuell mehr, als daß der faktische Besitzstand unversehrt und ungeschmälert bleibt: der Staat muß stark genug sein, um sich so viel Land zu sichern, als zur Erhaltung seiner Existenz erforderlich ist.

In der bewaffneten Macht haben wir ein „Organ", das auf Grund der Beschaffenheit des Personenmaterials und anderer realer Bedingungen, mit denen der Staat zu rechnen hat, um seiner selbst willen gefordert ist. Das gilt aber nicht von der bewaffneten Macht allein. Wahrung und Durchführung der rechtlichen Normen sowie die Ausführung der staatlichen Beschlüsse

---

198 ⟨D. h. Unwägbarkeiten, nicht von vornherein mit Gewissheit einschätzbare Faktoren.⟩

199 ⟨Hier ist an eine physische Gewalt bzw. Streitmacht gegen äußere Feinde des Staates gedacht.⟩

200 ⟨Gemeint ist die Rechtfertigung von staatlicher Waffengewalt zur Sicherung der Souveränität, des Rechts und des Territoriums des Staates. Die damit von Edith Stein als möglich, sogar zwingend erachtete Ausweitung des Territoriums durch einen Staat erscheint als höchst problematisch, da sie die Grenze der Souveränität des Staates nicht beachtet, auf die sie ausdrücklich hinsichtlich der ontischen Struktur des Staates Wert legt.⟩

verlangen weitere Organe. Es muß einmal Rechts*kundige* geben, die das Wissen davon, was innerhalb des Staates Recht ist, aufbewahren und überliefern. Und es bedarf *ausführender* Organe, die es gegebenenfalls zur Anwendung bringen, bzw. dafür sorgen, daß nach ihm gehandelt wird[201].

Militär und „Beamtenschaft" (in dem eben festgelegten Sinn) sind „Stände", die die Form des Staates selbst, die staatliche Ordnung, repräsentieren. Neben sie treten andere, für die ein vor- und außerstaatliches Leben denkbar ist und die das Material für ein konkretes Staatsgebilde darstellen. Die Gemeinschaft der im Staate lebenden Individuen zeigt eine Gliederung nach dem Prinzip der Arbeitsteilung[202]. Man hat vielfach, um die Entstehung des Staates zu erklären, auf die Hilfsbedürftigkeit der Individuen hingewiesen (so schon Plato). Die Notwendigkeit, zur Befriedigung der Bedürfnisse der Einzelnen eine Organisation zu schaffen, in der die einen diese, die anderen jene Leistung für die Gesamtheit übernehmen, soll zur Gründung des Staates geführt haben. Wir können es dahingestellt lassen, welche Bedeutung dieser Beschaffenheit der Individuen für die Genesis von Staaten zukommt. Sicherlich würden wir sie als ein Motiv gelten lassen können, das für die Anerkennung einer sich konstituierenden Staatsgewalt durch die präsumtiven[203] Untertanen spricht. Das ändert nichts daran, daß die Struktur des Staates als solchen und die Beschaffenheit der Personen zwei Faktoren sind, die sich nicht auseinander herleiten lassen. Die Personen können so beschaffen sein, daß die Befriedigung ihrer Bedürfnisse nur im Rahmen des Staates möglich ist (etwa weil die „antisozialen" Triebe in ihnen, die einer gemeinschaftlichen Regelung ihrer Angelegenheiten im Wege stehen, so stark sind, daß nur eine mit Zwangsmitteln ausgestattete Autorität sie zu bändigen vermag). Dadurch wird der Staat nicht zu einer „Erfindung" gestempelt, die sich die Menschen als remedium[204] für die Mängel ihrer Natur „erdacht" haben. Er wäre nur kraft dessen, was er von sich aus ist, als remedium geeignet.

Prinzipiell ist eine arbeitsteilige Gemeinschaft, eine Gliederung nach Berufsständen auch außerhalb des Staates denkbar. Soweit es sich um „materielle" Bedürfnisse handelt, deren Befriedigung durch die Arbeitsteilung er-

---

201 ⟨Neben der Zwangsgewalt des Staates muss es in einem Staat noch Organe der Rechtspflege und Rechtsprechung sowie der Verwaltung geben. Deshalb unterscheidet Edith Stein verschiedene Stände im Staat, zu denen Militär und Beamtenschaft gerechnet werden.⟩

202 ⟨Arbeitsteilung gilt als ein wesentliches Merkmal des Staates, die der umfassenden Bedürfnisbefriedigung der ihm angehörenden Individuen dient, der tatsächlichen Beschränktheit des Einzelnen entgegenwirkt und einen Ausgleich zwischen den verschiedenen Fähigkeiten der Einzelnen ermöglicht.⟩

203 ⟨D. h. mutmaßlichen.⟩

204 ⟨D. h. Heilmittel.⟩

möglicht werden soll, ist nur die Sorge für diese Befriedigung – die „Wirtschaft" – mögliche Gemeinschaftssache, die Bedürfnisse selbst sind schlechthin individuell. Im Gebiet der geistigen „Bedürfnisse" und Triebkräfte dagegen, die im Kulturleben ihre Auswirkung finden, können auch schon die Bedürfnisse Sache der Gemeinschaft sein. Daß eine Scheidung von wirtschaftlich und kulturell Schaffenden nötig ist und ferner innerhalb jedes „Standes" eine weitere Differenzierung in verschiedene Berufe, läßt sich nur durch die tatsächliche Beschränktheit der menschlichen Persönlichkeit, ihrer Kräfte und Gaben, begreiflich machen.

Wo nun der Staat mit einer solchen Beschaffenheit seiner Glieder rechnen muß, da ist es auch in seinem Sinne, daß sie eine Gemeinschaft mit berufsständischer Gliederung[205] bilden. Seine Existenz ist daran gebunden, daß sie ihre Bedürfnisse in seinem Rahmen oder doch wenigstens – soweit Hilfsmittel von außen erforderlich sind – durch seine Vermittlung befriedigen können und nicht von fremden Mächten abhängig werden. Welcher Art die wirtschaftliche Arbeit und Arbeitsteilung ist, wie groß der Teil des Volkes, der davon absorbiert wird (der platonische „dritte Stand"[206]) – das hängt zum größten Teil von Bedingungen ab, die der Staat nicht in der Hand hat (wie Klima, Bodenbeschaffenheit und dergleichen). Wenn sich das Wirtschafts- und Kulturleben nicht von selbst so regelt, wie es seinem Interesse entspricht, sieht er sich genötigt einzugreifen. Indessen, es ist ersichtlich, daß *diese* Art „ständischer Gliederung" primär in der den Staat fundierenden Gemeinschaft wurzelt und nicht in seiner eigenen Struktur. Wenn er sich selbst darum kümmert, wenn er dafür Sorge trägt, daß in seinem Bereich alles so funktioniert, wie es den Interessen der Gemeinschaft entspricht (ebenso mit der Sorge für ausreichende Zahl der Bewohner), sichert er nicht unmittelbar die Erhaltung der Souveränität (wie mit der Wahrung des Rechtes), sondern sozusagen ihre materiale Grundlage, das, was sie faktisch möglich macht. Sie ist es auch, die *Aristoteles* wohl mit seiner *Autarkie*[207] im Auge hatte (das ist aus dem 6. und 7. Buch seiner Politik zu entnehmen)[208]. Die „Selbstgenügsamkeit" bedeutet die faktische Unabhängigkeit von allen

[205] ⟨Die moderne Einsicht, dass eine Ordnung des Staates nach Berufsständen dem Sozialprinzip der Solidarität dient, das die autonome Selbstverantwortung der Bürger mit dem übergreifenden Gemeinwohl für das ganze Volk verbindet und Interessengegensätzen und Klassenspaltungen in der Gemeinschaft des Staates entgegenwirkt, ist Edith Stein noch nicht bekannt. Sie betont demgegenüber, dass Arbeit und Arbeitsteilung zur Unabhängigkeit von „fremden Mächten" notwendig sind.⟩

[206] ⟨Vgl. Anm. 69.⟩

[207] ⟨Vgl. Anm. 26 i. V. m. Anm. 69.⟩

[208] ⟨Vgl. Anm. 69; Originaltext: Athenaion politeia, kritische Ausgabe v. Mortimer Chambers, Stuttgart 1994 (Bibliotheca scriptorum Graecorum et Romanorum Teubneriana).⟩

fremden Mächten, die erforderlich ist, damit der Herrschaftsanspruch nicht angefochten werden kann.

Der verschiedenen Art, wie die „Organe“ und „Funktionen“ dem Staatsorganismus eingebaut sind, entspricht eine verschiedene Haltung der Individuen dem Staat gegenüber. Wir haben schon an früherer Stelle davon gesprochen, daß nicht alle im Staat lebenden Individuen „Träger“ des Staatslebens sind und es in seinem Interesse sein müssen. Die Arbeit der „schaffenden Stände“, ohne die der Staat eine leere Form wäre, kann so geleistet werden, wie es erforderlich ist, um ihm eine solide Basis zu geben, ohne daß sie von denen, die sie leisten, mit dem Staat in Verbindung gebracht wird. Unerlässlich ist das bewußte Sich-Einstellen in das Ganze und das Verantwortungsgefühl dafür nur für die Staatsleitung. Bei den ausführenden Organen genügt die pflichtmäßige Bindung an das Amt, ohne daß das Ganze und die Bedeutung des betreffenden Organs im Zusammenhang des Ganzen durchschaut werden und motivierende Kraft haben müßte.

Wie nun die Verteilung der verschiedenen erforderlichen Funktionen auf die Individuen erfolgt, dafür gibt es verschiedene Möglichkeiten. Die ständische Trennung ist keine unbedingte Notwendigkeit. Denkbar ist ein Staatswesen, in dem die Schaffenden zugleich an der staatlichen Willensbildung mitwirken und für die Durchführung der staatlichen Beschlüsse und Verordnungen Sorge tragen. Die Individuen müßten dann ihre Kräfte auf die verschiedenen Funktionen verteilen. Wie weit das praktisch möglich ist und wie sich dementsprechend die Staatsform und der Staatsbetrieb gestaltet, das hängt von der Beschaffenheit des Landes und der Bewohner und von ihrer wechselseitigen Bedingtheit ab. Wenn das Wirtschaftsleben sehr starke Anforderungen an die Arbeitskraft der Individuen stellt, so liegt es nahe, daß sie davon ganz absorbiert werden und für Staatsgeschäfte nicht mehr zu haben sind. Auf der anderen Seite kann von der Staatsleitung, die wir uns jetzt in der Hand eines oder weniger Menschen vereinigt denken, ein Einfluß auf Land und Bewohner ausgehen, der sie umgestaltet und damit auch eine Veränderung der Staatsform möglich macht. Der Herrscher könnte durch staatliche Organisation des Erziehungswesens dahin wirken, daß den „Staatsbürgern“ für das Leben des Staates und ihre Bedeutung darin die Augen geöffnet würden und sie ihre Arbeit von da aus orientieren lernten. Er könnte ferner die Wirtschaft vom Staate mit Beschlag belegen lassen und es durch rationelle Organisation, technische Hilfsmittel und dergleichen dahin bringen, daß weniger Kräfte davon verschlungen werden und mehr für den Anteil am Staatsleben frei werden. Schließlich wäre es denkbar – wie es sich Plato[209] ausmalt, als er zu zeigen sucht, auf welchem Wege sein „bester Staat“ sich realisieren ließe –, daß ein erleuchteter Monarch eine auserlesene

[209] ⟨Vgl. Anm. 69.⟩

Schar für die verschiedenen Funktionen des Staates bis hinauf zur Staatsleitung schulen ließe und dadurch der Umwandlung der Staatsform den Boden bereitete[210].

h) Der Einfluß der Staatstheorie auf die Staatsgestaltung

Das führt uns auf die Frage, wie Staatstheorie und Staatsgestaltung – Politik – miteinander zusammenhängen.[211] Platos „Staat" ist das Schulbeispiel einer Staatslehre, die durch das Ideal auf die Wirklichkeit gestaltenden Einfluß gewinnen möchte. Das Bild des Staates, wie er sein soll, wird hingestellt, damit die, welche im politischen Leben stehen, nun den wirklichen Staat danach formen können. Aber auch wenn die Staatslehre nicht von vornherein im Hinblick auf die praktische Politik orientiert ist, sondern nur zu ergründen strebt, was der Sinn des Staates ist, kann sie die stärkste Wirkung auf die faktische Entwicklung ausüben. Die Vertragstheorie, die den Staat auf einer Vereinbarung zwischen Herrschenden und Beherrschten (bzw. zwischen den Beherrschten untereinander und außerdem zwischen ihnen und der Regierungsgewalt, der sie sich unterwerfen) gegründet sein läßt, hat den Wunsch erweckt, dem Leben der bestehenden oder in Entstehung begriffenen Staaten nun auch wirklich einen solchen Vertrag zugrunde zu legen und zur Ausbildung des modernen Verfassungsstaates geführt[212]. Die damit Hand in Hand gehende naturrechtliche Lehre, die den Staat vom isolierten Individuum aus konstruierte, brachte die Lehre von den „Menschen- und Bürgerrechten" auf, die man dem Staat gegenüber geltend machte und auf Grund deren man teils eine Einschränkung der staatlichen Einflußsphä-

---

[210] ⟨Das von Edith Stein dargelegte Staatsverständnis setzt nicht zwingend den ständisch gegliederten Staat voraus, sondern lässt verschiedene weitere Organisationsformen zu. Ihre Reflexionen bleiben dabei weitgehend theoretisch, so dass sie sich nicht die politische Frage nach der besten Staatsform stellt.⟩

[211] „Politik" kann einen dreifachen Sinn haben: es kann die Gesamtheit der staatlichen Aktionen bedeuten und umfaßt dann den zweiten, engeren Sinn der Politik als Selbstgestaltung des Staates. Bei der dritten Bedeutung handelt es sich nicht um Aktionen des Staates selbst, sondern um Bemühungen von Einzelpersonen und Gruppen, ihm eine bestimmte Gestalt zu geben bzw. bestimmte Akte abzunötigen.

[212] ⟨Aus der naturgegebenen personalen Würde des Menschen ergibt sich sein naturrechtlich begründeter Freiheitsanspruch, der die Rechte, die von einem Herrscher als Privilegien eingeräumt werden, ablöst. Insofern kennzeichnet den modernen Rechts- und Verfassungsstaat ein präpositiv geltender naturrechtlicher Freiheitsanspruch der Menschen, der die Subjektstellung der Person als Staatsbürger und eine Reihe von Abwehrrechten gegenüber staatlicher Willkür begründet. Vor diesem Hintergrund werden der Staat und sein Recht als legitim erachtet, wenn sie als Ergebnis eines Vertrages gefasst werden, den freie Personen miteinander konsensuell schließen und der sich für jedermann als vorteilhaft darstellt.⟩

re verlangte und stellenweise auch durchsetzte, teils ihm im Interesse der Individuen neue Funktionen aufbürdete (wie soziale Fürsorge und dergleichen). Hier ist auch eine Wurzel der demokratischen Forderung nach Teilnahme aller am Staatsleben, die von größtem Einfluß auf die Entwicklung der modernen Staaten geworden ist. Uns interessiert hier nur die prinzipielle Frage, wieweit der Einfluß solcher Theorien auf die Gestaltung des Staates gehen kann. Wenn man daran geht, eine verkehrte Staatstheorie in die Praxis umzusetzen, so geschieht der *Idee* des Staates dadurch freilich kein Abbruch. Aber die bestehenden Staaten werden dadurch der Gefahr einer allmählichen Zersetzung preisgegeben. Wenn dem Staat gegenüber die „Rechte" des Individuums geltend gemacht werden, so bedeutet das eine Anfechtung der Souveränität, und sobald man ihre Anerkennung zu erzwingen sucht, arbeitet man auf die Zerstörung des Staates hin. (Jene „Rechte" sind ihrem Hauptbestande nach nicht auf rechtliche, sondern auf *ethische* Normen begründet – ob auf wahrhaft bestehende oder vermeintliche, das wäre im einzelnen nachzuprüfen. Es wäre denkbar, daß ihre Verfechtung die Zerstörung eines Staates, der ihnen zuwiderhandelt, rechtfertigte. Aber man kann sie nicht zum Inhalt eines Rechts machen, das sich der Staat von einer anderen Macht oktroyieren lassen müßte.) Sie sind mit der staatlichen Allgewalt nur in der Form zu vereinen, daß er selbst sie zum Inhalt seines Rechts macht und sich zu ihren Gunsten selbst beschränkt. Von dieser aus der Rücksicht auf andere als rechtliche Normen entsprungenen Selbstbeschränkung ist die früher besprochene zu trennen, die durch die Idee des Rechts selbst gefordert ist. Im Hinblick auf diese ist Jellinek beizustimmen, wenn er sagt: „Solche Selbstbeschränkung ist keine willkürliche, d.h. es ist nicht in das Belieben des Staates gestellt, ob er sie überhaupt üben will."[213] Indem der Staat Recht setzt, legt er nicht nur den Individuen und Verbänden, die ihm angehören, die Verpflichtung auf, es zu achten, sondern auch sich selbst bzw. seinem Recht setzenden Organ. Auch durch den zentralen staatlichen Willen darf kein Recht verletzt werden, er kann nur prinzipiell jedes außer Kraft setzen. Eine Befreiung des Staates von der Verpflichtung, das von ihm gesetzte Recht zu beachten, würde die Idee des Rechts und damit die Idee des Staates selbst aufheben. So erwachsen aus den staatlichen Rechtsbestimmungen nicht nur Pflichten der Individuen und Ansprüche, die in dem Inhalt der Rechtsbestimmungen vorgesehen sind, sondern auch der in der puren Form der Rechtsetzung gegründete Anspruch, nach dem geltenden Recht behandelt zu werden. Dieser allgemeine Anspruch ist aber kein inhaltlich bestimmter, aus dem sich a priori bestehende und für alle empirischen Staaten unangesehen ihrer jeweiligen Struktur verbindliche

---

213 A. a. O. ⟨vgl. Einleitung Anm. 43 und Anm. 133⟩, S. 386.

„Bürgerrechte“ herleiten ließen. Es bleibt somit unangetastet, was über den außerrechtlichen Charakter ihres Inhalts gesagt war[214].

Eine Untergrabung der Staatsgewalt kann nicht nur von denen ausgehen, die an den Staat im Namen der Individuen Ansprüche stellen, sondern auch von denen, die ihre Organe sind, speziell von den Staatsleitern. Das geschieht einmal – wie wir schon sahen –, wenn sie selbst das staatliche Recht nicht achten. Denn der Gehorsam ist das „Komplement der Staatsgewalt, ohne welches sie nicht zu existieren vermag“.[215] Jede Rechtsverletzung, die unbestraft bleibt, ist ein Dokument der Kraftlosigkeit des Staates, auch wenn sie vom Herrscher bzw. irgendeinem an der Herrschaft beteiligten Individuum ausgeht, und damit zugleich ein Anreiz zu weiteren Durchbrechungen der staatlichen Ordnung.

Eine Gefährdung des Staates liegt ferner darin, wenn seine Repräsentanten an Gebiete rühren, die seinem Zugreifen prinzipiell entzogen sind[216]. Er hat die Möglichkeit, die Äußerungen des religiösen Lebens zu unterbinden, während er an dieses selbst nicht heranreicht. Aber dieses Eindämmen eines Stromes, dessen Quelle man nicht verstopfen kann, veranlaßt ihn, sich gegen die künstlichen Schranken zu wenden, und wenn es gelingt, sie zu durchbrechen, so ist damit zugleich in die Staatsgewalt eine Bresche geschlagen. Und so weckt jede Überspannung der Staatsgewalt Widerstandskräfte, die sie selbst zu vernichten drohen. Umgekehrt kann eine durch die Idee des Staates nicht geforderte Selbstbeschränkung zu „moralischen Eroberungen“ führen, die seine Existenz sichern.

Eine Bedrohung des konkreten Staatsgebildes ist es schließlich, wenn von den jeweiligen Machthabern die Erhaltung der bestehenden Staatsordnung oder die Einführung einer neuen, rein theoretisch konstruierten zum Prinzip erhoben wird, das durchgeführt werden soll, auch wenn die faktische Beschaffenheit der materialen Grundlagen des betreffenden Staates eine Änderung notwendig macht bzw. der geplanten Änderung widerstrebt. Macht z. B. die Komplikation der wirtschaftlichen Verhältnisse ihre Leitung von einer Zentralstelle aus praktisch unmöglich, so muß die Aufrechterhaltung oder Einführung eines solchen Systems zum Zusammenbruch der Wirtschaft führen und den Bestand des Staates gefährden.

Besonders bedenklich ist die Lage des Staates, wenn verschiedene Theorien sich um ihn streiten und auf ihn Einfluß zu gewinnen suchen. Aller

---

214 ⟨In einem auf der Vertragstheorie gründenden Staat sind alle Staatsbürger, einschließlich derer, die die Regierungsgewalt ausüben, an das diesem Staat zugrunde liegende Recht gebunden.⟩

215 ⟨Georg⟩ Jellinek, a. a. O. ⟨Einleitung, Anm. 43 und Anm. 133⟩, S. 426.

216 ⟨Der moderne Verfassungsstaat begrenzt prinzipiell die Rechte der Träger der Regierungsgewalt und des Staates im Ganzen für die Bereiche, die seinem Zugriff entzogen sind (z. B. die Religion und ihre Ausübung).⟩

Kampf zwischen politischen Parteien ist ja ein Versuch, seine Leitung in die Hand zu bekommen, um ihn nach eigenem Gutdünken zu modeln. Auch wenn keine ausgebildete Staatstheorie das leitende Ideal ist, sondern reine Interessengruppen miteinander um die Herrschaft ringen, so liegt doch eben in diesem Geltendmachen privater Interessen in den Fragen der Staatsgestaltung eine ganz bestimmte Auffassung des Staates (über die man sich freilich nicht klar zu sein braucht), und zwar eine besonders gefährliche. Gelangen nun beispielsweise in einem parlamentarisch geordneten Staat mit dem Wechsel der Parteien verschiedene Staatstheorien ans Ruder, so kann (dem äußeren Aspekt nach) auf gesetzlichem Wege und ohne Rechtsbruch systematisch auf den Untergang des Staates hingearbeitet werden.[217]

Ein Korrektiv gegen all diese möglichen zerstörenden Einflüsse politischer Theorien liegt in der Kraft der ratio, die die realen Verhältnisse selbst in sich tragen. Jede Rechtsordnung, die gegen diese ratio verstößt, statt ihr Rechnung zu tragen, muß gewärtig sein, daß die Wirklichkeit sich ihr widersetzt und mit ständigen Durchbrechungen der Rechtsordnung ihren Gang geht. Eine Störung des Staatsbetriebes liegt freilich auch hier vor. Es ist ein Zustand, bei dem das Gemeinwesen ohne feste staatliche Ordnung fortbesteht. Solange es aber bestehen bleibt, ist auch zu erwarten, daß es wieder einmal in die Form des Staates eingeht. Stürzt dagegen die materielle Basis ein, auf der das Staatswesen ruhte (eventuell zunächst unter Aufrechterhaltung der formalen Rechtsordnung), so muß man seinen Untergang als besiegelt ansehen. Was davon übrig bleibt, ist Beute für einen Eroberer, der sich seiner bemächtigen will, und Rohmaterial für einen anderen Staat, dem es einverleibt werden kann.

---

[217] Daß dies die notwendige Folge des parlamentarischen Systems sei, soll damit nicht behauptet werden. ⟨Die Darlegungen Edith Steins zum Verhalten der Parteien sind nur verständlich vor dem Hintergrund der ideologischen Kämpfe in der Zeit der Weimarer Republik, in der die Verfassung nicht ausgereicht hat für einen politischen Grundkonsens, der dem Wettstreit der Parteien voraus liegt und deren Verfassungskonformität fordert. Vgl. Einleitung: Politische Herausforderungen, oben S. XXI.⟩

II. Der Staat unter Wertgesichtspunkten

Wir haben es abgelehnt, Wert und „Berechtigung" des Staates zum Problem zu machen, bevor in einer von Wertgesichtspunkten freien Betrachtung herausgestellt war, was der Staat eigentlich ist. Das sollte aber nur eine Zurückstellung sein und keine grundsätzliche Verneinung der ganzen Fragestellung. Prinzipiell ist alles Seiende möglicher Träger eines Werts und ist nicht erschöpfend erörtert, wenn sein Wert außer Betracht gelassen wird. Die Frage nach der Berechtigung eines Gebildes hat nur dann einen Sinn, wenn sein Sein oder Sosein in unsere Hand gegeben und mögliches Willensziel ist. Diese Forderung ist für die konkreten Staaten in gewissem Sinn als erfüllt anzusehen; wenn es auch nicht schlechthin vom Belieben eines Individuums und der Individuen überhaupt abhängt, ob ein Staat entsteht und erhalten oder vernichtet wird, und welche Entwicklung er nimmt, so ist er doch seiner Existenz und Beschaffenheit nach an die Aktivität der Individuen gebunden, d.h. darauf angewiesen, daß sie sich als seine Organe hergeben bzw. ihn anerkennen. Darum ist die Vernichtung des Staates und der staatslose Zustand – die Anarchie – ein mögliches Willensziel. Ob ein erstrebenswertes oder verwerfliches: diese Frage beantwortet sich zugleich mit der nach der Berechtigung des Staates. Die Berechtigung aber ist zu ermessen, wenn man den Wert des Staates kennt und sein Verhältnis zu andern Werten, mit denen er in Konflikt geraten kann oder für die er in irgend einer Hinsicht von Belang ist.

Die Frage nach dem Wert des Staates muß zuerst noch ihrem Sinne nach geklärt werden. Es ist etwas anderes, wenn wir fragen, ob ein konkretes Staatsgebilde Träger eines Wertes sein könne oder müsse oder ob wir nach dem Wert „des Staates" fragen. Die zweite ist die eigentlich prinzipielle Frage: *kommt dem Staat als solchem*, d.h. der ontischen Struktur, die wir im I. Teil herauszuarbeiten suchten, ein Wert zu? Wenn diese Frage bejaht werden kann, dann ist es a priori recht, daß es Staaten in der Welt gibt (bzw. a priori *unrecht* – wenn nämlich der Wert, der dem Staat als solchem anhaftet, ein negativer ist). Und diesen konkreten Gebilden kommt nun auf Grund dessen, daß sie Staaten sind, ein Wert zu. Stellt es sich im einzelnen Falle heraus, daß ein Staat nicht Träger eines solchen Wertes ist, so müssen andere Faktoren als seine staatliche Struktur dafür verantwortlich gemacht werden: sie müssen daran schuld sein, daß der Wert, den er qua Staat haben müßte, faktisch aufgehoben ist. Andererseits: sollte sich der Staat als solcher als ein wertfreies Gebilde herausstellen, so wäre damit noch nicht gesagt, daß die konkreten Staaten nicht auf Grund anderer aufbauender Faktoren Träger von Werten sein könnten. Eine solche mögliche Werthaftigkeit könnte durch die Struktur des Staates offen gelassen sein. Die Existenz von Staaten wäre dann durch den Hinweis auf die staatliche Struktur als solche nicht „gerechtfertigt", aber ebenso wenig als „unrecht" erwiesen.

Diese verschiedenen möglichen Bedeutungen der Frage nach dem Wert des Staates muß man vor Augen haben, wenn man an ihre Prüfung herangeht.

§ 1. Bedeutung des Staates für die Individuen, die ihm angehören

Alle Theorien, die den Staat aus den Individuen ableiten, räumen ihm die Bedeutung ein, daß in ihm die Individuen „besser fortkommen", als wenn sie isoliert wären oder auch in einer nicht staatlich organisierten Gemeinschaft lebten. Ob man das als eine Rechtfertigung gelten lassen kann, das hängt für den konkreten Staat einmal davon ab, ob es faktisch stimmt, und zweitens, was dieses „besser fortkommen" bedeutet und ob es selbst als etwas Wertvolles anzusehen ist; für den Staat als solchen aber davon, ob es in seiner Struktur eine Stelle für den fraglichen Wert gibt. Das „besser fortkommen" kann heißen, daß im Staat die *Lebensbedürfnisse* der Individuen infolge der geregelten Arbeitsteilung besser befriedigt werden können und daß ihr Leben vor Gefahren besser gesichert sei als außerhalb des Staates. Er wäre dann eine im Dienst von *Lebenswerten* stehende und darum nützliche Einrichtung.[216] Der Staat als solcher ist möglicher Träger dieses Nützlichkeitswertes; d.h. die Idee des Staates schreibt es nicht vor, schließt es aber auch nicht aus, daß in konkreten Staatsgebilden dieser Wert realisiert wird. Ob das in einem empirischen Staat faktisch der Fall ist oder nicht, das hängt von *seiner* jeweiligen Beschaffenheit ab und von der der Individuen, die ihm angehören. Es sind Individuen denkbar, für die – vom Standpunkt der Nützlichkeit aus – der Staat überflüssig wäre, und auf der anderen Seite Staaten, deren Einrichtungen mehr Lebenswerte vernichten als fördern, die also als schädlich zu bezeichnen wären. Eine prinzipielle Rechtfertigung ist demnach auf diesem Wege nicht möglich.

Man kann ferner versuchen, den Staat im Namen der *geistigen Entfaltung* der Individuen zu rechtfertigen. Und zwar damit, daß er durch seine Orga-

[216] Zum Begriff des Nützlichen und zur Wertlehre überhaupt vgl. ⟨Max⟩ *Scheler*, „Der Formalismus in der Ethik und die materiale Wertethik", Halle 1916. ⟨Vgl. Einleitung Anm. 37 und Anm. 59).⟩

nisation der niederen Tätigkeiten höhere Kräfte frei macht. Ferner, daß er durch Organisation der höheren Kräfte ein Schaffen geistiger Güter ermöglicht, die nur auf diesem Wege ins Dasein treten können. Auch hier läßt der Staat als solcher für die konkreten Staaten wieder nur die Möglichkeit offen. Denn prinzipiell ist es nicht von der Hand zu weisen, daß das geistige Leben sich ohne staatliche Regelung ebenso gut oder besser entfalten könnte als mit ihr, und es sind auch Staaten denkbar, die mehr geistige Werte vernichten als schaffen helfen.

§2. Staat und Gerechtigkeit

Es ist nun zu fragen, ob dem Staat nicht auf Grund seiner eigentümlichen Struktur die Realisierung von Werten besonders aufgegeben ist und welche Werte dafür in Betracht kommen. Nach dem, was wir über die Beziehungen von Staat und Recht festgestellt haben, – daß das Recht eines rechtsetzenden Subjekts bedarf, um geltendes Recht zu werden, und daß es das Spezifikum des Staates ist, Recht zu setzen, – liegt es nahe, seinen „Beruf" in der Realisierung des Rechts zu sehen. „Das Recht" bedeutet hier natürlich nicht mehr die bloße Form des Rechts (es wäre ja sinnlos, das dem Staat noch besonders aufzugeben, worin sein Leben als Staat besteht), sondern die material erfüllten reinen Rechtsverhalte. An ihm liegt es, ob das, was an sich recht ist, auch in seinem Herrschaftsbereich als geltendes Recht anerkannt wird. Je nachdem, ob das positive Recht „richtiges Recht" ist oder nicht, d.h. mit dem reinen Recht übereinstimmt oder nicht, bemißt es sich, ob der Staat ein „gerechter" ist oder nicht[217]. Die *Idee der Gerechtigkeit* ist bezogen auf das reine Recht. Wo das reine Recht in Kraft ist, da „herrscht Gerechtigkeit". Sie ist ein Wertprädikat, das einerseits einer geltenden Rechtsordnung zugesprochen werden kann und ihre Übereinstimmung mit dem reinen Recht ausdrückt, andererseits den Subjekten, die an der Realisierung dieser Rechtsordnung mitarbeiten, indem sie sie setzen bzw. anerkennen und befolgen. Prinzipiell wäre es denkbar, daß kein Verstoß gegen das reine Recht begangen würde, auch wenn es keinen Staat gäbe, der ihm Geltung verschaffte. Er wird im Interesse der Verwirklichung des Rechts nur erforderlich, sofern es den Individuen an Einsicht in die reinen Rechtsverhalte oder

[217] ⟨Diese Aussagen zur Rechtsordnung, die auf Werten basiert, korrigieren die vorausgegangenen Erläuterungen des Verhältnisses zwischen Staat und Recht (vgl. §2 Staat und Recht), demzufolge das „reine Recht" zur Geltung durch den Staat positiviert werden muss. In Abweichung der Aussagen zum „reinen Recht", das der Positivierung durch den Staat bedarf, verlässt Edith Stein hier unter dem Einfluss der Wertlehre Max Schelers die Ebene der rein ontischen Struktur des Staates und fundiert sie mit „Wertgesichtspunkten".⟩

an dem Willen, danach zu handeln, mangelt. Demnach ist der Staat nicht condicio sine qua non für die Realisierung der Gerechtigkeit. Andererseits ist es – wie wir sahen – durch die Idee des Staates nicht ausgeschlossen, daß das von einem Staat gesetzte positive Recht vom reinen Recht abweicht, „ungerecht" ist, ja es kann das im konkreten Fall durch den Sinn des Staates gefordert sein. Es geht also nicht an, dem Staat die Realisierung der Gerechtigkeit als den ihm durch seine Idee vorgezeichneten Beruf zuzuweisen; er ist auch durch den Hinweis auf diesen Wert nicht prinzipiell zu rechtfertigen.[218]

§ 3. Bedeutung des Staates für die Gemeinschaft als solche und besonders für die Volksgemeinschaft

Man könnte daran erinnern, daß das Leben der Gemeinschaft rein als solches von Wert ist. Damit wäre der Staat aber noch nicht prinzipiell gerechtfertigt, weil es der Gemeinschaft als solcher nicht wesentlich ist, die Form des Staates anzunehmen. Im Interesse der Gemeinschaft ist die staatliche Organisation nur erforderlich, sofern in den Individuen Antriebe leben, die das Gemeinschaftsleben gefährden. Die Rechtfertigung wäre also auch vom Standpunkt der Gemeinschaft eine bloß faktische, d. h. sie würde nur in dem Nachweis bestehen, daß die Individuen tatsächlich so beschaffen sind und daß der jeweils in Frage stehende Staat die Korrektur dieser Beschaffenheit zu gewährleisten vermag.

In früheren Betrachtungen sind wir noch auf eine andere Bedeutung der staatlichen Ordnung gestoßen. Wir sahen, daß im besonderen die Volksgemeinschaft als kulturschaffende Persönlichkeit nach staatlicher Organisation verlangt, und zwar darum, weil sie nicht nur – wie jede Gemeinschaft – des Schutzes gegen gemeinschaftsstörende Tendenzen bedarf, sondern weil überdies ihre Eigentümlichkeit als handelnde und schaffende Gemeinschaft eine feste Ordnung für dieses Handeln und Schaffen erforderlich macht. Ein Kreis von Personen, die in aktueller Berührung leben, kann ohne solche Ordnung auskommen. Jeder kann hier das Ganze und die Bedeutung der einzelnen Glieder im Aufbau des Ganzen übersehen und sich entsprechend verhalten. Anders, wenn die Gemeinschaft – wie es bei dem erforderlichen zahlenmäßigen Umfang des Volkes tatsächlich der Fall ist – für die einzelnen nicht mehr übersehbar ist. Hier werden Einrichtungen notwendig, die wenigstens für gewisse eigens dafür auszubildende Organe einen Überblick

---

[218] ⟨Die Umsetzung der Idee und ethischen Tugend der Gerechtigkeit ist nicht Sache (Beruf) des Staates. Dennoch darf er dieser Gerechtigkeit nicht entgegenstehen und muss als Rechtsstaat ihre Entfaltung im „reinen Recht" ermöglichen. Die Gerechtigkeit ist das Kriterium dafür, was im Staat gerecht oder ungerecht ist.⟩

über die Bedürfnisse und Kräfte der Gemeinschaft ermöglichen und eine feste Ordnung für den Vollzug des gemeinsamen Wollens und Handelns. Diese Ordnung und Einrichtung ist Sache einer positiven Rechtsordnung[219]. Für deren Inhalt steht es nicht von vornherein fest, daß er mit dem reinen Recht übereinstimmen muß, da er ihr ja durch andere Gesichtspunkte vorgeschrieben ist. (Auf die Möglichkeiten eines Konflikts kommen wir bald zu sprechen.) Ihr Wert bemißt sich nicht nach der Idee der Gerechtigkeit, sondern nach der Entfaltung des Gemeinschaftslebens, in dessen Dienst sie steht. Der Gemeinschaft als solcher und darüber hinaus der Volksgemeinschaft als kulturschaffender Persönlichkeit kommt ein eigener Wert zu. Der Staat, der sich mit seiner Rechtsordnung in den Dienst des Gemeinschaftslebens stellt, *schafft* diesen Wert nicht, sondern *hilft* ihn nur realisieren, und es kommt ihm, sofern er das tut, kein eigener, sondern wiederum nur ein abgeleiteter Wert zu.

„Den Staat" kann man als Träger des hier in Betracht kommenden Wertes nur in Anspruch nehmen, wenn man darunter nicht die formale Struktur versteht, sondern das konkrete Staatsgebilde, das die Volksgemeinschaft mit umfaßt. Die Werte, um die es sich dabei handelt, sind „Persönlichkeitswerte". Wie jede individuelle Person Träger eines nur ihr eigenen, unwiederholbaren Wertes ist, so auch jede „Staatspersönlichkeit". Und damit ist die Frage nach der Rechtfertigung des Staates auf einen neuen Boden gestellt. Für jemanden, der den Wert eines Staatswesens lebendig fühlt (es kommt da namentlich das in Betracht, dessen Bürger er ist), wird ebenso wenig das Problem auftauchen, ob er es als daseinsberechtigt ansehen soll, wie man die Daseinsberechtigung einer Person, die man liebt, in Frage stellen wird. Alles Werthafte erweist seine Daseinsberechtigung, indem es seinen Eigenwert fühlbar macht. Aber damit sind nicht alle Fragen gelöst. Da Werte in Konkurrenz treten können und einer eventuell durch seine Realisierung die des anderen ausschließt, ist, abgesehen davon, was sie in sich selbst sind, allemal zu prüfen, wie weit sie sich anderen gegenüber behaupten dürfen, bzw. wie weit es recht ist, sich auf Kosten anderer für sie einzusetzen. Zunächst wäre es denkbar, daß der Persönlichkeitswert des jeweiligen konkreten Staatsgebildes in Konflikt gerät mit dem Wert, der für seine Realisierung an den Staat und seine Struktur gewiesen ist, der Gerechtigkeit. Es kann z. B. ein Staat sich gezwungen sehen, im Interesse seiner Entwicklung sich von Verpflichtungen, die er eingegangen ist, loszusagen (Zahlungsverpflichtungen gegenüber seinen Bürgern, Verträgen mit anderen Staaten und derglei-

[219] ⟨Nach Edith Stein bedarf der Staat als für den Einzelnen nicht überschaubare Gemeinschaft einer objektiven Ordnung und damit des Rechtes. Der Wert der Rechtsordnung ergibt sich insofern nicht aus der Verwirklichung der Gerechtigkeit, sondern aus dem Gelingen, die Gemeinschaft zu erhalten. Der Staat ist dabei nicht ein Wert an sich, sondern die Stütze für die Gemeinschaft des Volkes.⟩

chen). Die Erfüllung eines Anspruchs, zu der man sich durch ein Versprechen verbunden hat, abzulehnen, ist allemal eine Verletzung des Rechts. Aber sie kann im Interesse höherer Werte geboten sein. Wann für den Staat dieser Fall eintritt, das läßt sich nicht durch ein allgemeines Gesetz festlegen. Es gibt allgemeine Vorzugsgesetze, aber die richtige Entscheidung über das Verhältnis der jeweils in Konkurrenz stehenden konkreten Werte hängt in der Regel von einer ganzen Reihe solcher Gesetze ab, deren mögliche Kombinationen praktisch nicht vorauszusehen sind[220].

§4. Staat und sittliche Werte

Durch die letzten Erwägungen ist die Frage nahegelegt, ob und wieweit der Staat von ethischer Normierung betroffen wird.

a) Sittlichkeit und Recht

Ethische Werte sind Personwerte. Sie haften dem Seinsbestand der Person und ihren Verhaltensweisen an. An ihrem Verhalten zu Werten aller Art treten sie zutage: daran, wie sie sich von einem Wert erfüllen läßt, wie sie zu ihm Stellung nimmt, welchen Werten sie vor anderen den Vorzug gibt, für welche sie sich handelnd entscheidet. Daneben kann man als ethisch bedeutsam das in Anspruch nehmen, was wir als *„sittlich recht“* bezeichnen. Das ist ein Prädikat gewisser Sachverhalte. („Daß den Notleidenden geholfen wird“ oder „daß X. Y. die Beteiligung an einer niedrigen Handlung abgelehnt hat“ – das ist recht.) Rechtheit und ethische Personwerte stehen nicht beziehungslos nebeneinander: das gegenständliche Material der Sachverhalte, die als sittlich recht in Anspruch zu nehmen sind, bilden immer Personen und persönliche Verhaltensweisen. Mit dem Recht in dem bisher festgelegten Sinn hat die sittliche Rechtheit nichts zu tun. Wenn ich einem Bedürftigen die Hilfe versage, die ich ihm leisten könnte, so ist das im sittlichen, nicht im Rechtssinne „unrecht“. Die Realisierung als sittlich recht erkannter Sachverhalte ist den Personen als sittliche Pflicht aufgegeben.

Es ist zu fragen, ob und wie sich ethische und Rechtsnorm unterscheiden[221]. Ethische Sachverhalte und Sachverhalte des reinen Rechts *bestehen*

---

[220] ⟨Es entzieht sich positiver Gesetzgebung, wann ein Staat um eines höheren ethischen Wertes willen Recht brechen darf. Edith Stein rechnet entgegen ihrer ontischen Staatstheorie mit solchen Situationen für einen Staat, in denen letzte Erwägungen nicht mehr juristisch, sondern nur ethisch entschieden werden können.⟩

[221] ⟨Bei der Ethik geht es um die individuelle Praxis, die sich als gut oder schlecht erweisen kann. Das Recht bezieht sich auf eine soziale Praxis, die gerecht oder ungerecht sein

in gleicher Weise, ohne geltend gemacht zu werden. Sie unterscheiden sich nur ihrem *Inhalt* nach: gemäß den Gegenständlichkeiten, die für sie fundierend sind. Personen und persönliche Verhaltensweisen spielen für beide eine Rolle, aber es sind verschiedene Konstituentien der Person und diesen entsprechende Verhaltensweisen, die hier und da in Betracht kommen. Sittlich relevant sind die seelische Eigenart der Person und das, worin sie sich auslebt: seelische Qualitäten, Gesinnungen, emotionale Stellungnahmen und dergleichen. Alles dies ist rechtlich gleichgültig. Demut und Stolz, Liebe und Haß, Bewunderung und Verachtung sind für keinen Rechtsverhalt von Bedeutung. Hier kommt allein die Freiheit der Person in Frage, und zwar diejenigen freien Akte, die *rechtswirksam* sind. Rechtswirksamkeit bedeutet, daß aus den Akten der Person etwas entspringt oder auch durch sie etwas getilgt wird, was losgelöst von ihr ein Dasein besitzt: dahin gehört alles positive Recht, das durch Recht setzende Akte geltend gemacht wird; der Anspruch, der dem Akt des Versprechens entspringt; das Eigentum, das durch eine Übertragung z. B. geschaffen wird (es ist hier an die *rechtliche Form* des Eigentums gedacht, nicht an die – in sich betrachtet – außerrechtliche Sache, die in diese Form eingeht); die Schuld, die durch eine verbrecherische Handlung in die Welt gebracht wird und nach Strafe verlangt wie ein Anspruch nach Erfüllung usw. Alles dies sind Beispiele für spezielle Rechtsgegenständlichkeiten, und sie im Zusammenhang mit den rechtswirksamen Akten bilden das gegenständliche Material für die Sachverhalte des reinen Rechts.

Die spezifischen Rechtsgegenständlichkeiten haben kein Analogon auf ethischem Gebiet. Und sofern dort freie Akte eine Rolle spielen, tun sie es als Akte der Person, nicht als Erzeuger solcher Gegenständlichkeiten.[222] Eine

kann. Recht ist Koordination der Freiheit. Die Richtigkeit des Rechtlichen aber ist in der Gerechtigkeit begründet, weshalb ein ungerechtes Gesetz niemals Recht sein kann. Demgegenüber gilt das Gute als Grundlage einer moralisch nicht verwerflichen Praxis und Interaktion, was ohne gesetzliche Positivierung in Geltung steht und sich an Gewissen und Verhalten der einzelnen Personen richtet. Edith Stein plädiert für eine Unterscheidung zwischen Ethik und Recht. Sie geht auf dieses Problem ausführlich in der folgenden Fußnote (Anm. 224) ein, indem sie den Unterschied zwischen Schuld im rechtlichen und Schuld im ethischen Sinn erläutert. Dabei fällt auf, dass sie auch auf theologische Kategorien Bezug nimmt.〉

[222] Die Sachlage wird dadurch getrübt, daß wir vielfach mit doppeldeutigen Ausdrücken operieren, die sowohl einen ethischen als einen rechtlichen Tatbestand bezeichnen, so sind die „Schuld“ im ethischen und die Schuld im Rechtssinn durchaus zu unterscheiden. Diese ist etwas, was als Ergebnis eines kriminellen Aktes in der Welt existiert – abgelöst von der verbrecherischen Tat und ihrem Täter. Jene ist eine Befleckung der Seele und hat abgelöst von der Person, die sie „auf sich geladen“ hat, gar keinen Sinn, andererseits kann sie bestehen, ohne daß eine verbrecherische Tat begangen wurde, doch ist auch sie an ein Delikt gebunden. Wir könnten sie von der Schuld im Rechtssinne abheben, indem wir sie als *Sünde* bezeichnen. Eine gewisse Doppeldeutigkeit ist auch hier nicht zu vermeiden. Sünd-

Parallele zu der Scheidung von reinem und positivem Recht können wir innerhalb des Ethischen wohl finden: Es gibt als allgemein charakterisierte

---

haftigkeit kann nämlich eine Beschaffenheit der Seele vor und unabhängig von jeder aktuellen schlechten Regung sein (peccatum originis). Von Sünde (= Schuld) kann dagegen nur im Fall eines peccatum actuale die Rede sein. Das peccatum originis können wir hier ganz ausschalten, weil dafür keine Gefahr der Verwechslung mit der Schuld im Rechtssinn besteht. Außerdem sehen wir davon ab, was die Sünde religiös bedeutet und worin sich ihr Sinn erst vollendet.
Um die Schuld im Rechtssinne richtig abzugrenzen, müssen wir jetzt die Verhältnisse des *positiven* Rechts heranziehen, die wir in diesem Zusammenhang noch nicht berücksichtigt haben. Rechtsetzende Akte haben die Kraft, Rechtsgebilde zu erzeugen, auch wo keine rechtswirksamen Akte der Art vorliegen, wie sie „eigentlich" – d. h. nach reinem Recht – vorliegen müssen, damit solche Gebilde entstehen können. Die rechtsetzende Gewalt bestimmt, daß jede Übertretung ihrer Gebote als Schuld zu gelten hat. (Diese Bestimmung braucht nicht ausdrücklich vollzogen und ausgesprochen zu werden, sie ist in der Rechtsetzung als solcher impliziert.) Und dadurch wird bewirkt, daß jeder, der einem Gebot der legitimen Gewalt zuwiderhandelt, sich mit Schuld belastet und Strafe verdient, auch wenn das, was er getan hat, kein Delikt im Sinn des reinen Rechts ist. Allerdings besteht ein Unterschied zwischen den Rechtsgebilden, die aus rechtswirksamen Akten nach reinem Recht entspringen, und denen, die durch eine Rechtsetzung erzeugt werden. Rechtsetzungen gelten nur in dem Gebiet, das sich die rechtsetzende Gewalt als ihre Herrschaftssphäre zugeeignet hat, und Gebilde, die durch sie erzeugt werden, sind wie sie an diese Sphäre gebunden. Außerhalb dieser Sphäre sind sie nichts. „Reine" Rechtsgebilde sind von solcher Bindung frei. Noch deutlicher wird das vielleicht, wenn wir statt der Erzeugung die *Vernichtung* von Rechtsgebilden ins Auge fassen. Das positive Recht kann eine Schuld, die nach reinem Recht besteht, für nichtig erklären. Sie wird dann in seiner Sphäre getilgt, aber nicht überhaupt aus der Welt geschafft.
Von der Schuld in dem jetzt eindeutig festgelegten Sinne sagten wir, daß sie nach Strafe verlange. *Getilgt* wird sie durch die Strafe nicht, d. h. die Strafe ist nicht imstande, die Schuld so auszulöschen, als ob sie gar nicht dagewesen wäre. Was durch den Vollzug der Strafe erreicht wird, ist eine *Durchstreichung* der Schuld und damit eine Austilgung des Moments der Unruhe, das auf ein weiteres Geschehen hindrängt. Der Gleichgewichtszustand der Welt, der durch die Schuld gestört wird, wird durch die Strafe wiederhergestellt.
Die *Sünde* wird durch die Strafe überhaupt nicht getroffen, diese reicht in die Sphäre der Person gar nicht hinein. Was die Sünde verlangt, ist nicht Strafe, sondern *Buße*, d. h. ein innerseelisches Geschehen wie die Sünde selbst. Die Strafe kann dafür nur Bedeutung erlangen, sofern sie ein *Motiv* sein kann, das zur Buße treibt. (Von dieser prinzipiellen Möglichkeit zu scheiden ist die faktische Frage, ob der Mensch von sich aus zu solcher Buße fähig ist). Die Sünde als Befleckung der Seele kann durch vollkommene Buße getilgt werden. Nicht getilgt, sondern nur „vergeben" werden kann das Delikt, das einmal begangen wurde.
Die klare Scheidung zwischen Schuld und Sünde wird leicht übersehen infolge der Zusammenhänge, die zwischen beiden bestehen. Der kriminelle Akt, mit dem die Schuld anhebt, ist zugleich ein innerseelischer Vorgang, der Beginn eines peccatum actuale. Doch haben wir bereits gesehen, daß eine Sünde ohne Schuld möglich ist. Das Umgekehrte ist nicht der Fall (sc. so lange es sich um eine reine Schuld handelt). Es können zwar Schuld und Sünde in sehr verschiedenem Verhältnis zueinander stehen – so bei verschiedenen möglichen Motiven, die zu einer und derselben verbrecherischen Handlung führen können, oder wenn beabsichtigtes und tatsächliches Ergebnis der Handlung auseinander treten wie bei

ethische Sachverhalte, die sich in Normen umwenden lassen. (Es ist recht, den Notleidenden zu helfen, – du sollst den Notleidenden helfen.) Sie beste-

---

der „fahrlässigen Tötung". Wenn sich aber die Realisierung eines negativ-wertigen Sachverhaltes rein als kausales Ergebnis einer Handlung einstellt, ohne daß sie Willensziel oder auch nur als mögliches Ergebnis vorauszusehen war, dann liegt nicht nur keine Sünde, sondern auch keine Schuld vor. Anders liegen die Verhältnisse, wenn es sich um eine Schuld auf positiv-rechtlicher Grundlage handelt. Eine solche Schuld kann ohne jede ethische Bedeutung sein.

Unsere Ausführungen über Schuld und Strafe weichen in einigen Punkten ab von dem, was *D.*⟨ietrich v. Hildebrand⟩ ⟨vgl. Einleitung Anm. 40⟩ in seiner Abhandlung „Zum Wesen der Strafe" (Philosophisches Jahrbuch der Görresgesellschaft, Frühjahr 1919) ausgesprochen hat. Diese Abweichungen beruhen m. E. darauf, daß die Scheidung von ethischer und Rechtssphäre, auf die es uns hier gerade ankommt, dort nicht durchgeführt bzw. in ihrer Bedeutung für das vorliegende Problem nicht erwogen wurde. Das zeigt sich z. B. in der Unterscheidung zwischen Sühnestrafe und absoluter Strafe. Die Sühnestrafe hat – nach Hildebrand – nur da Sinn, wo der Sünder seine Schuld einsieht und bereut, und da vermag sie die Schuld zu tilgen. Die absolute Strafe dagegen kommt da zur Abhebung, wo keine Reue vorliegt und darum keine „Sühne", d. h. keine Tilgung der Schuld, möglich ist. Die Schuld wird dann durch die Strafe nicht aus der Welt geschafft, aber die Strafe wird dadurch nicht überflüssig oder sinnlos, im Gegenteil, sie wird gerade dadurch in Permanenz erforderlich. Die Schuld des verstockten Sünders erfordert ewige Strafe. Die Bestrafung der Schuld repräsentiert – ganz abgesehen von ihrer Tilgung – einen Wert (analog der Belohnung des Verdienstes); ihre Nichtbestrafung würde einen neuen Unwert – neben dem der Schuld – bedeuten.

Es ist deutlich zu sehen, daß das, was hier geschildert wird, sich in verschiedenen Sphären abspielt. Die Strafe als solche richtet sich gegen die Schuld, und was im Urheber der Schuld vor sich geht, ist ihr gleichgültig. Das bedarf nur insofern einer Einschränkung, als die Schuld nur dadurch getroffen werden kann, daß man ihren personalen Urheber (evtl. einen Stellvertreter) trifft, daß er die „Strafe erleidet". Aber welche weiteren seelischen Auswirkungen die Strafe hat, ob sie als „berechtigt" entgegengenommen und die Schuld bereut wird (was beides in einem gewissen Zusammenhang steht, aber nicht notwendig verbunden sein muß), das geht die Strafe als solche nichts mehr an. Die Sühne ist ein vollständig neuer Vorgang, der sich mit dem Strafvorgang kombinieren kann, aber keine Differenzierung der Strafe bedeutet. Die Sühne vollzieht sich im Innern der Seele wie die Buße, ist aber von dieser noch zu unterscheiden. Die Buße richtet sich gegen den sündhaften Zustand der Seele, die Sühne gegen das ganz bestimmte, sozusagen scharf abgegrenzte und greifbare peccatum actuale wie die Strafe gegen die bestimmt zu fassende Schuld. Die Sühne wird vollzogen, indem der Sünder ein ganz bestimmtes Leiden oder eine positive Leistung auf sich nimmt, wodurch die Sünde „aufgewogen" werden soll. Die Sühne kann evtl. material mit dem Strafleiden zusammenfallen: man sühnt, indem man die verhängte Strafe „auf sich nimmt". Aber gerade da tritt der Gegensatz ganz klar hervor. Daß die Strafe „verhängt" wird, das gehört notwendig zu ihr. Aber daß man „sie auf sich nimmt", keineswegs. Dieses Aufsichnehmen ist durchaus zu scheiden von dem „Vernehmen" der Strafe, ohne das ihr Sinn nicht voll zur Auswirkung kommt. Jenes bedeutet nur – wie schon gesagt –, daß der Schuldige leidet und das Leiden als Strafe für die Schuld auffaßt. Und das ist möglich, auch wenn er sich ihr keineswegs unterwirft, sondern heftig dagegen protestiert. Für die Strafe ist das Leiden nur ein Instrument und zwar das pure Faktum des Leidens, gleichgültig wie es erlebt wird. Sühne aber ist Leiden [⟨Hier ist als Fußnote 1 der folgende Text eingefügt:⟩ An Stelle des Leidens kommt, wie schon erwähnt, als Sühne noch eine positive Handlung und Leistung in Betracht, die dann in derselben Bußgesinnung

hen als Wert- wie als Sollensverhalte a priori, ohne gesetzt und ohne anerkannt zu werden. Sie können sodann Geltung erlangen, indem sie zum In-

---

vollbracht werden muß.], und zwar eine bestimmte Art des Leidens, aus einer wesenhaft dafür vorausgesetzten seelischen Verfassung, der „Bußfertigkeit“, heraus geboren und mit ebenso notwendig dazu gehörigen seelischen Wirkungen verbunden.
Was ist es nun, was durch die Strafe und was durch die Sühne erreicht wird? Das, was Hildebrand als das Ergebnis der absoluten Strafe hinstellt, scheint mir das mögliche Ergebnis der Strafe überhaupt zu umschreiben: die Schuld ist nicht getilgt, aber „sie schreit nicht mehr zum Himmel“. Das, was die Sühne bewirkt, ist etwas Analoges in ihrer Sphäre. Auch die Sünde wird durch die Sühne nicht schlechthin ausgetilgt. Aber es wird ihr der „Stachel“ genommen. Wie die Strafe das durch die Schuld gestörte Gleichgewicht der Welt wiederherstellt, so die Sühne das durch die Sünde gestörte Gleichgewicht der Seele. Doch setzt die Sühne voraus, daß die Sünde durch Reue und Buße bereits unwirksam gemacht ist, d.h. daran verhindert, sich fortzuzeugen, wie es die unbereute Sünde tut. Und dafür gibt es im Gebiet von Schuld und Strafe kein Analogon.
Der Unterschied zwischen Strafe und Sühne dürfte danach klar sein. Doch bestehen vielleicht noch Zweifel bezüglich des rein rechtlichen Charakters von Schuld und Strafe. Wie kommt es doch – so kann gefragt werden –, daß die Strafe den Schuldigen (oder einen anderen an seiner Stelle“) *treffen* muß? Weist das nicht auf eine ethische Bedeutung der Schuld hin? Hildebrand spricht von einem „Schuldübel“ und von einem sittlichen Unwert, der der Schuld anhaftet. Auch hier fehlt noch eine wichtige Scheidung. Eine Schuld – so sagten wir – entsteht, sofern sie nicht einer Setzung des positiven Rechts ihr Dasein verdankt, im Zusammenhang mit einer sittlichen Verfehlung: immer, wenn ein unrechter Sachverhalt realisiert wird. Der Sachverhalt ist als „unrecht“ charakterisiert und seine Realisierung als sittlich negativ-wertig und damit als sündhaft. Aber weder der Sachverhalt noch die Handlung, durch die er realisiert wird, ist die Schuld. Die Schuld ist durch die Realisierung des unrechten Sachverhalts in die Welt gekommen und teilt mit ihm ihre Materie, aber sie hat ihre besonderen Eigentümlichkeiten: eben das Verlangen nach einer Strafe, durch die sie „durchstrichen“, aber doch nicht ausgelöscht wird. Der sittliche Makel, den sich die Person durch die Realisierung des unrechten Sachverhalts zugezogen hat, kann durch Buße und Reue ausgetilgt werden. Die Schuld, wenn sie durch die ihr gebührende Strafe durchstrichen ist, besteht nicht mehr, sondern „hat bestanden“. Der unrechte Sachverhalt besteht in alle Ewigkeit, unbeeinflußt durch Strafe, Reue, Buße und Sühne, und eben darum kann die Schuld nur durchstrichen, aber nicht ausgelöscht werden. Es wird auch nichts daran geändert, wenn der Schaden, den man jemandem zugefügt hat, und der zur Materie des unrechten Sachverhalts wie zu dem der Schuld gehört, wieder gutgemacht werden kann. Der unrechte Sachverhalt wie die Schuld sind unabhängig von dem, der darunter zu leiden hat. Der Betroffene kann dem Urheber seines Leidens verzeihen; und zwar ist dafür weder Strafe, noch Buße noch Wiedergutmachung vorausgesetzt. Sünde und Schuld wie der unrechte Sachverhalt bleiben durch die Verzeihung unberührt. Durch die Wiedergutmachung wird das Leiden von dem Betroffenen genommen. Das ist etwas, worauf er Anspruch hat – einen in der Schuld begründeten Anspruch, sofern die Schuld „Schuld gegen ihn“ war. Der Anspruch wird durch die Wiedergutmachung erfüllt und zum Erlöschen gebracht. Damit hört die Schuld auf, Schuld „gegen jemand“ zu sein. Aber sie ist damit noch nicht ganz und gar durchstrichen, denn sie hat einen von dem Getroffensein des Geschädigten unabhängigen Bestand in sich. Dieser wird nur durch die Strafe, nicht durch die Wiedergutmachung erreicht. Und diese beiden sind zu trennen, wenn auch gelegentlich die Wiedergutmachung als Strafe verhängt werden kann. An den unrechten Sachverhalt aber reicht nichts heran.
Analoge Unterschiede wie bei Schuld und Strafe sind bei Verdienst und Lohn zu machen.

halt von *Rechts*bestimmungen gemacht werden (was im positiven Strafrecht vielfach der Fall ist). Und sie können es auch noch auf andere Weise.

Wer einen als sittlich recht erkannten Sachverhalt realisiert, der „erwirbt sich" ein Verdienst. Das Verdienst fällt weder mit dem Sachverhalt noch mit der sittlich wertvollen Handlung zusammen, es gründet nur darin. Dem Verdienst *gebührt* ein Lohn wie der Schuld die Strafe. Dem Urheber erwächst daraus ein Anspruch auf Belohnung. [⟨Hier ist als Fußnote 1 der folgende Text eingefügt:⟩ Es ist wohl zu beachten, daß es sich hier wieder um rechtliche, nicht um ethische Zusammenhänge handelt. Damit, daß rechtlich ein Verdienst besteht, ist es wohl vereinbar, daß es – ethisch betrachtet – negativ-wertig ist, sich etwas als Verdienst anzurechnen und Anspruch auf Lohn zu erheben.] Der Sachverhalt, an den das Verdienst geknüpft ist, kennt solches Verlangen nach Lohn nicht, und ebensowenig die Realisierungshandlung. Wie man „gegen jemanden" schuldig wird, so macht man sich auch „um jemanden verdient". Mit einem Verdienst ist immer ein Gewinn für jemanden verbunden. Und der „gaudens"⟨d. h. derjenige, der sich freut⟩ wird dadurch dem Urheber des Verdienstes zu Dank verpflichtet. Dieser Dank ist wiederum nicht mit dem Lohn zu verwechseln. Die Belohnung kann stattfinden, ohne daß der zu Dank Verpflichtete sich dankbar erweist, und umgekehrt. Doch ist es auch möglich, daß der Dank die Funktion des Lohnes überwiesen bekommt, sozusagen als Lohn „benützt" wird. Ist die Belohnung erfolgt, so hat der im Verdienst gründende Anspruch Erfüllung gefunden und das Verdienst ist in analoger Weise ad acta gelegt wie die Schuld nach der Strafe. Der Sachverhalt aber bleibt wiederum unverändert bestehen.

Schuld und Verdienst haben einen personalen Urheber. Sie verlangen nach Lohn und Strafe, und diese müssen „vollzogen" werden, d. h. sie weisen ihrerseits auf einen personalen Urheber zurück. *Wer* ist berufen zu lohnen und zu strafen? Die Antwort lautet verschieden, je nachdem es sich um eine „reine" oder eine positiv-rechtlich begründete Schuld (bzw. ein solches Verdienst) handelt. Diese kann nur durch die rechtsetzende Gewalt bestraft werden (oder durch von ihr ermächtigte Organe), der sie ihr Dasein verdankt und die zugleich bestimmt, welche Strafe ihr entspricht. Im anderen Falle kann der Schuldige die Strafe auf sich nehmen, die von einem irdischen Richter über ihn verhängt wird (mit welchem Recht das seitens des irdischen Richters geschieht, bleibt noch zu erörtern). Aber auch, wenn kein irdischer Richter sich für ihn findet, wenn niemand seine Schuld kennt, kann er herausfinden, welche Strafe ihm gebührt, und entweder ein Unglück, das ihn betrifft, als Strafe für seine Schuld auffassen oder selbst eine ihm angemessen erscheinende Strafe über sich verhängen. Im ersten Fall ist es ganz offenbar, daß ihm *Gott* als strafender Richter erscheint. Doch auch, wenn er selbst die Strafe aufsucht, tut er es nicht als sein eigener Richter, sondern auf Grund eines vermeintlichen Auftrags von seiten dessen, dem das Strafen zusteht. Und nimmt er eine Strafe auf sich, die ein irdischer Richter über ihn verhängt, so liegt auch darin, daß er diesen als Stellvertreter des eigentlichen Richters anerkennt (sofern er sich nicht bloß einem äußeren Zwange beugt). Denn die Wahrung der Weltordnung, die im Abwägen von Schuld und Strafe, Verdienst und Lohn zum Ausdruck kommt, kann keiner endlichen Person aus eigenem Recht zustehen, sie ist Sache des Herrn der Welt. Darin stimmen wir mit Hildebrand überein, daß die Strafe ihrem Sinne nach auf Gott als den letzten Urheber zurückweist. Doch geht er wohl zu weit, wenn er meint, daß – sobald dieser Zusammenhang nicht mehr gesehen wird – jeder Sinn von Strafe entfällt und nur jene ihr außerwesentlichen Funktionen übrig bleiben, die im modernen Strafrecht eine so große Rolle spielen: *Vergeltung* (durch die sich der Geschädigte Genugtuung verschafft), *Schutz* (des Geschädigten bzw. derer, die in Gefahr sind, geschädigt zu werden, vor weiteren Schädigungen), *Besserung* des Schuldigen. Alle diese Funktionen haben mit dem spezifischen Rechtsverhältnis von Schuld und Strafe nichts zu tun. Aber dieses spezifische Rechtsverhältnis kann erkannt sein und es kann sich ein irdischer Richter seiner Wahrung

Es gibt neben den a priori bestehenden ethischen Normen die jeweils (d. h. räumlich und zeitlich begrenzt) *herrschende Moral:* Anschauungen über das, was sittlich ist, die sich von den a priori bestehenden ethischen Sachverhalten ebenso entfernen können wie das positive vom reinen Recht, und eine Normierung des praktischen Lebens durch diese Anschauungen. Das „Herrschen" der Moral läßt sich dem „Gelten" des Rechts an die Seite stellen, d. h. das „In-Kraft-sein" in beiden Fällen deckt sich. Aber der *Ursprung* ist ein anderer. Die Moral kann nicht *gesetzt* werden wie das Recht. Sie spiegelt den seelischen Habitus einer Personengemeinschaft wider, ihre Grundeinstellung zur Welt der Werte, und so wenig wie diese kann sie selbst durch freie Akte erzeugt, geändert oder abgeschafft werden. Wenn die Bestimmungen des positiven Rechts sich ihrem Inhalt nach der herrschenden Moral entgegenstellen, so können sie dadurch in dem Bereich, in dem sie gelten, eine Veränderung in dem typischen Verhalten der Individuen herbeiführen, und es ist möglich, daß auf Grund des veränderten praktischen Verhaltens eine Umbildung der Moral eintritt. Es kann in der *Intention* der Rechtsbestimmungen liegen, den Anstoß zu dieser möglichen Entwicklung zu geben, aber es wäre sinnlos, wenn das Recht setzende Subjekt diesen Verlauf verfügen wollte: denn ob die mögliche Entwicklung wirklich wird, das ist nicht in seine Hand gegeben. Das schließt nicht aus, daß es Pflicht sein kann, den Anstoß, der in solcher Richtung führen kann, zu geben. Obwohl die ethische Beschaffenheit einer Person nicht allein von ihr abhängt – weder die Fähigkeit, Werte zu erfassen, noch die Art, wie sie davon erfüllt wird, sind Sache ihrer Freiheit –, wenden sich die ethischen Pflichten (die Sollensverhalte) an ihre Freiheit und haben nur im Hinblick darauf Sinn. Wenn man es nicht in der Hand hat, sich den Zugang zu Werten zu verschaffen, so steht es einem doch frei, darauf „hinzuhören", und das kann gefordert werden. Bleibt es ohne Erfolg, so haftet dem wohl ein Unwert an, aber es ist keine Pflichtverletzung.

---

annehmen, ohne zu durchschauen, wem diese Wahrung eigentlich zusteht. Und ferner: der Hinweis der Strafe auf einen göttlichen Richter, dem ihr Vollzug zusteht, ändert nichts an ihrem Rechtscharakter und verschiebt sie nicht in das Gebiet des Ethischen. Daran muß trotz aller Zusammenhänge mit ethischen Tatbeständen festgehalten werden.
Abgesehen von diesen Zusammenhängen wirken verdunkelnd die Bestimmungen des *positiven Strafrechts*, die sich nicht ausschließlich an der Rechtslage, sondern vielfach auch an ethischen Tatbeständen orientieren, und die Strafe nicht nach der Schuld, sondern nach der Sünde bemessen (was sich nur mit pädagogischen, nicht mit Rechtsgründen stützen läßt.) [Wie weit auch in unserem Zivilrecht Verweisungen auf das Sittengesetz eine Rolle spielen, das behandelt *O. v. Gierke*, „Recht und Sittlichkeit" (Logos VI, 3, 1917) ⟨vgl. Einleitung Anm. 44⟩. Wenn er Recht und Sittlichkeit dadurch voneinander abgrenzt, daß sie an verschiedenen Personsphären anknüpfen, befinden wir uns mit ihm in Übereinstimmung. Zu einer völlig klaren Abhebung dessen, was Recht ist, kann er nicht kommen, weil ihm die Scheidung von reinem und positivem Recht – jedenfalls in prinzipieller Schärfe – fehlt.]

b) Der Staat in seinem Verhältnis zu ethischen Normen

Da der Staat als Subjekt freier Akte anzusehen ist, können ihm – so scheint es – auch ethische Pflichten auferlegt werden. Doch ist es von vornherein klar, daß er nicht im selben Sinne ethisches wie Rechtssubjekt ist. Staat sein *heißt* Rechtssubjekt sein. In dem Augenblick, wo er aufhört die Verantwortung für die geltende Rechtsordnung zu tragen, hört er auf zu existieren. Er hört nicht auf zu existieren, wenn er unbekümmert um ethische Normen lebt, auch wenn es zu ihm gehören sollte, daß er von ihnen getroffen wird. In welcher Weise die ethischen Normen an ihn herankommen, das ist noch ein besonderes Problem. Zur Erfassung eines Wert- bzw. Sollensverhalts ist es erforderlich, daß von dem zu Grunde liegenden Wert Kenntnis genommen werden kann. Von Werten wird in Akten des Fühlens Kenntnis genommen. Der Staat als solcher ist einer Kenntnisnahme überhaupt und speziell des Fühlens unfähig. Seine einzige Domäne ist der Vollzug freier Akte, wozu die Handlung (als Realisierung eines Sachverhalts verstanden) gehört. Diesen Akten kann entsprechend dem, was durch sie realisiert wird, ein positiver oder negativer ethischer Wert anhaften. Und je nachdem sie in diesem Sinne sittlich relevant sind oder gleichgültig, kann man sie als „geboten", als „verboten" oder als „erlaubt" bezeichnen. Der Staat aber ist nicht imstande herauszufinden, welche Akte „sein sollen" und welche nicht. Das können nur die Personen, die er als seine Organe benützt. Es ist nun die Frage, ob sich das Sollen nur an sie als individuelle Personen richtet, oder auch an sie als Vertreter des Staates; und ob korrelativ nur von Pflichten der Personen (und eventuell der Personenverbände) gesprochen werden kann, nicht aber von sittlichen Pflichten des Staates. Sicherlich hat es keinen Sinn zu sagen, daß die Organe des Staates an seiner Stelle fühlen, wie sie an seiner Stelle handeln oder bestimmen. Denn wir sahen, daß die Vertretungsmacht sich nur auf das erstreckt, was prinzipiell im Bereich des „Könnens" liegt. Das schließt nicht aus, daß die ethischen Forderungen sich ihrer – und überhaupt aller individuellen Personen, die mit dem Staat zu tun haben – gleichsam bedienen, um durch sie zum Staat vordringen zu können. Die Personen haben einmal für sich selbst die Verpflichtung, sich gewissen Aktionen des Staats zu versagen, andere dagegen zu vollziehen. Darüber hinaus aber machen sie es möglich, von einem gewissen Betroffensein des Staates durch ethische Forderungen zu sprechen. Nicht so zwar, daß es seinem Sinn als Staat gemäß wäre, etwas zu tun oder zu unterlassen, weil es Pflicht ist. So wenig er im vollen Sinn des Wortes Person ist, so wenig ist er ein moralisches Wesen. Den Personen, die in seinem Dienst stehen, und allen, an die seine Existenz gebunden ist, machen sich *ihre* Pflichten vernehmbar und darunter die, welche sich aus ihrem Verhältnis zum Staat ergeben. Weiterhin aber können sie dazu verhelfen, daß die Aktionen des Staats, die sittlich relevant sind, an ihrer Wurzel angreifbar werden und nicht erst in ihrer Auswirkung, d.h. daß der Staat selbst das inauguriert[223], was recht ist, und das fahren läßt, was nicht recht ist. Das ist nur dann möglich, wenn in den Personen seines Herrschaftsbereichs die moralischen Motive solche Kraft haben, daß sie dem Staat ihre Anerkennung versagen, der ihnen nicht Rechnung trägt. Dann ist es zu seiner Selbsterhaltung erforderlich und darum seinem Sinn angemessen, daß er in Übereinstimmung mit dem Sittengesetz bleibt.[224]

Es ist nun weiter zu fragen, *was* im Namen der Ethik auf diesem Umwege vom Staat verlangt werden kann. Ganz allgemein gesprochen: ein bestimmter Inhalt seiner Rechtsetzungen. Er *soll*, soweit das im Bereich des Möglichen liegt, Werte realisieren bzw. an der Realisierung von Werten mitarbeiten. Zunächst kommt da der Wert in Betracht, dessen Realisierung auf ihn speziell angewiesen ist: die Gerechtigkeit. In diesem Sinn ist von ihm zu verlangen, daß sein Recht „richtiges Recht" sei. Sodann der Wert, dessen eigentlicher Träger nicht er selbst qua Staat, sondern die in ihm zusammengefaßte Gemeinschaft ist. Der „Persönlichkeitsentfaltung" kann er einmal durch Einrichtungen dienen, die er schafft, eventuell aber auch dadurch, daß er gewisse Gebiete von staatlicher Regelung freiläßt und der Initiative der Individuen oder privater Verbände anheim stellt. In diesem Fall ist der geforderte Inhalt der Rechtsbestimmungen Selbstbeschränkung der Staatsgewalt. Unter den Werten, deren Träger die im Staate organisierte Gemeinschaft sein kann, sind die *sittlichen* Personwerte (die ja nicht die einzigen Personwerte sind). Die Aufgabe, die Gemeinschaft, die sein Herrschaftsbereich ist, zu einer sittlichen zu machen (d.h., soweit das in seiner Macht liegt), kann es dem Staat zur Pflicht machen, durch seine Rechtsbestimmungen die herrschende Moral zu bekämpfen und ihnen ethische Normen als Inhalt zu geben.

Die „Pflichten" des Staats betreffen schließlich nicht nur sein Verhalten zu der Gemeinschaft, die sich mit ihm deckt, sowie zu den ihm angehörigen Personen und Verbänden, sondern auch sein Verhalten zu anderen Staaten und außerstaatlichen Verbänden. Und hier drängt sich die Möglichkeit eines Wertkonflikts noch mehr hervor als bei den bisher erwähnten Forderungen,

---

223 ⟨D.h. einleiten, beginnen.⟩

224 Daraus ergibt sich als Regel für die praktische Politik, z.B. der Parteien, die den Staat zu einem „sittlichen Reich" gestalten möchten, daß sie mit ihrer Arbeit beim *Volk* und nicht beim *Staat* ansetzen müssen. Dem Ethos des Volkes muß der Staat sich um seiner selbst willen anpassen. Dagegen ist ein Zurechtstutzen des Staates nach moralischen Grundsätzen *ohne* solche Basis sinnwidrig und damit staatsfeindlich. ⟨Der Staat ist nach Edith Stein nur insofern übereinstimmend mit dem Sittengesetz, als die Personen, die zu ihm gehören, moralisch handeln. Deshalb hat der Staat ethische Werte und sittliches Verhalten zu stützen, denn er existiert nicht unabhängig von ethischen Normen. Das hat für den Staat eine gewisse Selbstbeschränkung zur Folge, die allerdings im Widerspruch zu der von Edith Stein herausgestellten Souveränität des Staates steht. Vgl. ESGA 7, 9f. und 51ff.⟩

die ja auch bereits Widersprechendes vom Staat verlangen konnten. Daß Betrug, Raub und jeglicher Eingriff in die Interessensphäre anderer, der aus purer Begehrlichkeit entspringt, im Verkehr der Staaten ebenso zu verwerfen ist wie unter Einzelpersonen, ist ohne Schwierigkeiten einzusehen[225]. Anders, wenn Leben und Entwicklungsmöglichkeit zweier Staaten miteinander nicht vereinbar sind. Dann liegt ein wirklicher Konflikt der Pflichten vor: es stehen Werte einander gegenüber, deren jeder nur auf Kosten des anderen zu verwirklichen ist. Der Konflikt löste sich, wenn die Sachlage so wäre, daß jedem Staat nur die Sorge für sich und die ihm angehörigen Individuen als Pflicht auferlegt wäre. An Stelle des ethischen Konflikts würde eine äußere Machtprobe treten. Es wäre für keinen Beteiligten fraglich, welchen Wert er realisieren soll, sondern nur, ob es ihm gelingt, die Widerstände zu brechen, die der Erfüllung seiner in sich klaren Pflicht im Wege stehen. Diese Auffassung wird aber ohne Zweifel der Sachlage nicht gerecht. Es ist ethisch niemals zulässig, vor einem Wert, der von einer intendierten Handlung betroffen wird, die Augen zu schließen und ihn gänzlich unberücksichtigt zu lassen. Wo Werte in Konkurrenz treten, da liegt allemal ein Konflikt vor, der im Innern jeder einzelnen beteiligten Person zum Austrag kommen muß und nicht durch einen äußeren Kampf zwischen mehreren Personen abgelöst werden kann. Wenn eine Person die Frage praktisch so entscheidet, daß der eine der in Konkurrenz stehenden Werte sie „nichts angehe" und gar nicht von ihr in Betracht gezogen zu werden brauche, so haftet diesem Verhalten ein Unwert an, auch wenn sie zu demselben Entschluß geführt wird, der bei Berücksichtigung des außer acht gelassenen Wertes sich als der sittlich richtige herausstellen würde. Es ist also Pflicht des Staates bzw. derer, die ihn repräsentieren, nicht nur die Werte im Auge zu haben, deren Träger und bestellter Hüter er selbst ist, sondern auch die anderen, die von seinem Verhalten betroffen werden. Wofür er sich im einzelnen Fall zu entscheiden hat, darüber ist hiermit noch nichts gesagt. Faktisch wird es wohl in den weitaus meisten Fällen, die in Betracht kommen, so liegen, daß die adäquate Erfassung und Abwägung der in Frage stehenden Werte über die Fähigkeit derer, denen die Entscheidung obliegt, hinausgeht. Und ebenso wird die Beurteilung dessen, ob die getroffene Entscheidung richtig war, menschliches Ermessen übersteigen. Wenn die verschiedenen Beteiligten verschieden entscheiden – und nur auf diese Weise kann es auch bei gewissenhafter ethischer Überlegung noch zu einem äußeren Kampf kommen – so ist das

---

[225] ⟨Die moralische Fundierung staatlicher Akte bezieht sich nicht nur auf den Binnenbereich des Staates, sondern auch auf seine nach außen gehenden Beziehungen zu anderen Staaten. Edith Stein verweist hier auf mögliche Konflikte, die für den Staat zur äußeren Machtprobe werden können, nicht aber moralisch zu lösen seien.⟩

jedenfalls ein Index dafür, daß mindestens auf einer Seite die Entscheidung eine falsche war[226].

Wie unsere Betrachtungen zeigten, ist es in all diesen Fällen sehr cum grano salis zu verstehen, daß der *Staat* in Konflikt gerate und ethische Entscheidungen zu treffen habe. Alles das spielt sich in den Individuen ab und wird nur als ein Faktor, mit dem er zu rechnen hat, von Bedeutung für das Verhalten, das ihm sein eigener Sinn vorschreibt. Die Staatslehre des deutschen Idealismus betrachtet den Staat als das Werkzeug, um das Sittengesetz in der Welt zur Herrschaft zu bringen. Nach *Fichte*[227] ist die Freiheit das Instrument, das die Realisierung der sittlichen Idee im Leben möglich macht. Sie scheidet sich in innere und äußere Freiheit (d.h. Schutz gegen die Freiheit anderer), und diese wird sichergestellt durch die Rechtsordnung im Staat. So ist das Rechtsgesetz als Voraussetzung der Sittlichkeit in Anspruch zu nehmen.

Gegen diese Argumentation erheben sich verschiedene Bedenken.[228] Einmal ist die Freiheit (streng genommen) durch nichts einzuschränken. Zwangsmittel – wie sie einer dem anderen gegenüber kraft seiner Freiheit anwenden mag – haben, wie wir früher feststellten, nur den Sinn von Motiven, die die Person in bestimmter Richtung zu drängen suchen. Ob sie in dieser Richtung geht, das bleibt immer ihre Sache. Es mag Personen geben, die sich vorwiegend treiben lassen und von ihrer Freiheit keinen Gebrauch machen. Dennoch bleiben sie im Besitz ihrer Freiheit und können jederzeit darauf zurückgreifen. Demnach kann höchstens *faktisch* das Recht als Vorbedingung der Sittlichkeit in Frage kommen, sofern es Hemmungen aus dem Wege räumen mag, die den sittlichen Motiven im Wege stehen. Condicio sine qua non ist es nicht. Zweitens geht es nach unseren Feststellungen nicht an, das Recht lediglich als Vorbedingung der Sittlichkeit in Anspruch zu nehmen. Es hat seinen *eigenen* Sinnesbestand und ist nur außerdem kraft

---

226 ⟨Edith Stein schließt jedoch nicht aus, dass der Staat als „Träger" und „Hüter" sittlicher Werte in Konfliktfällen ethische Entscheidungen zu treffen habe. Dies vermag der Staat durch seine Rechtsordnung zu sichern, womit die Voraussetzungen für die Sittlichkeit gewährleistet werden sollen.⟩

227 ⟨Johann Gottlieb Fichte (1762–1814) geht gegen andere Richtungen des deutschen Idealismus in seinem Werk „Das System der Sittenlehre" (1798) nicht von einer alles bestimmenden Idee der Freiheit und Sittlichkeit aus, sondern vom „Ich" der Person und der darin begründeten schöpferisch-ethischen Aktivität.⟩

228 Die Kritik, die hier an Fichtes Auffassung vom moralischen Beruf des Staates geübt wird, erstreckt sich nicht auf die gesamte „Staatslehre", die daneben ausgezeichnete Bemerkungen über die Struktur des Staates enthält.
⟨Johann Gottlieb Fichte, Die Staatslehre, oder Über das Verhältnis des Urstaates zum Vernunftreiche: Vorträge, gehalten im Sommer 1813 auf der Universität zu Berlin, Berlin 1820.⟩

dieses Sinnesbestandes fähig, motivierend in das sittliche Leben einzugreifen (wie die Strafe zur Buße anregen kann).

Diese prinzipiellen Bedenken schließen nicht aus, daß faktisch der Staat dazu befähigt sein mag, durch seine Rechtsmittel zur Sittlichkeit zu erziehen – da ja die Motive von größter Bedeutung für die Willens- und Charakterbildung sind – und auch anderen Mächten die Erziehung zur Sittlichkeit zu ermöglichen. Es mag sein, daß der „Weltplan“[229] sich seiner bedient, um diesen Zweck zu erreichen. Aber in seiner eigenen Struktur ist das nicht als notwendig vorgezeichnet[230].

§ 5. Der Staat als Träger des historischen Geschehens

Im Zusammenhang mit dieser Frage taucht eine andere auf. In seiner Eigenschaft als Instrument der Sittlichkeit und Freiheit ist – nach ⟨Johann Gottlieb⟩ Fichte und ⟨Georg Wilhelm Friedrich⟩ Hegel[231] – der Staat der *Träger des historischen Geschehens*. Denn der Inhalt der Geschichte besteht für sie gerade in der Verwirklichung der sittlichen Idee. Diese Auffassung ist noch nicht widerlegt, wenn wir prinzipiell nicht anerkennen können, daß es der Sinn des Staates ist, die Freiheit des einzelnen zu schützen, und ebenso wenig, daß die Freiheit des einzelnen auf den Staat angewiesen ist. Zunächst wäre zu fragen, wie wir uns zu solcher Bestimmung des Inhalts der Geschichte stellen sollen. Es ist sicherlich richtig, die Geschichte als einen geistigen Entfaltungsprozeß aufzufassen. Aber was sich da entfaltet, das kann nicht „die Freiheit“ sein. Denn Freiheit in dem strengen Sinn, auf den wir das Wort festgelegt haben, ist nichts, was sich entfalten oder entwickeln kann. Sie kann nur dasein oder nicht dasein, und es kann im einzelnen Fall einen Moment geben, in dem sie anfängt zu sein. Nur in einem uneigentlichen Sinn kann von einer Entwicklung der Freiheit die Rede sein, sofern es nämlich möglich ist, daß sie gegenüber dem bloßen Getriebenwerden fortschreitend zur Herrschaft gelangt. Dann ist das, was sich entwickelt, nicht die Freiheit, sondern ihr Träger: die einzelne Person oder die Personengemeinschaft. In dieser Richtung geht Hegel, wenn er von einer Entwicklung

[229] ⟨Gemeint ist hiermit wohl eine Macht als Prinzip alles Wirklichen.⟩

[230] ⟨Hinsichtlich der Sittlichkeit kann sich der Staat als Motivation oder Erzieher verstehen. Dies gehört aber nicht zu seiner ontischen Struktur. Dennoch ist er für Edith Stein „Instrument der Sittlichkeit und Freiheit“.⟩

[231] ⟨Für Georg Wilhelm Friedrich Hegel (geb. 27.8.1770 in Stuttgart; gest. 14.11.1831 in Berlin) sind Recht und Sittlichkeit Gebilde des „objektiven Geistes“. In der konkreten Sittlichkeit des Staates ist die Einheit von rechtlichem Verhalten und moralischer Gesinnung das Entscheidende. Vgl. Georg Wilhelm Friedrich Hegel, Recht, Staat und Geschichte. Eine Auswahl aus seinen Werken, hg. v. Friedrich Bülow, Stuttgart 1955.⟩

des Geistes zum Bewußtsein seiner Freiheit spricht[232]. Ob dies rein formale Moment, daß „der Geist“ schlechthin oder daß die Person sich selbst in die Hand bekommen soll, zur Bestimmung des Inhalts der Geschichte ausreicht, das lassen wir vorläufig dahingestellt. Auf alle Fälle bedarf es, um von hier aus zu einer Einbeziehung des Staates zu kommen, eines Zwischengliedes, das sich bei Fichte findet: daß das Erwachen des Einzelnen zur Freiheit nur in der Gemeinschaft, nicht für den isolierten Menschen möglich ist.[233] Als prinzipielle Notwendigkeit ist auch das wiederum nicht einzusehen. Es bedarf für jeden nur einer Besinnung auf sich selbst, um in den Besitz seiner Freiheit zu gelangen, die in ihm ist und nur ergriffen zu werden braucht. Warum das nur angesichts freier Personen möglich sein soll und nicht etwa im Umgang mit totem Material, das ist rational nicht zu begreifen, wenn es auch faktisch zweifellos so ist. So wäre die Gemeinschaft erforderlich, damit das Individuum zur Freiheit erwachen könne, der Staat aber, damit diese Möglichkeit zur Wirklichkeit werde und nicht die Bedrohung durch andere Individuen es am Gebrauch seiner Freiheit hindere[234].

Daß faktisch ein solcher Zusammenhang besteht, wollten wir nicht bestreiten. Aber daß damit der Inhalt der Geschichte, der „Zweck“ des Staates und seine Bedeutung für die Geschichte umschrieben sei, das können wir nicht zugeben. Als Bindeglied wird hier eine nähere Erörterung dessen, was unter der „sittlichen Idee“ zu verstehen ist, erforderlich. Sie ist mit der Freiheit keineswegs gleichbedeutend. Die freie Entscheidung ist zwar sittlich relevant, aber noch nicht als positiv- oder negativ-wertig charakterisiert. Diese Polarität gehört aber zum sittlichen wie zu jedem Wert, und die Entscheidung darüber hängt nicht an der Freiheit, sondern an den Motiven, auf denen sie sich aufbaut, und an dem, was mit Freiheit ergriffen wird: ob es selbst etwas Wertvolles ist oder nicht. So ist man, gerade wenn man die Geschichte mit der „sittlichen Idee“ in Verbindung bringt, genötigt, die *materialen Werte* heranzuziehen. Entwicklung zur Sittlichkeit würde demnach nicht nur sagen: Erwachen zur Freiheit, sondern Ausbildung der Empfänglichkeit für Werte aller Art und Fortschreiten im Gebrauch der Freiheit zur Realisierung von Werten. Als Inhalt der Geschichte stellt sich damit das

---

232 ⟨Vgl. dazu sein Werk „Grundlinien der Philosophie des Rechts“ (1821) mit Hegels eigenhändigen Randbemerkungen in seinem Handexemplar der Rechtsphilosphie, hg. v. Johannes Hoffmeister, Hamburg 5 1995; zum Begriff des „Geistes“ bei Hegel vgl. Arno Anzenbacher, Einführung in die Philosophie, Freiburg-Basel-Wien 6 1995, 148.⟩

233 ⟨Vgl. Johann Gottlieb Fichte, Die Bestimmung des Menschen (1800), Das System der Rechtslehre (1812); vgl. dazu Wilhelm Weischedel, Der frühe Fichte. Aufbruch der Freiheit zur Gemeinschaft, Stuttgart 2 1973.⟩

234 ⟨Für Edith Stein bedeutet Freiheit etwas, das eng mit der Personalität des Menschen verbunden ist und sich in der Gemeinschaft, d.h. auch in der staatlichen Gemeinschaft entfalten können muss. Der Staat selbst hat den Schutz der Freiheit zu gewährleisten.⟩

Schaffen von Kultur heraus[235], ein Ergebnis, zu dem man auch gelangt, wenn man den Strom des Geschehens selbst ins Auge faßt und nicht von einem gedachten Zielpunkt ausgeht. Und ein solcher Zielpunkt kann überhaupt für eine geschichtsphilosophische Betrachtung nur von Bedeutung sein, sofern er einer Tendenz entspricht, die man dem historischen Geschehen abgelauscht hat:

Faßt man Geschichte als den Verlauf des geistigen Lebens, in dem „Kulturen" erwachsen, so erscheinen die Zusammenhänge zwischen Geschichte, Gemeinschaft und Staat in einem neuen Licht. Denken wir an die früheren Ausführungen über das Volk als „kulturschaffende Persönlichkeit" und sein Verlangen nach staatlicher Organisation zurück, so löst sich die individualistisch orientierte Spekulation über den Zweck des Staates und den Inhalt der Geschichte auf. Welche Rolle das Individuum in der Geschichte spielt und welche Bedeutung umgekehrt die Geschichte für das Individuum hat – das sind weitere Fragen, die wir hier zurückstellen müssen. Zunächst ist es als ein Vorurteil abzuweisen, daß der Sinn der Geschichte vom Individuum her begriffen werden müsse.

Mit der Aufdeckung des Zusammenhangs von Staat und Kultur wird der Rangstreit zwischen politischer und Kulturgeschichte hinfällig, der in den letzten Jahrzehnten die Historiker bewegt hat. Eine Geschichtsschreibung, die von der Kulturentfaltung absieht, ist ebenso wenig möglich wie eine, die die Staaten außer acht läßt. Eine gewisse Vorherrschaft des Staatlichen im praktischen Geschichtsbetrieb ist dadurch verständlich zu machen und auch zu rechtfertigen, daß die Staaten nicht nur geschichtliche Gebilde neben anderen sind, sondern zugleich die Orientierungspunkte, die es einem möglich machen, sich durch die ganze Mannigfaltigkeit der historischen Erscheinungen hindurchzufinden. Weil sie Zentren sind, durch die ein Gebiet (und zwar als *geistige* Sphäre verstanden, nicht nur als Land) bestimmt abgegrenzt und greifbar wird, ist es das Gegebene, bei ihnen anzufangen, wenn man den Strom des geistigen Geschehens – auch nur streckenweise – überschauen will. Dazu kommt, daß Entstehung und Untergang eines Staates und jeder Einschnitt in seinen Werdegang zugleich Index ist für eine Epoche im Kulturleben. Wenn ein neuer Staat entsteht, so ist das entweder ein Zeichen dafür, daß ein in sich geschlossenes Kulturgebiet sich seine äußere Form gegeben hat, und weist dann rückwärts auf die Kulturentwick-

---

[235] Vgl. übereinstimmend damit *E. Lask* ⟨geb. 25.9.1875 in Wadowice/Krakau; gefallen 26.5.1916; Professor in Heidelberg⟩ (Fichtes Idealismus und die Geschichte, ⟨Tübingen 1902,⟩ S. 4): „Die Vernunftbetätigung der Gattung, … d.h. der Inbegriff des aus ihr als absolut wertvoll Herausgehobenen, ist *Kultur*, die Kultur in ihrer Entwicklung *Geschichte*". ⟨Bei der von Edith Stein zitierten Arbeit handelt es sich um die Dissertation des Neukantianers Emil Lask, der auch Anregungen aus der Phänomenologie Husserls erhalten hat.⟩

lung, die zu diesem Abschluß hingedrängt hat, andererseits läßt er aufmerken auf die Folgen, die dieses Ereignis für die weitere Entwicklung zeitigen wird. Oder es zeigt die Zerreißung eines bisher einheitlichen Kulturgebiets an bzw. die Zusammenschweißung differenter Kulturgebiete – dann ist der Entwicklung nachzuspüren, die solchen äußeren Eingriff möglich machte, und den Einflüssen, die von diesem Eingriff ausgehen. Eine historische Darstellung, die von diesen Zusammenhängen absähe, und sich mit den Ereignissen der Staatenbildung rein als solcher begnügte, hätte nur die Bedeutung eines Bausteins und könnte nicht den Wert einer „abschließenden" Leistung beanspruchen, d.h. einer solchen, die wenigstens der Idee nach an einem Punkte den Sinn des historischen Geschehens ausgeschöpft hätte.

Wir kehren nun zurück zu der Frage nach der historischen Bedeutsamkeit des Staates. Weder durch die Betrachtung des historischen Geschehens als solchen, noch durch die Betrachtung des Staates kann es einsichtig gemacht werden, daß der Staat als ein Instrument zur Herbeiführung eines Endziels der Geschichte aufzufassen sei. Seiner Idee nach hat der Staat nichts mit der Geschichte zu tun. Das heißt, es gehört nicht zu seiner Idee, ein historischer Faktor zu sein. Es ist ein von allen Bezügen auf den geschichtlichen Zusammenhang losgelöster Staat denkbar. Auf der andern Seite ist die Geschichte nicht prinzipiell auf den Staat angewiesen. Es ist ein historisches Geschehen denkbar, in dem kein Staat eine Rolle spielte, das nur von Individuen und Gemeinschaften ohne staatliche Organisation getragen würde. Diese prinzipielle Trennbarkeit ändert nichts daran, daß der Staat[236] auf Grund dessen, was er seiner Idee nach ist, sehr wohl befähigt ist, Träger des historischen Geschehens zu sein: dadurch, daß er die Freiheit hat, alles geistige Leben seiner Leitung zu unterwerfen, tritt er zu allem, was historisch relevant ist, in Beziehung und gewinnt für alles Bedeutung. Und so ist er faktisch in der Geschichte von solcher Wichtigkeit, daß man – wie wir früher ausführten – ihrer in der wissenschaftlichen Bearbeitung am leichtesten Herr werden kann, wenn man sie als Staatengeschichte behandelt. Auf der anderen Seite ist festzustellen, daß die empirischen Staaten ihrer faktischen Entstehung nach historische Gebilde sind, aus dem Strom des geschichtlichen Werdens hervorwachsend, wie sie in ihm stehen und als Wirkungszentren hervortreten. Als solches Wirkungszentrum macht der Staat in weitem Umfang das möglich, was wir als den Sinn der Geschichte bezeichnet haben: die Realisierung von Werten. Aber – wie bereits ausgeführt – ist er dank seiner ontischen Struktur nur befähigt das zu leisten, es ist in dieser Struktur nicht als notwendig mit eingeschlossen, daß er es tun muß.

---

236 „Der Staat" bedeutet hier und in den folgenden Ausführungen nicht die Idee des Staats, sondern „alles, was Staat ist".

§ 6. Staat und Religion

Unter diesem Gesichtspunkt haben wir auch ein Problem ins Auge zu fassen, das wir bisher nicht berührt haben: das Verhältnis von Staat und religiöser Sphäre[237]. Der absolute Vorrang der religiösen Sphäre vor allen anderen und der dadurch geforderte absolute Gehorsam gegen Gottes Gebot sind allem Anschein nach unverträglich mit dem bedingungslosen Gehorsam, den der Staat für seine Befehle in Anspruch nimmt. Jeder Mensch untersteht zunächst und vor allem dem höchsten Herrscher, und daran kann kein irdisches Herrschaftsverhältnis etwas ändern. Wenn der Gläubige einen Befehl von Gott empfängt – sei es unmittelbar im Gebet, sei es durch Vermittlung seiner Stellvertreter auf Erden –, so muß er gehorchen, gleichgültig, ob er damit dem Willen des Staates zuwiderhandelt oder nicht[238]. Wir stehen hier vor zwei Herrschaftsansprüchen, die sich in ihrer Absolutheit gegenseitig ausschließen. Es ist darum wohl verständlich, wenn der Staat den einzelnen Gläubigen, vor allem aber der sichtbaren und permanenten Verkörperung jenes seine Souveränität durchbrechenden Herrschaftsanspruchs – der Kirche – mit Mißtrauen und gegebenenfalls mit offener Feindseligkeit begegnet. Andererseits kann man es verstehen, daß unter den Gläubigen immer wieder die Auffassung vom Staat als Antichrist auftauchte. Eine prinzipielle Lösung des in der Eigenart von staatlicher und religiöser Sphäre begründeten Konflikts gibt es nicht. Es ist nur ein faktischer Ausgleich möglich[239]. Von der einen Seite ist er hergestellt durch das Wort des Herrn: Gebet dem Kaiser, was des Kaisers ist ⟨Mt 22,21⟩. Damit ist der Staat und der Gehorsam gegen ihn als von Gott gewollt oder mindestens als von Gott zugelassen gekennzeichnet.

---

237 ⟨Auffallend ist der in diesem Kapitel von Edith Stein verwendete Begriff „religiöse Sphäre". Sie versteht darunter den „absoluten Gehorsam gegen Gottes Gebot", dem sie gegenüber dem souveränen Staat in Abweichung ihrer bisherigen Erörterungen Vorrang einräumt. Im Folgenden spricht sie dann von der „Kirche" und erkennt hier im Hinblick auf den Staat zwei gegen- bzw. nebeneinanderstehende „Herrschaftsansprüche" bzw. voneinander unabhängige Gewalten, deren Widerspruch prinzipiell nicht gelöst werden könne. Hier zeigt sich eine gedankliche Verbindung zur protestantisch geprägten Zwei-Reiche-Lehre und zum staatskirchenrechtlichen Verständnis des Verhältnisses zwischen Staat und Kirche des 19. Jahrhunderts, das von zwei voneinander unabhängigen nach jeweils eigenen Gesetzen regierten Gesellschaftsverbänden („societates") ausgeht.⟩

238 ⟨Edith Stein betont hier die Vorrangigkeit der Herrschaft Gottes und der religiösen Sphäre vor jeglicher anderer Herrschaft. Sie erkennt das Problem, dass absolute Herrschaft Gottes und Herrschaft des Staates einander ausschließen.⟩

239 ⟨Wenn die Herrschaft des Staates als antichristlich verstanden wird, steht sie der Herrschaft Gottes unvereinbar gegenüber, so dass ein „faktischer Ausgleich" für unmöglich gehalten werden muss. Die moderne Staatsrechtslehre, die von der Trennung zwischen Religion und Staat ausgeht, hält dagegen eine „praktische Konkordanz" für möglich und notwendig. In diesem Fall muss der Staat die souveräne und unabhängige religiöse Sphäre zulassen und anerkennen.⟩

Allerdings ist es nur eine bedingte Anerkennung der staatlichen Souveränität – sie setzt voraus, daß der Staat es nicht ausschließt, Gott zu geben, was Gottes ist. Nimmt er das von sich aus in die Normierung seines Lebens auf, so ist die Basis für ein faktisches reibungsloses Nebeneinanderbestehen des souveränen Staates und der religiösen Sphäre bzw. der Kirche gegeben.

Dieser Ausgleich ist in verschiedenen konkreten Formen denkbar. Vor allem ist hier die Form zu erwägen, die man als *Theokratie*[240] bezeichnet. Die Auffassung der Gläubigen in einem theokratisch geordneten Staatswesen betrachtet die Staatsordnung als göttliche Einrichtung. Wenn ein Volk sein ganzes Leben im Angesicht Gottes lebt, wenn es ängstlich bemüht ist, sich in jedem Schritt durch Seinen Willen leiten zu lassen, und glaubt, daß ihm dieser Wille durch den Mund seiner Priester kund wird – dann ist es nur selbstverständlich, daß es auch seinen Staat nach den Anweisungen göttlicher Willenskundgebungen einzurichten sucht und die Priester entweder geradezu als Inhaber der Staatsgewalt anerkennt oder ihnen doch in irgendeiner Form einen Anteil an der Leitung des Staates einräumt. Der Staat ist damit in keiner Weise ausgezeichnet vor irgendwelchen andern Lebensformen. Ehe und Familienleben, das Verhältnis zum Gesinde, zu lebendem und totem Besitz, die Sorge für die Befriedigung der primitiven Lebensbedürfnisse – das alles untersteht göttlichem Gesetz. Nur in dem Sinn könnte von einer ausgezeichneten Stellung des Staates gesprochen werden, daß der göttliche Weltherrscher den Staat als Instrument benutzte, mittels dessen er die darin zusammengefaßte Gemeinschaft und die zugehörigen Individuen dirigierte. Man wird vielleicht nicht ohne weiteres zugeben, daß in diesem Fall die Form des Staates noch gewahrt sei. Offenbar werde ja dieses Gebilde nicht durch sich selbst regiert, sondern durch eine außenstehende Macht. Diese Auffassung wird aber der Sachlage nicht gerecht. Indem Gott sich ein Volk als seine Herrschaftssphäre auswählt und ihm eine staatliche Organisation verleiht, begründet er einen Staat, dessen Wille nicht von seinem eigenen unterschieden ist. Man könnte sagen, daß Er selbst in diesem Staat das Regiment führe. Freilich nicht wie ein irdischer Herrscher, der den Staat vertritt und dessen Intentionen ausführt. Sondern der Staat selbst muß so gedacht werden, daß seine Akte, ohne sich nach göttlichen Befehlen zu richten, doch stets im Einklang mit dem göttlichen Willen stehen. Gott gibt – im Sinn dieser Auffassung – dem Volk Seiner Wahl einen Staat, der in Seinem Geist befiehlt und bestimmt, so daß die Vertreter des Staates zugleich als Vollstrecker des göttlichen Willens anzusehen sind. Wenn die Erfüllung des

240 ⟨Im Rahmen verschiedener Ausgleichmöglichkeiten zwischen den Herrschaftsansprüchen des Staates und der Kirche verweist Edith Stein nur auf die Staatsform der Theokratie, d. h. „die Staatsordnung als göttliche Einrichtung“ und die im Namen Gottes beanspruchte Lenkung des Staates durch Geistliche.⟩

göttlichen Willens das ist, was seine Existenz möglich macht, so schreibt es ihm sein eigener Sinn vor, seine Gesetze und seine Handlungen mit diesen Geboten in Übereinstimmung zu bringen. Die göttliche Herrschaft und die Souveränität des Staates stehen dann in keinem Gegensatz zueinander[241].

Wir haben die Theokratie als *eine mögliche* Staatsform bezeichnet. Gebietet aber nicht die Idee des göttlichen Weltregiments, *jeglichen* Staat so aufzufassen? Zwingt sie nicht dazu, jeden irdischen Inhaber einer Staatsgewalt nur als Stellvertreter des höchsten Herrschers anzusehen? Wäre es so, dann bliebe es doch immer nur ein *Faktum*, an das die Idee des Staates nicht gebunden ist. Nur aus der Idee des göttlichen Weltregiments, nicht aus der Struktur des Staates wäre es begreiflich zu machen. Denn wenn nichts in der Welt geschehen kann ohne göttliches Plazet, dann ist auch eine weltliche Herrschaft unabhängig von Ihm undenkbar. Wir kämen somit zu dem wunderbaren Ergebnis, daß der Staat, der seiner Idee nach durch die religiöse Sphäre in seiner Existenz bedroht scheint, in der Realität gerade nur getragen von dieser Sphäre existieren kann. Welche Form die Staaten danach haben müßten, ob nur *ein* Inhaber der Staatsgewalt möglich sei oder mehrere und wie die Verteilung ihrer Funktionen vorzunehmen sei, darüber ist wiederum aus der Idee der Theokratie nichts zu entnehmen. Im Gegenteil, es müßte gerade von dem soeben gekennzeichneten Standpunkt aus jede empirisch aufzuweisende Staatsform als gottgewollt hingenommen werden.

Nimmt man dagegen an, daß das System der irdischen Staaten kraft eigenen Rechts besteht (was ebenfalls nur als Faktum und nicht als Notwendigkeit zu erweisen wäre), so ergibt sich eine mögliche Diskrepanz zwischen staatlichem und göttlichem Gebot, die bei der anderen Auffassung gar nicht in Betracht kommt, und es erwachsen neue Probleme hinsichtlich der möglichen Beziehungen zwischen beiden. Es besteht zunächst – ebenso wie bei jeder anderen Wertsphäre – für das Individuum die Möglichkeit eines Konflikts zwischen dem, was der Staat von ihm verlangt, und dem, was ihm als der Wille Gottes gilt. Entscheidet der Einzelne, der in einen solchen Konflikt gerät – wie es zweifellos der Rangordnung der Werte entspricht –, im Sinne seiner religiösen Überzeugung, so handelt er damit als Staatsfeind: indem er sich dem Gebot des Staates versagt, rüttelt er an dessen Existenz. Und nun ist die Frage, wie der Staat sich dazu stellen soll[242]. Es sind dabei verschiedene Gesichtspunkte zu berücksichtigen. Ganz allgemein kann es als ein Gebot der Klugheit bezeichnet werden, den Bürgern nichts vorzuschreiben, wogegen sich mächtige Motive in ihnen auflehnen. Da nach früheren Darlegun-

---

241 ⟨In der Theokratie fallen der Wille Gottes und der des Staates in eins.⟩

242 ⟨Edith Stein rechnet damit, dass Staat und Religion nicht in eins fallen und sich deshalb für den religiösen Bürger Konflikte mit den Normen des Staates ergeben können. Sie diskutiert diese Problematik aber nicht im Hinblick auf andere Staatsformen.⟩

gen die Existenz des Staates davon abhängt, ob seine „Bestimmungen" befolgt werden, muß er es nach Möglichkeit vermeiden, diesen Bestimmungen einen Inhalt zu geben, der heftige Widerstände zu erregen geeignet ist. Offenbar gibt es für diese Selbstbeschränkung Grenzen. Die Lebensinteressen des Staates können es gerade erforderlich machen, daß er seinen Bürgern die härtesten Zumutungen stellen muß. In solcher Zwickmühle, wo seine Existenz von zwei Seiten bedroht ist, kommt es auf eine Wahrscheinlichkeitsbetrachtung an, wo die größere Gefahr liegt, und letztlich auf die Probe, ob er sich so oder so doch noch durchschlagen kann. Von solchen Fällen abgesehen aber ist es ein staatsfeindliches Verhalten der Staatsleiter selbst, wenn sie sich durch den Inhalt ihrer Bestimmungen die Kräfte, die sie sich zu Verbündeten machen müßten – die seelischen Antriebe der Individuen –, zu Feinden machen[243].

Von diesem Gebot der Klugheit abgesehen kommt es für das Verhalten des Staates einem Bürger gegenüber, der ihm aus religiösen Gründen den Gehorsam versagt, als mögliche Richtschnur in Betracht, ob die Vertreter des Staates den Konflikt als in sich berechtigt anerkennen können oder nicht. Kommen die verantwortlichen Personen bei verständnisvoller Prüfung der ausschlaggebenden Motive zu dem Ergebnis, daß es sich um eine Verirrung des religiösen Gefühls handelt, so könnte man meinen, daß sie das Recht hätten, ohne Rücksicht darauf ihr Gebot aufrecht zu erhalten. Doch das wäre (auch abgesehen von der Klugheitsregel, die ja ganz unabhängig von der Berechtigung der vorhandenen Motive besteht) nicht die richtige Lösung. Oder doch höchstens in einer ganz besonderen Zwangslage. Das Problem, vor dem wir jetzt stehen, ist ein rein ethisches und läßt sich auf eine allgemeine Form bringen. Verdient im Verhalten einer Person gegenüber auch ein *vermeintlicher* Wert, der durch dieses Verhalten bedroht erscheint, Berücksichtigung? Man muß sich, um die richtige Antwort zu finden, klar machen, daß mit diesem vermeintlichen Wert wahrhaft bestehende Werte bzw. Unwerte in Verbindung stehen können. Der Entscheidung zugunsten eines niederen Wertes haftet allemal ein Unwert an, auch dann, wenn der Wert, der ihm geopfert wird, nur *vermeintlich* höher ist. Und wenn jemand durch staatliche Zwangsgewalt zu einer solchen negativ-wertigen Entscheidung verleitet wird, so ist auch die Anwendung der staatlichen Zwangsgewalt als negativ-wertig anzusehen. Es ist übrigens keineswegs gesagt, daß immer im Sinn dieses Gesichtspunktes entschieden werden muß. Im Konfliktsfall kann es notwendig werden, ihn wiederum zurückzustellen. Allgemein zu fordern ist nur, daß er bei der ethischen Erwägung mit in

---

243 ⟨Es ist für Edith Stein ein Gebot der Klugheit, dass der Staat nicht in Konflikt mit der Religiosität seiner Bürger gerät. Insofern erwartet sie vom Staat eine gewisse Selbstbeschränkung, die den Konflikt mit den religiösen Interessen seiner Bürger vermeidet.⟩

Betracht gezogen wird. Zweifellos ethisch einwandfrei wäre das Verhalten des Staates dann, wenn es ihm gelänge, die vorausgesetzte Werttäuschung aufzuheben und damit den Konflikt im Innern des Individuums zur Lösung zu bringen. Vermag er das nicht, so ist ein möglicher Ausweg der, die Individuen, bei denen solche Motive vorliegen, von der Erfüllung der betreffenden Gebote zu dispensieren. Ein solcher Dispens ist eine jener Selbsteinschränkungen des Staates, von denen mehrfach die Rede war: durch ihn wird einer Verletzung der Souveränität durch Ungehorsam der Bürger vorgebeugt. Wächst allerdings die Zahl dieser Selbsteinschränkungen der Staatsgewalt so an, daß der Staat nicht mehr erlangen kann, was zu seiner Erhaltung nötig ist, so kommen sie einer Selbstauflösung gleich[244]. Ob das Pflicht ist, das läßt sich nicht allgemein, sondern nur von Fall zu Fall entscheiden. Allerdings wird man sagen können: ein Staat, in dem eine solche Kluft zwischen Regierenden und Regierten besteht, daß diese alle Anforderungen, die im Interesse des Staates an sie gestellt werden, als eine Zumutung betrachten, deren Erfüllung sie mit ihrem Gewissen nicht vereinen können – ein solcher Staat hätte die Grundlage seiner Existenz bereits verloren und keine Zwangsgewalt könnte sie wiederherstellen.

Wie aber, wenn es sich nicht um einen vermeintlichen Wert handelt, sondern um einen wahrhaft bestehenden oder doch um einen, der auch von der Staatsgewalt nicht in Zweifel gezogen wird? Dann steht man offenbar nicht mehr vor der Frage, einzelne Bürger vor einem Konflikt zu bewahren, indem man sie von einem Gebot dispensiert, sondern davor, ob es dem Staat erlaubt ist, ein Gebot zu erlassen, das mit von ihm selbst (d.h. von seinen Vertretern) anerkannten religiösen Werten kollidiert. Ein staatliches Gesetz, das den Gottesdienst beschränkte oder die Geistlichen in ihrer Seelsorgetätigkeit behinderte, wäre zweifellos verwerflich und der Staat, der es ergehen ließe, mit einem Makel behaftet. Und diese Forderung nach Berücksichtigung der religiösen Werte durch den Staat tritt auch dann nicht außer Kraft, wenn dadurch Lebensinteressen des Staates gefährdet erscheinen. Wie für den Einzelnen in solchem Fall nichts übrig bleibt als sein Leben in Gottes Hand zu stellen, so kann es auch dem Staat nicht als sittliches Recht zugestanden werden, sich im Kampf gegen religiöse Werte zu behaupten. (Daß er selbst seinem eigenen Sinne nach kein Verhältnis zur religiösen Sphäre hat, und daß der ethische Konflikt als solcher sich in der Seele seiner Vertreter abspielt, ändert daran nichts.)

Bisher haben wir nur die Möglichkeit eines störenden Eingreifens des Staates in das religiöse Leben erwogen. Außerdem ist zu fragen, ob es als

---

244 ⟨Die Selbstbeschränkung des Staates in religiösen Angelegenheiten darf nach Edith Stein aber nicht so umfassend sein, dass sich der Staat selbst auflöst, d.h. seine Souveränität gänzlich aufgibt.⟩

seine Pflicht bezeichnet werden kann, das religiöse Leben positiv zu fördern. Die Möglichkeiten für solche positive Förderung sind ja beschränkt. Denn das religiöse Leben spielt sich in einer Sphäre ab, in der durch Gesetz und willkürliches Zugreifen überhaupt nichts geschaffen und nichts vernichtet werden kann. Doch kann das Gesetz, das selbst hier nicht schöpferisch ist, schöpferische Kräfte freimachen oder in ihrer Entfaltung hemmen. Indem man Einrichtungen trifft, die gewissen Individuen erst die Möglichkeit eröffnen, mit der religiösen Sphäre in Berührung zu kommen, schafft man „Gelegenheiten" für die Entzündung neuen religiösen Lebens, die man selbst nicht in der Hand hat. Sofern der Staat in der Lage ist, solche Dienste zu leisten, kann es ihm in der früher geschilderten Weise durch seine Organe nahe gebracht werden. Der Wert, der dieser dienenden Wirksamkeit anhaftet, ist ein mittelbarer. Die Frage, ob der Staat Träger eigener religiöser Werte sein kann, ist nach den vorausgehenden Untersuchungen negativ zu beantworten. Denn die religiösen Werte gehören einer personalen Sphäre an, die dem Staat fehlt. An früherer Stelle sagten wir schon einmal, der Staat habe keine Seele. Und zwar darum, weil er nicht in der Seele der Personen verankert ist, die ihm angehören. Das darf nicht mißverstanden werden. Es gibt eine Hingabe an den Staat, die Sache der Seele ist. Und ebenso sind es alle anderen Motive, die den einzelnen treiben, den Staat „anzuerkennen" oder sich ihm zu versagen. Aber diese Motive bilden, wie immer wieder betont wurde, nur das Fundament, auf das die Existenz des Staates angewiesen ist. Sie sind gleichgültig für das, was der Staat als solcher ist. Denn das liegt ganz und gar in der Sphäre der Freiheit. Die Person spielt darin nur qua freies Subjekt eine Rolle, und nicht qua seelisches Wesen. Darum kann der Einzelne, der im Staate lebt, heilig oder unheilig sein und auch die Volksgemeinschaft, deren Leben er regelt, nicht aber er selbst.

Personenregister

FSC
www.fsc.org
MIX
Papier | Fördert
gute Waldnutzung
FSC® C083411

Zeitfracht Medien GmbH
Ferdinand-Jühlke-Straße 7
99095 Erfurt, Deutschland
produktsicherheit@kolibri360.de